# ORIGINES
# LITTÉRAIRES
## DE LA FRANCE

Paris.—Imprimé chez Bonaventure et Ducessois, 55, quai des Augustin

# ORIGINES LITTÉRAIRES DE LA FRANCE

LA LÉGENDE ET LE ROMAN
LE THÉATRE — LA PRÉDICATION — L'ANTIQUITÉ ET LE MOYEN AGE
LE MOYEN AGE ET LA LITTÉRATURE MODERNE

PAR

## LOUIS MOLAND

Nouvelle Édition

PARIS
A LA LIBRAIRIE ACADÉMIQUE
DIDIER ET Cᵉ, LIBRAIRES-ÉDITEURS
35, QUAI DES AUGUSTINS.

1863
Tous droits réservés.

# AVERTISSEMENT

Je ne prétends pas sans doute offrir au public un ouvrage purement récréatif et de lecture presque exclusivement divertissante, comme sont ou doivent être les romans. Je poursuis dans ce volume un but un peu plus sévère. Je ne serais pourtant pas flatté qu'on s'exagérât cette sévérité et qu'on crût avoir sous les yeux un travail trop spécial et un livre trop ardu. Le titre, il est vrai, n'a pas la coquetterie piquante que les auteurs recherchent aujourd'hui; « l'enseigne extérieure, » c'est le mot dont se sert Rabelais, est assez rébarbative. Peut-être, en ouvrant le volume, trouvera-t-on quelque chapitre inquiétant, ou même, si la chance m'est décidément contraire, apercevra-t-on quelque citation d'une orthographe inconnue et effrayante. Il y en a un petit nombre, et bien courtes; mais il y en a. Tout cela, je l'avoue, est bien propre à exciter des préventions, à faire naître une défiance que la lecture, j'ai lieu de l'espérer, ne justifierait pas.

« Par telle légièreté ne convient estimer les œuvres des

*humains.* » Je voudrais dissiper ces appréhensions, rassurer ceux qui sont trop sensibles à ces graves apparences. Je n'écris pas, je l'affirme, uniquement à l'intention de MM. les membres de l'Institut de la section des Inscriptions et Belles-lettres; et, tout en estimant à haut prix leurs suffrages, je serais fort malheureux de n'en pas recueillir d'autres que les leurs. Je n'ai point l'ambition de passer pour un savant en us; je n'ai d'ailleurs aucun titre qui puisse m'y autoriser. Je comprends l'érudition forte et solide, mais sociable et humaine; il me semble qu'elle ne perd rien à ne pas être rebutante et comme hérissée, et qu'elle fait parfaitement même de prendre quelque teinte, pour ainsi dire, de la couleur du temps. Le passé ne me cache pas le présent; la poussière des manuscrits ne me dérobe pas le monde où nous vivons. En creusant au loin ces sillons de la science, je n'oublie pas l'époque à qui je parle. J'entends l'intéresser et la servir; je serais fort déçu s'il ne résultait pas de ces études des enseignements profitables aux esprits même les plus préoccupés d'actualité.

L'analogie est au fond des choses. Les idées ne se trouveront pas, malgré la distance que l'on aura franchie, si désorientées qu'on pourrait le croire. Ainsi, le livre du saint Graal et de la Table ronde, lorsqu'on ne s'en tient pas à la surface, nous touche de plus près qu'on ne suppose. Les passions du grand schisme d'Occident sont encore palpitantes. Dans les régions purement littéraires que nous allons parcourir, la poésie moderne, celle qui nous émeut et qui nous frappe, n'est pas absente, et nous respirons souvent comme un souffle d'air natal. Nostra res agitur; notre cause se traite ici. Toute cette antiquité française frémit encore, et tellement même que beaucoup ne peuvent être envers elle dégagés de passion et impartialement justes. On n'aborde pas le moyen âge comme on fait la Grèce ou Rome ou les pays totalement étrangers; sans cela, le moyen âge serait plus équitablement apprécié parmi nous, et aussi plus fréquenté qu'il ne l'est aujourd'hui, ou du moins fréquenté par des esprits plus divers. Bien plus, nos vicissitudes politiques tantôt servent les études dont il est l'objet et tantôt leur nuisent. La marche des événements les fait languir et prospérer tour à tour. Les variations de l'opinion publique leur apportent ou retirent plus ou moins de vogue. L'esprit de parti se mêle presque toujours à ces recherches où il n'a que faire, tant il est vrai cependant qu'on n'explique pas une lettre morte!

Qu'on veuille bien excuser ce petit discours « pour ma maison. » Il conclut seulement à ceci : qu'on ne s'arrête pas aux approches et qu'on entre bravement dans le livre. Lorsqu'on aura vu « et pesé ce qui y est deduict, » on formulera un jugement que l'auteur ne prétend en rien influencer. Il ne fait cette humble protestation que contre les jugements téméraires.

# INTRODUCTION

C'est une des entreprises les plus utiles et les plus méritoires, dans la science naturelle, que de remonter aux sources des grands fleuves, de les reconnaître et de les vérifier. Et l'on sait que les sources du Nil sont, de temps immémorial, poursuivies par un nombre infini de voyageurs, qu'elles ont coûté la vie à un millier d'entre eux, et qu'elles demeurent un des problèmes les plus irritants posés à l'esprit d'aventures. Pourquoi une curiosité pareille n'exciterait-elle pas des recherches analogues en littérature? Pourquoi n'entreprendrions-nous pas de remonter jusqu'à leur source les principales branches entre lesquelles ce grand courant se divise? N'y a-t-il pas un vif intérêt à voir naître sur notre sol la poésie, le roman, le théâtre, l'art de la parole, qui auront, par la suite, une si longue et si brillante histoire? Cette excursion dans le passé ne vaut-elle pas bien une exploration des roches abyssiniennes? et ne doit-on pas en espérer des renseignements aussi précieux?

Nous nous sommes fait ce raisonnement dès notre jeunesse, et nous avons consacré à ce voyage aux sources littéraires de longues années. Nous faisions partie, du reste, d'une nombreuse expédition se dirigeant avec ardeur vers ces contrées lointaines. Il y avait une grande activité dans les esprits. Le mouvement était vigoureusement lancé; et, quelque ralentissement qui puisse momentanément se produire, ce mouvement d'études ne s'arrêtera pas et reprendra une nouvelle force.

Il s'agissait de retrouver, d'exhumer, de réhabiliter le moyen âge artistique et littéraire, de combler cette immense lacune que nos prédécesseurs laissaient dans l'histoire des arts et des lettres, et de démentir cette mort de dix siècles, dont on accusait le génie humain. Nous voulions, après la réhabilitation pittoresque et fantastique essayée par le romantisme, tenter une réhabilitation sérieuse, patiente et positive, qui s'accomplit par les monuments eux-mêmes; nous voulions produire à la lumière les créations d'une époque jusqu'à présent inconnue, et mettre le public à même de les juger, de les apprécier et de les comparer aux œuvres classiques.

Si l'entreprise n'a pas encore donné tous les résultats qu'on pouvait en attendre, ceux qui sont acquis ne laissent pas d'être déjà considérables. Grâce aux efforts de ces pionniers de l'érudition, parmi lesquels nous nous étions volontairement enrôlé, d'importantes découvertes ont eu lieu; une vaste résurrection s'est accomplie et s'étend depuis nos origines jusqu'à l'époque moderne. Avant la Renaissance de François Ier, seule admise il y a cinquante ans, on a révélé celle de saint Louis, et l'âge fécond qui porte le nom de ce dévot prince marque désormais parmi les plus illustres. De saint Louis on remonte à grands pas vers Charlemagne, qui représente lui-même une autre renaissance intellectuelle, constatée par les historiens; celle-ci est acceptée jusqu'à présent un peu sur leur parole[1], mais les précieuses reliques qu'elle nous a transmises sortiront peu à peu de leurs antiques ossuaires; c'est ainsi que nos grandes publications chromolithographiques ont déjà plusieurs fois

---

[1] M. Philarète Chasles, qui est dans l'armée des lettres un *éclaireur*, annonce des études sur la renaissance sociale du temps de Charlemagne. V. *Études sur l'Allemagne*, 1861, préface, page XIV.

reproduit les magnifiques miniatures du Livre d'heures de Lothaire et de la Bible de Charles le Chauve; si bien que, de renaissance en renaissance, on finira par découvrir que nous n'avons jamais été morts, qu'aucune période de notre existence nationale n'a été complétement stérile pour les arts ni pour la pensée; que ces mille ans d'aridité et de ténèbres dont on ose parler encore sont un outrage à la vérité, aujourd'hui éclatante, aussi bien qu'au patriotisme; et qu'en somme la France a été beaucoup moins longtemps et beaucoup moins barbare qu'elle ne se l'était imaginé, et que le grand nombre continue à le penser et à le dire. C'est là ce que démontrera de plus en plus victorieusement l'histoire appuyée sur l'érudition et l'archéologie.

Cette restauration artistique et littéraire, qui se poursuit depuis trente ou quarante ans, s'opère principalement par la mise au jour des documents, par la publication des manuscrits. On en fait des livres. On constitue toute une nouvelle bibliothèque française qui va du onzième au seizième siècle. Si nous en dressions le catalogue, nous savons bien des gens instruits qui éprouveraient ce saisissement progressif, si bien décrit par le moine de Saint-Gall, cet étonnement mêlé d'effroi qui s'empare du roi Didier à mesure qu'il voit surgir à l'horizon les différents corps de l'armée de l'empereur Charlemagne. *Heu ! ferrum ! quot ferrum !* peuvent s'écrier, comme le roi lombard, les classiques épouvantés. Qu'ils se rassurent néanmoins ! car à tout ce fer se mêlent bien des parcelles d'or. Ne faut-il pas, d'ailleurs, que ces monuments du passé apparaissent pour nous dire enfin la vérité sur les temps dont ils sont les derniers témoins, et pour faire définitivement justice d'opinions routinières, de préjugés et de déclamations toutes faites, auxquelles s'abandonnent encore la plupart des écrivains et qui règnent toujours dans nos écoles ?

Les publications de textes originaux ne sont pas l'unique moyen de cette restauration littéraire. Les notices qui les accompagnent, qui les préparent et qui les suivent, n'avancent pas moins l'entreprise, en tirant les conclusions qui sont implicitement contenues dans les premières. Des études critiques résument chaque période du travail accompli ; elles devancent les réimpressions qui sont lentes ; elles les suppléent, lorsqu'elles ne sont que partielles ; elles vont seules là où il est difficile que l'imprimerie pénètre jamais. Elles sondent, éclairent, aplanissent la route. C'est une suite d'études de ce genre que nous offrons dans ce volume.

Elles frapperont, croyons-nous, la plupart des

lecteurs par leur incontestable nouveauté. Nous reconstituons l'histoire de diverses branches de la littérature aussi loin que possible dans les siècles passés, en prenant pour point de départ l'emploi de la langue française ; nous rattachons ainsi directement nos origines modernes aux dernières œuvres de la décadence latine, et nous reconquérons près de quatre siècles sur l'ignorance et sur l'oubli.

Les genres littéraires que nous allons prendre et examiner à leur point de départ, dans leur transition du latin à la langue vulgaire, sont : le roman en prose et la légende, le théâtre, puis la prédication, c'est-à-dire l'art et la puissance de la parole.

Ces trois formes parfaitement distinctes des productions de l'esprit humain ont, à leur origine, des caractères communs et des traits de ressemblance qu'on ne soupçonnerait pas, à voir leur opposition et même leur hostilité actuelle. Toutes trois sortent également de l'Église, et servent également à exprimer la pensée et le sentiment religieux.

Le roman en prose se confond d'abord avec la légende ; il ne tarde pas, il est vrai, à s'en séparer ; nous verrons et nous ferons ressortir les causes de cette séparation et l'occasion de ce divorce.

Le théâtre offre de même un premier âge purement sacerdotal. Il se partage ensuite et crée à la fois des œuvres sacrées et des œuvres profanes. Longtemps le théâtre hiératique l'emporte sur le théâtre mondain, et il ne lui cède la place qu'à la fin du seizième siècle. Nous n'avons pas l'intention d'esquisser même cette longue lutte ; nous fixons seulement le point de départ. Nous indiquons l'élément primordial du drame moderne. Nous nous plaçons à l'endroit où tout nouvel historien du théâtre devra se transporter d'abord et commencer ses investigations.

L'éloquence est, à son début, uniquement dans la prédication. Nous avions peu de chose à dire sur ses premiers essais en langue vulgaire. Il suffisait de la montrer dans sa simplicité et sa naïveté presque enfantine et d'en donner un exemple et un modèle. Mais, franchissant ensuite un long espace de temps, nous la voyons à l'œuvre au milieu de circonstances extraordinaires qui arrachent violemment, et un peu brusquement, l'art oratoire à la langue latine. Nous retracerons les principaux événements de la crise religieuse et politique, où les orateurs et les prédicateurs jouent, pour la première fois, un rôle actif, et se trouvent, à l'improviste, chargés de gouverner le monde.

Nous terminerons en essayant de faire connaître

les tendances et la méthode de notre poésie primitive, non par des traités didactiques qui, alors, n'existent point, mais en comparant les procédés de l'imagination au moyen âge et dans l'antiquité. Une dernière partie montre quelques-unes des conséquences de nos recherches relativement aux œuvres du temps présent. La littérature du moyen âge ne reste pas, de la sorte, mise à part et observée uniquement en elle-même. Elle se trouve, au contraire, étudiée aussi relativement et placée en vue, pour ainsi dire, des grandes époques qui l'ont précédée et qui l'ont suivie.

Les diverses parties qui composent ce volume se rattachent entre elles et concourent au même but, quoiqu'elles aient été conçues et exécutées indépendamment les unes des autres. Comme la même pensée dirigeait nos recherches dans les voies diverses que nous parcourions, les pages, d'abord isolées et disséminées, lorsqu'on les rapproche, se coordonnent aisément et forment un ensemble. Nous espérons bien continuer, pour notre faible part, sous le titre un peu ample que nous avons adopté, la grande enquête qui est ouverte à présent et qui ne sera pas l'œuvre la moins utile, ni la moins honorable de notre siècle.

Une histoire complète de la première époque de la littérature française serait bien difficile à exécuter encore aujourd'hui. Mais on peut lui fournir de nombreux éléments. On peut même en tracer bien des chapitres. C'est ce que nous nous proposons de faire ici. Nous pouvons nous rendre cette justice que tous nos renseignements sont puisés aux sources mêmes, que nous n'avons jamais fait usage que des textes primitifs, que les archives littéraires ont été fouillées par nous dans leurs parties les plus obscures. C'est ce soin, cette patience, cette rigueur, qui ont donné à nos études leur principal intérêt, et qui leur ont mérité des approbations et des encouragements où nous avons trouvé notre meilleure récompense.

# ORIGINES LITTÉRAIRES

## DE LA FRANCE

## PREMIÈRE PARTIE

### LA LÉGENDE ET LE ROMAN

Le roman en prose, considéré dans ses plus anciens monuments, à son point de départ, n'a pas été l'objet des recherches empressées de l'érudition. Il a été négligé, au contraire. Il y avait plusieurs raisons pour qu'il en fût ainsi. Ce genre de compositions se trouvait primé d'abord par l'affluence bien plus considérable des œuvres poétiques. Nous l'avons dit ailleurs[1], le mètre fut d'abord le mode presque obligé de toute production littéraire, la forme naturelle de la pensée destinée à vivre et à se transmettre ; ceux qui parlaient la

---

[1] Les *Poëtes français*, recueil des chefs-d'œuvre de la poésie française, édité à Paris, chez Gide, libraire, 1861, tome I, p. 563.

langue vulgaire se donnaient ordinairement le mérite de la rime et de la mesure. La forme rhythmée se prêtait mieux aussi à la déclamation orale et au débit des jongleurs qui furent, pour ainsi dire, les moyens de publicité en usage à l'époque primitive. Enfin, on sait que les peuples commencent toujours par la poésie et non par la prose. L'abondance des poëmes, leur antiquité, leur importance plus considérable, fixèrent d'abord l'attention et la détournèrent des œuvres en prose, qu'on jugea, *à priori* et sans examen, tardives, inférieures, dénuées d'intérêt.

Une autre raison qui écartait les érudits, c'est que les premières créations de la prose française sont bien loin d'avoir des proportions modestes. On trouve bien, à la vérité, quelques petits romans, quelques courtes nouvelles : nous en avons publié un choix dans un volume de la Bibliothèque elzévirienne[1]. Mais ce sont là des exceptions peu nombreuses. Le monument primitif et original, appartenant au douzième siècle, est, au contraire, gigantesque : il embrasse une suite de manuscrits grand in-folio, bien capables d'effrayer les plus intrépides antiquaires. Puis on trouvait sous la main les réimpressions du commencement du seizième siècle, qui dispensaient de recourir aux textes antérieurs, et l'on ne soupçonnait pas qu'on n'avait sous les yeux qu'une lettre morte ne pouvant révéler le sens ni l'esprit de la composition qui avait eu lieu plusieurs siècles auparavant.

[1] *Nouvelles en prose françoise du treizième siècle.* P. Jannet, libraire, 1856.

C'est pour ces motifs que les récits du cycle chevaleresque rédigés en prose n'ont pas été étudiés avec autant de zèle que les *chansons de geste* contemporaines et qu'on n'en a point compris peut-être toute l'importance historique et littéraire. Ils forment aux chansons de geste une sorte de contre-partie exacte : ce sont de véritables livres, destinés à être lus, pendant que les autres étaient déclamées et chantées. Ils sont l'œuvre d'une classe à part, la classe la plus élevée, en qui une culture précoce avait développé des besoins exceptionnels. Ils sont nés dans une contrée où la féodalité, appuyée sur la conquête, offrait à la fois plus de richesses et des mœurs plus distinctes de celles de la foule. Ils peignent une civilisation tout aristocratique ; et c'est là principalement qu'on peut saisir le mouvement de progrès social qui s'accomplit à une des heures les plus décisives de notre histoire.

C'est le grand ouvrage qui sort des profondeurs les plus obscures du moyen âge, et où le sentiment moderne vient éclater pour la première fois, que nous allons examiner en premier lieu. Il a commencé par être une légende, et il est devenu un immense roman. Nous verrons comment cette transformation s'est opérée. Nous préciserons les souvenirs vivaces, mais confus, qu'il a laissés, et nous tâcherons d'indiquer quel parti la littérature et l'érudition doivent tirer d'un monument sur lequel on s'est contenté généralement jusqu'ici des notions vagues qu'une longue tradition nous avait transmises.

# CHAPITRE PREMIER

### LE LIVRE DU SAINT-GRAAL ET DE LA TABLE RONDE

## I

L'ouvrage dont nous voulons parler s'appelle le *Livre du Saint-Graal et de la Table ronde*. Il a exercé pendant plusieurs siècles une influence considérable sur la société française et la société européenne; il a été une source inépuisable de mythes et de fictions qui, nées dans les plus hautes classes au premier âge de la féodalité, ont survécu presque jusqu'à nos jours, par les publications toujours renouvelées de la *Bibliothèque bleue*, dans les classes populaires. La critique et l'érudition sont appelées sans cesse à apprécier les monuments de cette création littéraire qu'on découvre et qu'on met au jour. Les historiens reconnaissent de plus en plus, à mesure qu'ils donnent une plus grande place à l'esprit philosophique, le rôle important qu'il faut leur attribuer. Il semble même que la poésie ne juge pas que la veine soit tout à fait tarie, et qu'on ne puisse renouveler encore quelques-unes de ces fables et de ces inventions du passé. L'Anglais Tennyson y a puisé dernièrement le gracieux volume des *Idylles du Roi;* un écrivain français, M. Edg. Quinet, s'est emparé du cadre antique pour y développer ses rêveries politiques et religieuses, et a donné à l'enchanteur Merlin une mission démocratique que ce prophète n'avait certainement pas prévue. M. H. de la Villemarqué a trouvé, dans cette veine, toute une suite de belles études et de brillants succès littéraires.

Telle est la force de résistance et de vie de ces légendes primitives, que les études classiques n'ont pas réussi à faire complétement disparaître. Elles demeurent pourtant enveloppées d'incertitude et d'ignorance; il n'en reste dans les mémoires que des images à demi effacées, indécises et flottantes. Qui, en effet, se forme une idée un peu nette de l'œuvre originale qui nous a légué ces lointains souvenirs? qui en connaît la trame et la suite? qui distingue ces premiers types, ces ancêtres de la littérature chevaleresque d'avec les Amadis, les Céladon et leurs innombrables descendants? qui se rend compte de leur physionomie native et des sentiments qu'ils ont été chargés de représenter dans le monde à une époque si différente de la nôtre? Nous entreprenons de dissiper l'obscurité qui les environne, de rétablir le livre *princeps* dans son dessein fondamental. Nous tâcherons de retrouver et de résumer ce premier roman du Saint-Graal et de la Table ronde qui a eu tant de versions nouvelles, de branches accessoires, d'interminables développements, qui a fondé tout un cycle, qui a produit toute une littérature ; nous tâcherons de le retrouver et de l'analyser dans son noyau essentiel et primitif. Les douteuses figures que la tradition a perpétuées, nous les replacerons dans la fiction mère où elles ont reçu cette vie immortelle, et nous leur rendrons les traits et l'expression que le moyen âge leur avait donnés. Nous aurons résolu ainsi, sans même les aborder directement, beaucoup des questions débattues entre les savants, et dont la plupart ne doivent leur existence qu'à une connaissance trop imparfaite du sujet controversé. Nous laisserons du moins dans l'esprit du lecteur quelques notions certaines qui lui servent à expliquer ce vaste travail de l'imagination du passé, et auxquelles il puisse se rattacher chaque fois que se représentera à sa mémoire ce groupe intéressant et considérable des traditions de notre race.

Le livre du Saint-Graal et de la Table ronde, tel qu'il nous est parvenu, est d'une étendue que personne, s'il n'a remué les manuscrits de ses propres bras, ne saurait se figurer. Aussi s'est-il brisé et fragmenté et ne le rencontre-t-on nulle part en un seul bloc. Les fictions de la littérature moderne, dont les proportions ont paru surprenantes et excessives, ne sont que des opuscules en comparaison de la première et colossale création de la prose française. Ce livre comprend trois immenses parties qui ont reçu les noms de *Roman du Saint-Graal*, *Roman de Merlin*, *Roman de Lancelot*, ce dernier étant subdivisé lui-même en cinq parties intitulées : *Gallehot*, la *Charrette*, *Agravain*, la *Quête du Graal* et la *Mort d'Ar-*

*thur*. Tout cela ne constitue qu'un seul et unique récit, du commencement à la fin, du prologue au dénoûment. D'une branche à l'autre la transition est des plus directes, l'enchaînement des plus étroits. Ainsi le Roman de Merlin se termine par le siége d'un château, et le Roman de Lancelot débute par la prise de ce même château. Les titres distincts ne servent qu'à constater le progrès de la gigantesque histoire.

L'époque où ces immenses compositions ont été écrites n'est pas douteuse, non plus que les noms des écrivains qui y ont pris part. Des renseignements très-précis ont été donnés sur ce point par Hélie de Borron, l'un des continuateurs de ce genre de romans au treizième siècle[1]. Les romans du Saint-Graal et de Merlin ont eu pour

---

[1] « Car bien est véritez que aucun saint homme clerc et chevalier s'en sont jà entremis de translater ce livre de latin en langue françoise. Mesires Luces de Gast s'en entremist premierement ; ce fut li premiers chevaliers qui s'estude y meist et sa cure, bien le savons, et cil translata en langue françoise partie de l'estoire Mgr Tristran ; moult commença bien son livre, ains en laissa bien la greigneur partie. Après s'en entremist mesires Gasses li Blons, qui parens fu le roi Henri. Après s'en entremist maistres Gautiers Map, qui fu clercs au roy Henri ; et devisa cil l'estoire de Mgr Lancelot du Lac, et d'autre chose ne parla il mie granment en son livre. Mesires Robers de Borron s'en entremist ; après je Helis de Borron, par la priére Mgr Robert, et por ce que compaignon d'armes fusmes longement... »
Prologue du roman de *Palamèdes* ou *Giron le Courtois*. Mst. 6959. Les mêmes renseignements se trouvent dans l'épilogue du roman de *Bret*. Mst. 6776[2].
Pour tous les monuments de ce cycle, il ne faut consulter que les manuscrits, et les manuscrits les plus anciens. Dans les manuscrits postérieurs au treizième siècle, et surtout dans les éditions imprimées du commencement du seizième siècle, il ne reste plus rien de l'ordre primitif et de la pensée générale.

rédacteurs Robert de Borron, chevalier attaché au service du comte de Montbéliart, et un parent du roi Henri II Plantagenet, nommé Gasse le Blond. Le roman de Lancelot a été rédigé tout entier par Gautier Map, chapelain du même monarque. Cette rédaction s'est accomplie à la cour normande d'Angleterre pendant la seconde moitié du douzième siècle. Le témoignage d'Hélie de Borron, cousin de Robert de Borron, est confirmé d'ailleurs par le chroniqueur Hélinand, qui vivait à la cour du roi de France Philippe Auguste. « Je n'ai pu, dit Hélinand, me procurer cette histoire du Graal en langue latine, mais je sais qu'elle a été écrite en français par des hommes d'un rang élevé[1]. » Ce prolixe roman français dérivait donc directement du latin. Il n'était qu'une forme nouvelle d'une œuvre déjà antique. Il est évident qu'il n'avait pu atteindre à de telles dimensions que par de longs remaniements, que par des amplifications successives. Combien cette création est loin de son origine, cela ressort avec plus d'évidence encore de l'examen du livre lui-même ; on y aperçoit clairement la trace des lentes et nombreuses métamorphoses qu'il a subies.

Ce qu'on y remarque d'abord, ce sont deux livres bien distincts coexistant en un seul, un livre ecclésiastique et un livre profane. Le livre ecclésiastique remonte certainement à une date reculée. On peut conjecturer

---

[1] « Hanc historiam latine scriptam invenire non potui, sed tantum gallice scripta habetur a quibusdam proceribus, nec facile, ut aiunt, tota inveniri potest. » La chronique d'Hélinand est insérée dans le *Speculum historiale* de Vincent de Beauvais. Voy. liv. XXIII, c. CXLVII.

que le point de départ fut une allégorie mystique composée à l'époque florissante des écoles anglo-saxonnes, aux septième et huitième siècles, alors que les monastères de l'Irlande et de la Cambrie se montraient les héritiers directs d'Alexandrie et de l'Orient[1]. Le thème, emprunté à une de ces nombreuses légendes qui furent transportées de l'Asie chez les peuples occidentaux et se mêlèrent à l'histoire de leur conversion au christianisme, fut probablement employé dans le principe à peindre les luttes de la vie spirituelle, les secours de la grâce divine, les vertus toutes-puissantes de l'eucharistie, à célébrer les triomphes de l'âme chrétienne et à glorifier surtout la virginité, thèse favorite des écoles cambriennes. Il est facile de reconnaître, dans les parties du cycle qui ont le caractère le plus ancien, une idée purement théologique, un but exclusivement religieux. Plus tard, lorsque, après les terreurs de l'an mil, apparut dans l'Occident réveillé et régénéré cet ensemble de sentiments, de mœurs et de principes, qu'on a appelé la chevalerie, l'ancienne allégorie ascétique dut

---

[1] « Au fond de ces cloîtres de la Cambrie et de l'Irlande, on voyait se rapprocher trois antiquités, trois sources d'inspiration bien différentes : la Bible, Homère et Ossian. Comme pour légitimer au moins l'union de la lyre d'Ossian à celle de David, une légende racontait que, sur ses vieux jours, le fils de Fingal, ayant rencontré saint Patrick, s'était laissé convertir par lui, mais en le suppliant avec larmes de lui laisser chanter les éternels combats des héros de sa race. » — Alph. Dantier, les *Couvents d'Italie*.

Ce fait certain d'une école anglo-saxonne florissante aux septième et huitième siècles n'a pas encore suffisamment attiré l'attention. L'érudition n'a pas l'habitude d'en tenir assez compte : il résout pourtant bien des problèmes.

recevoir de nouveaux développements et servir à exprimer les tendances nouvelles, l'exaltation de l'esprit d'aventure, l'élan belliqueux de l'époque. Mais l'œuvre demeura encore spécialement sacerdotale et monastique. L'Église conçut d'abord la chevalerie comme une institution religieuse, comme un sacerdoce militaire, une prêtrise armée. Il n'est pas douteux que vers le onzième siècle le livre latin du Graal n'eût pour but de tracer cet idéal chevaleresque qu'on essayait à la même date de réaliser dans l'Ordre du Temple. Il rédigea pour ainsi dire le pacte d'union entre l'austérité et l'héroïsme, entre la bravoure et la foi. Il proposa au chevalier la chasteté et la virginité du prêtre, et essaya d'étendre à la milice guerrière la réforme que Grégoire VII imposait à la milice sacrée.

Nous croyons que c'est l'œuvre ainsi transformée, développée à ce moment et dans ce but, que les rédacteurs normands désignent par ces mots, la *vieille histoire*, la *haute histoire*, écrite en latin. Il nous en reste une traduction assez exacte dans quelques parties du cycle français, notamment dans le roman du Saint-Graal et la branche de la Quête du Graal, où les romanciers du douzième siècle paraissent avoir suivi à peu près fidèlement le texte antérieur que partout ils invoquent.

Mais l'austère idéal conçu par l'esprit monastique n'était pas destiné à triompher. Le goût des aventures, des entreprises hasardeuses, des prouesses brillantes, l'emportait de jour en jour ; bien loin de s'inspirer du mérite de la chasteté et de la gloire de la virginité, la chevalerie tendait à faire régner dans les mœurs adoucies cette idolâtrie amoureuse que bientôt elle se proposa pour règle principale et pour premier devoir. De là l'élément profane qui envahit en grande quantité l'œuvre ecclésiastique. Lorsque des seigneurs laïques ou des clercs courtisans traduisirent, remanièrent, amplifièrent l'antique récit, ils y introduisirent des épisodes considérables pour donner satisfaction aux tendances nouvelles. Aux tableaux mystiques du vieux livre ils mêlèrent des tableaux plus capables de flatter l'imagination de leurs lecteurs. De là, avons-nous dit, tout un livre dans l'ancien livre ecclésiastique, l'étouffant par ses digressions intarissables, le contrariant dans ses conclusions, contredisant enfin la sévérité des anciennes doctrines avec l'indulgente facilité du temps présent et même une secrète prédilection pour les doctrines contraires.

Ces influences diverses ne sont pas seules à jeter de la discordance dans la vaste fiction. En même temps qu'elle sert à exprimer des idées contradictoires, elle est exploitée et travaillée par les génies les plus dissemblables qui puissent exister entre deux races. A son principe elle est l'œuvre manifeste du génie celtique; elle porte le caractère de toutes ses créations; on y remarque le don brillant de la féerie, une couleur fantastique, une splendeur d'imagination vraiment orientale, un fatalisme mystique et sombre, un abus perpétuel du symbole qui semble être chez ces peuples l'expression naturelle et normale de la pensée.

Mais tout à coup la haute histoire tombe en d'autres mains, et l'esprit normand se fait le collaborateur et le continuateur du génie breton. Or l'esprit normand est l'ennemi le plus déclaré du symbole. Positif, actif, nullement rêveur, il ne voit dans les mystérieuses paraboles que le sens littéral, que le fait plus ou moins bizarre ou amusant. Il se met à conter finement, délicatement, avec une verve inépuisable, sans se soucier de troubler les mythes obscurs dont il n'aperçoit que la superficie et non la profondeur. Aussi commet-il d'étranges méprises, de singulières parodies; aussi s'égare-t-il sans cesse et nous a-t-il laissé, en dernière analyse, la compilation la plus complexe, la plus touffue, la plus emmêlée et embrouillée qui existe certainement dans aucune littérature. C'est ce qui l'a rendue inaccessible. Nous allons nous engager dans ce labyrinthe; nous renouerons le fil mille fois rompu; nous reconstituerons la trame mille fois brisée. Rattachant les uns aux autres les faits dominants qui subsistent sous le déluge des accessoires, nous ressaisirons la donnée primitive, qui, ainsi dégagée, apparaîtra comme une conception grandiose et magnifique, et fera comprendre le prestige qu'elle a exercé et la postérité féconde qui en est issue.

## II

PROLOGUE.

Le livre du Graal et de la Table ronde s'ouvre par un prologue qui a pour objet de nous apprendre comment la *haute histoire* est parvenue à la connaissance des hommes; c'est une fiction préliminaire inventée pour donner plus d'autorité à la fiction principale; c'est le portique du grand édifice[1].

En l'an 717 de l'ère chrétienne, dans un lieu écarté et sauvage de la Bretagne blonde, comme on disait alors, vivait un ermite qui, par des motifs de modestie et de prudence, s'abstient d'abord de nous révéler son nom. Mais, comme plus tard il entre en scène dans le roman de Merlin et dans la quatrième partie de Lancelot, disons tout de suite qu'il se nomme Nascien et qu'il descend d'une des principales familles du monde imaginaire où nous allons pénétrer. L'ermite Nascien, dans la nuit du jeudi au vendredi saint, après avoir récité l'office de *Ténèbres*, commençait à sommeiller,

---

[1] Le *Roman du Saint-Graal*, première branche de la haute histoire, a été rédigé en français, avons-nous dit, par Robert de Borron : « Messires Robers de Borron, qui cest conté mist en autorité par lou congé de sainte Église et par la proière au preu conte de Montbéliart ou cui servise il estoit. »

Le meilleur texte que nous ayons eu sous les yeux est celui du manuscrit de la Bibliothèque impériale, coté 7185 3. 3. du fonds français (ancien Cangé, 6). Il est de la seconde moitié du treizième siècle.

lorsqu'il fut réveillé par une voix qui prononça trois fois son nom. Il ouvre les yeux; il voit devant lui un homme d'une beauté surhumaine entouré d'une clarté éblouissante. Ce visiteur mystérieux se proclame le Maître de toute science et de toute sagesse, et remet à l'ermite un *petit livret* qui n'est pas plus grand ni plus large que la paume de la main. Après une apologie emphatique du contenu de ce livre, l'apparition céleste s'évanouit au milieu des éclats du tonnerre et de la convulsion des éléments. L'ermite, anéanti de terreur, revient à lui; il croirait avoir fait un rêve, s'il ne tenait le petit livre entre ses doigts. Aussitôt que le jour paraît, il commence à lire. Il aperçoit d'abord le tableau de son propre lignage. A l'heure de tierce, à neuf heures du matin, il rencontre un nouveau titre : *Ici commence l'histoire du Saint-Graal;* puis, un peu plus loin : *Ici commencent les terreurs*, puis enfin : *Ici commencent les merveilles.*

Ce livret, pas plus grand que la paume de la main, renferme en effet tout l'immense récit qui va suivre, « tant les paroles y sont amoncelées! » Lorsque l'ermite Nascien a terminé sa lecture, des ténèbres soudaines l'environnent, puis se dissipent peu à peu pour faire place à une riante lumière; un parfum suave se répand autour de lui; des mélodies, des chants auxquels un nombre de voix infini semblent prendre part se font entendre; ces chants célèbrent le Destructeur de la mort et le Réparateur de la vie. Lorsque le cantique est achevé, des battements d'ailes retentissent, comme si tous les oiseaux qui peuplent l'air s'envolaient à la fois.

L'âme de l'ermite, emportée sur ces ailes invisibles, est ravie dans les hauteurs des cieux.

Revenu sur la terre et à sa cabane, l'ermite Nascien renferme le petit livre dans le tabernacle, qui reste clos, suivant la coutume de l'Église, jusqu'au jour de Pâques. Ce jour-là, en ouvrant le tabernacle, l'ermite ne trouve plus le précieux volume. Mais une voix lui révèle où il doit l'aller chercher. Il se rend au carrefour de la Fontaine des pleurs. Une bête prodigieuse appartenant à la zoologie fantastique et symbolique du moyen âge lui sert de guide à travers des vallées profondes et des bois sombres. C'est toute une allégorie, animée d'un souffle biblique et mystique, que ce voyage de l'ermite à la recherche du livre perdu ; mais nous sommes forcé d'en supprimer les détails. Après avoir marché pendant plusieurs journées, trouvant à chaque soir une hospitalité providentielle, le voyageur arrive à une petite chapelle bâtie sur un rocher. C'est dans cette chapelle qu'il retrouve le livre. Un chevalier armé gisait au seuil de la chapelle; le démon s'était emparé de lui à la suite d'un péché dont, hélas ! « chair mortelle ne se peut garder.» A l'aide du petit livre, l'ermite exorcise le démon. Le sens et le but de l'œuvre nous sont révélés dans cette parabole.

Nascien revient à son ermitage et il reçoit l'ordre de transcrire le livret. Il trouve dans son armoire tous les instruments nécessaires à sa besogne de copiste, et qui se renouvellent à mesure qu'il en a besoin. Quoiqu'il n'ait jamais pratiqué l'art du scribe, ses doigts courent sur le parchemin avec une rapidité merveilleuse. Avant le jour de l'Ascension, terme fixé à son travail, il a achevé sa copie; le livre original remonte dans le ciel avec Notre-Seigneur. Tel est le prologue téméraire qui nous introduit dans la haute histoire à qui le romancier ne craint pas de donner, comme on voit, une source toute divine, le caractère d'une révélation[1]. Entrons maintenant dans la première branche, intitulée le *Roman du saint Graal*.

## III

### LE ROMAN DU SAINT-GRAAL.

Il débute par ces mots :

« Au jour où le Sauveur du monde souffrit la mort, où la mort fut détruite et confondue et notre vie restaurée, en ce jour bien peu de gens encore croyaient en lui, à part ses apôtres, qu'on appelait ses frères. Plusieurs cependant avaient déjà un commencement de foi,

---

[1] Par une étrange méprise, tous les érudits qui ont traité la question de l'origine des romans de la Table ronde, depuis Usserius jusqu'à M. Hersart de la Villemarqué, ont attribué une existence réelle à cet ermite du prologue. Ils l'ont présenté comme initié aux traditions des bardes de son pays; ils ont agité de savoir s'il avait réellement vécu au huitième siècle et s'il ne fallait pas plutôt le croire postérieur à Guillaume de Malmesbury, mort en 1145. Tous ont été induits en erreur par le chroniqueur Hélinand. Ce moine, ayant lu ou entendu rapporter le prologue du livre du *Graal*, consigna naïvement le fait à sa date dans la chronique latine qu'il compilait à une époque où la crédulité de l'esprit ne mettait presque jamais de différence entre la vérité et la fiction.

et de ce nombre était un chevalier nommé Joseph d'Arimathie. Ce chevalier réunissait toutes les vertus qui puissent orner la nature humaine. Il était sans envie et sans orgueil; il soulageait les souffrances des malheureux. Doux et bienveillant pour ses inférieurs, modeste et paisible avec ses égaux, il rendait à ceux qui étaient au-dessus de lui les hommages et le respect qui leur étaient dus. A lui s'appliquaient les paroles du premier psaume : « Bienheureux ceux qui ne s'accordent pas aux conseils des méchants et qui ne suivent pas la voie des pervers! » Rempli de douleur de la mort du Christ, il alla trouver Pilate, qu'il avait servi pendant sept années; il lui demanda en récompense de ses services un don qui lui coûterait bien peu. Le prévôt, qui avait pour Joseph beaucoup d'amitié, le lui accorda aussitôt. Joseph lui demanda le corps du prophète qui était suspendu à la croix. Pilate lui en fit cadeau très-volontiers, pensant donner le corps d'un pauvre supplicié, mais il donnait le Sauveur du monde et l'Auteur de la vie éternelle. Jamais présent plus riche ne fut donné ni reçu entre des mortels! »

Déjà, aux jours précédents, Joseph d'Arimathie, animé du même sentiment pieux, s'était assuré la possession du vase dont Notre-Seigneur avait fait usage chez Simon, lorsqu'il avait célébré la Pâque avec ses apôtres. Ce vase était une coupe très-large ou un plat très-profond, ce qu'on appelait un *graal* dans notre ancien langage; les manuscrits du treizième siècle donnent à ce mot pour équivalent exact celui d'écuelle, qui n'avait pas alors le sens humble qui s'y attacha par la suite. Joseph d'Arimathie, en se rendant au Calvaire, prit avec lui cette écuelle ou ce bassin. Lorsqu'il détacha de la croix le corps du Rédempteur, il reçut dans le graal les gouttes de sang qui coulèrent des plaies divines. Il déposa alors le corps du Christ dans le tombeau qu'il s'était préparé à lui-même et où devait s'accomplir le miracle de la Résurrection.

Cependant les Juifs étaient irrités de toutes ces marques de vénération qui les condamnaient eux-mêmes. Au milieu de la nuit, ils se portèrent en nombre à la demeure de Joseph, s'emparèrent du courageux décurion, et le conduisirent à un château du grand prêtre Caïphe situé à cinq lieues de Jérusalem. Là, ils le jetèrent dans une prison profonde et ténébreuse.

Plongé dans l'obscurité de son cachot, Joseph ne fut pas oublié par Celui pour qui il souffrait ces persécutions. Aussitôt après sa résurrection, Notre-Seigneur descendit dans l'horrible fosse où gisait son serviteur; il apportait le vase que celui-ci avait caché dans un coin de sa maison, le graal deux fois sanctifié par la communion du Sauveur avec les apôtres et par le sang tombé de ses blessures. A la venue du Christ, une clarté soudaine illumina le cachot. Joseph, le cœur ému de joie, se prosterna en s'écriant : — Dieu tout-puissant, c'est vous seul qui pouvez répandre cette lumière céleste!

— Joseph! Joseph! dit le Seigneur, rassure-toi, ne te laisse pas abattre; aie confiance dans la bonté de mon Père.

— Qui êtes-vous, vous qui me parlez? Mes yeux éblouis ne peuvent ni vous voir ni vous connaître.

La voix répondit : — Écoute bien mes paroles : depuis le péché de la première femme, le démon tenait tout le genre humain sous son empire, mais j'ai voulu naître d'une autre femme pour délivrer le genre humain. Le monde était enchaîné et captif, j'ai consenti, pour briser ses chaînes, à expirer sur l'arbre de la croix. Ignores-tu donc ma naissance, mes travaux, mon supplice, ma mort et le sang que j'ai versé pour l'œuvre de mon Père?

— Seigneur, êtes-vous donc le fils de Marie, celui que trahit Judas, que les Juifs crucifièrent, et que j'ai de mes mains inhumé dans mon sépulcre?

— Mon Père t'avait destiné de tout temps à me rendre ce pieux service, et il t'a réservé pour récompense la possession et la garde de ce vase, souvenir de ma vie et monument de ma mort.

Le Seigneur, en achevant ces mots, remit le graal entre les mains de Joseph. Celui-ci, pénétré aussitôt de la grâce du Saint-Esprit, s'écria :

— Je ne suis pas digne d'être dépositaire d'un objet si saint, je n'ai pas mérité une faveur si haute.

— Je sais, répondit le Christ, que tu n'as pas agi par vaine gloire; mais la gloire que ton action t'a acquise est immortelle. Ton œuvre sera signifiée aux yeux des chrétiens aussi longtemps que durera l'univers! elle sera représentée par la sainte table, que j'instituai chez Simon, et par d'autres tables qui seront établies par la suite à la ressemblance de celle-là. Reçois donc ce vase précieux qui contient encore le sang des trois personnes de la Trinité, sang qui coula des blessures du Fils expirant pour le salut des hommes. Tu en seras le gardien, toi et ceux à qui tu le transmettras, au nom du Père, du Fils et du Saint-Esprit.

C'est en ces termes que Jésus institua Joseph dépositaire du Graal. Il lui révéla les paroles que l'on prononce dans le sacrement, et il ajouta : « Par la vertu du vase que je te laisse, tu ne manqueras de rien ; les désirs que tu formeras seront aussitôt assouvis. Chaque fois que tu auras besoin de consolation, d'assistance et de conseil, aie recours au Graal, implore la Trinité, et tu auras réponse en ton cœur. Je te quitte et ne t'emmène pas avec moi, parce que l'heure où notre amour doit éclater parmi les hommes n'est pas encore venue. Rassure-toi et attends ta délivrance, qui sera regardée comme un grand prodige[1]. »

Le Sauveur disparut, et Joseph d'Arimathie demeura dans la prison.

Examinons à ce début du récit quel paraît être le sens symbolique du Graal, objet de longues discussions et de nombreuses conjectures. Il semble, d'après les

---

[1] Cette scène très-significative ne se trouve pas dans les versions ordinaires du roman du *Saint-Graal*, mais dans un abrégé de ce roman placé quelquefois en tête du Roman de Merlin. (*V.* manuscrit 7170 ⁵·, ancien fonds de Cangé, 4, de la Bibliothèque impériale.) Cet abrégé a été mis en vers au treizième siècle. M. Fr. Michel a publié cette version rimée, d'ailleurs des plus médiocres, d'après le manuscrit 1997, f. Saint Germain français. (Un vol. in-42. Bordeaux, 1841.) V. *Textes et documents*, I.

paroles mises dans la bouche du Christ, que le Graal soit une image de l'Eucharistie. Mais on pourrait y démêler aussi l'idée d'une communion à part, privilégiée pour ainsi dire, indiquée par ce vase, qui non-seulement a servi à l'institution eucharistique, mais qui a reçu le sang des blessures du Christ, peut-être l'idée de la communion par le sang, idée obscure qu'il serait dangereux, croyons-nous, de vouloir approfondir et préciser. Il s'en faut, du reste, que les auteurs de ce vaste récit aient eu devant les yeux une allégorie systématique et poursuivie avec une symétrie rigoureuse. La conception, quelle que fût sa simplicité première, s'est compliquée et altérée; des mythes nombreux et divers ont contribué à former un idéal très-vague et mystérieux. Ainsi les moines gallois qui ont créé le livre latin « de subtil entendement » ont dû subir plus d'une fois l'influence des traditions et même des superstitions nationales; la légende du vase de la Cène s'étant mêlée aux légendes antéchrétiennes nées sur le sol, les coupes, les bassins enchantés, qui jouaient un si grand rôle dans la poésie celtique, enrichirent certainement le Graal de leurs propriétés magiques. Pour les conteurs normands, le vase sacré n'est qu'une relique plus miraculeuse que toutes les autres reliques, et autour de laquelle ils se plaisent à multiplier les prodiges. Il s'est formé, de toute cette émulation de la théologie et de la fable, de l'imagination hiératique et de l'imagination populaire, un grand et mystique emblème qui sera le prix de la double perfection religieuse et chevaleresque.

## IV

Joseph d'Arimathie resta dans sa prison pendant quarante années. Il ne recevait de l'extérieur ni air, ni jour, ni aliments; le cachot avait été muré. Mais il avait la vue du Graal. Les années s'écoulèrent à son insu sans qu'il en sentît le poids. Au monde il était complètement oublié, hormis de sa femme et de son fils, qui, ne sachant ce qu'il était devenu, demeuraient fidèles à sa mémoire.

En cet endroit du récit se place la célèbre légende de la Véronique ou de la vengeance de Notre-Seigneur. Vespasien, fils de l'empereur de Rome, guéri de la lèpre par l'effigie du Christ, vient en Palestine châtier les bourreaux du Sauveur. Il prend et saccage Jérusalem. C'est ce prince qui, en fouillant les ruines du château de Caïphe, met au jour le caveau où Joseph est enfermé. Joseph en sort tel qu'au jour où il y est entré. Le temps, qui a changé la face du monde, n'a pas laissé de traces en lui. Lui-même est persuadé, d'ailleurs, n'avoir été emprisonné que du vendredi jusqu'au dimanche. Il ne peut reconnaître ni sa femme ni son fils, qui ont vieilli de quarante années. Des scènes touchantes, dramatiques, curieuses, sont la conséquence de cette réapparition inattendue et de cette situation, à laquelle on ne saurait refuser du moins le mérite d'une grande originalité.

Joseph d'Arimathie, après sa délivrance, rassemble tous ses parents chrétiens et les fidèles qui existent encore sur la terre de Jérusalem ruinée et maudite. Avec eux il part, se dirigeant vers l'Euphrate. Ils vont tout droit devant eux, marchant pieds nus, dénués de toute ressource, n'emportant aucun bien terrestre. Mais, pareils aux anciens Hébreux, ils conduisent dans une arche le Graal, qui supplée abondamment à toutes les précautions de la prudence humaine. Ils arrivent à la capitale d'un puissant empire qu'on nomme Sarras, berceau des peuples sarrasins. Là, par ordre du ciel, Joseph d'Arimathie et ses compagnons s'arrêtent. Un ange vient ordonner prêtre et évêque Josèphe, le fils de Joseph d'Arimathie. A partir de ce moment, le rôle du père s'efface, se subordonne, et la prééminence appartient au pasteur consacré de la petite tribu chrétienne. Le motif de cette substitution apparaîtra par la suite : il est précisément dans la condition de virginité imposée à ceux qui obtiendront la complète jouissance du Graal. Le premier acte du pontife est d'appeler ses frères à la communion. L'office divin est célébré avec le concours visible des Séraphins, des Trônes et des Dominations. Le Graal sert de calice. Le dogme de l'eucharistie est mis en action avec une magnificence admirable et avec une hardiesse théologique qui passerait aujourd'hui pour une témérité presque sacrilége.

Le roman développe ensuite quelque légende orientale racontant la propagation de l'Évangile chez les premiers Arabes chrétiens, et sa prompte disparition du milieu de ces peuples. La cour de Sarras est une vraie cour d'Orient, pleine de secrets étranges et de drames mystérieux. Le prosélytisme des compagnons du Graal s'exerce sur ce grand théâtre. Les prodiges éclatent sans nombre. Le beau-frère du roi, Séraphe, est le premier touché de la grâce ; il reçoit au baptême le nom de Nascien, pour rappeler qu'il est né, le premier des infidèles, à la foi chrétienne. Le roi Evalach se distingue, au contraire, par un attachement opiniâtre au fétichisme. Engagé dans une guerre terrible contre le roi Ptolomée et les Égyptiens, il triomphe par un miracle auquel le miracle qui convertit Clovis à la bataille de Tolbiac est à peine comparable. Forcé de céder à ces manifestations de la toute-puissance divine, il cache longtemps une idole secrète dont son cœur ne peut se détacher. Aussi reçoit-il au baptême le nom de Mordrain, c'est-à-dire tardif à croire. Il est soumis à de longues et rudes épreuves dans lesquelles il succombe plus d'une fois, et à la fin se relève toujours. Arrivé à une foi entière, grand exemple de la miséricorde divine, il fait construire pour le Graal un palais splendide qui est appelé le palais Spirituel.

Le peuple est converti plus brutalement, avec la lance. La lance châtie l'évêque Josèphe lui-même d'un excès de compassion et d'indulgence. La lance est de ce moment associée inséparablement au Graal. L'idée théologique a régné seule jusqu'ici ; avec ce nouvel emblème apparaît pour la première fois l'idée guerrière qui sera le principe de la chevalerie. Nous restons toutefois pour quelque temps encore dans le domaine purement mystique de la légende.

Le vase sacré n'est point destiné à demeurer dans ces contrées de l'Asie, il doit être transporté en Occident; il doit faire le grand trajet que la civilisation accomplit, et chercher une terre plus jeune et plus forte à qui appartienne l'avenir. Un ange avertit l'évêque qu'il est temps de partir pour cette nouvelle terre de promission, où Dieu réserve à la sainte relique de nouveaux miracles à opérer et un asile définitif. L'évêque obéit. Escorté de ses parents et de ses anciens compagnons, il se remet en marche et se rend au rivage de la mer.

Les compagnons du Graal campent au bord des flots, tristes et inquiets de la manière dont ils pourront atteindre le but de leur voyage, car ils n'ont pas de vaisseaux. On était au samedi devant la résurrection de Notre-Seigneur. La nuit était calme et sereine; la lune s'élevait dans le ciel sans nuages; la mer s'étendait à perte de vue, belle, unie et paisible. Ici devait se placer une de ces théories de saints confesseurs, comme on en voit un si grand nombre dans les légendes bretonnes, qui traversent l'Océan en mouillant à peine leur sandale sur la crête aplanie des flots, tels que saint Patrick se rendant d'Irlande en Angleterre, saint Colomban d'Irlande en Lorraine. Mais un détail bizarre vient trahir l'esprit normand, enclin au prosaïsme, respectant peu les voiles nuageux dont s'enveloppaient les antiques paraboles, et surenchérissant tout à coup par quelque trait vulgaire et familier qui heurte le ton général du récit. Le conteur normand éprouve le besoin de trouver un radeau quelconque pour transporter les émigrants, et il en imagine un tout à fait inattendu. L'évêque Josèphe descend sur la grève, ôte sa chemise et l'étend sur l'eau. Joseph d'Arimathie, son beau-frère Bron et ses douze fils, cent et un fidèles, prennent place sur le pan de la chemise miraculeusement élargi; et l'évêque, la prenant par les manches et la traînant derrière lui, suit les porteurs du Graal qui marchent en avant. Ils marchent toute la nuit à la clarté des étoiles, et au point du jour ils abordent au rivage de la Grande-Bretagne.

Arrivés, par un moyen de navigation si extraordinaire, dans cette patrie inconnue, les compagnons du Graal commencent aussitôt leur œuvre apostolique. Ils prêchent en tous lieux la nouvelle de la rédemption et du salut; ils vont de contrée en contrée, de royaume en royaume, franchissant de sauvages déserts, traversant d'immenses forêts. Pour les soutenir et les aider dans ces travaux, leur chef Josèphe institue la *Table carrée* à l'imitation de la table pascale autour de laquelle le Christ célébra avec ses disciples le divin banquet de la Cène. Les missionnaires prenaient place à la Table carrée, on posait dessus le Graal toujours couvert d'un triple voile; la vertu du saint vase rassasiait, fortifiait les convives. Pour s'asseoir à cette table, il fallait être pur; les impurs étaient écartés par une force invincible. Un siège plus élevé que les autres était réservé à l'évêque, qui représentait Notre-Seigneur et qui y siégeait comme prince et comme maître. La Table carrée représente l'ordre sacerdotal, le ministère ecclésiastique; et le siége suprême occupé par Josèphe est l'image de la chaire pontificale du vicaire du Christ.

La conversion des peuples de la grande et de la petite Bretagne s'accomplit rapidement, non toutefois sans résistance ni sans dangers pour les serviteurs du Graal. L'évêque est emprisonné par le roi Crudeus de Northwales. Le roi Mordrain accourt du fond de l'Orient, à la tête d'une armée, pour le délivrer. Nascien et son fils, l'angélique Célidoine, portés sur la *nef de Salomon* construite du même bois que la Croix, débarquent également dans ces contrées où leur sont destinées de nouvelles couronnes. L'objet de la dernière partie du roman est de raconter comment ces personnages de la légende orientale, parents ou compagnons de Joseph d'Arimathie, succèdent aux anciens princes du pays, et d'établir ainsi ce que le conteur appelle « les grands lignages. »

Le premier lignage est celui de Joseph d'Arimathie, ou plutôt de son beau-frère Bron. L'évêque Josèphe ayant rassemblé ses cousins germains, les douze fils de Bron, leur demande s'ils ont l'intention de se marier. Onze d'entre eux répondent affirmativement. Le plus jeune, nommé Alain, déclare seul qu'il veut vivre dans le célibat. Josèphe le prépose au service du Graal, et, en mourant, lui en remet la garde perpétuelle. Alain fut surnommé le Riche pêcheur, parce qu'il fit un jour une pêche miraculeuse qui suffit à rassasier une multitude innombrable qui l'avait suivi dans le désert. Après la mort de Josèphe, Alain, avec ses frères et une centaine de chrétiens, transporta le Graal dans une contrée nommée le royaume de la Terre foraine. Le roi et les habitants embrassèrent la vraie foi. Josué, frère d'Alain, épousa la fille du roi et succéda au trône. C'est à Josué qu'Alain, en mourant, légua la garde du Graal et de la Lance aventureuse. Il transmit ce précieux dépôt à ses successeurs. Ces rois firent construire pour le saint vase un admirable château qu'on appela le château de Corbenic[1]. Ils portèrent le nom de Riches pêcheurs ou de Rois pêcheurs[2], en souvenir de celui qui les avait investis de leur glorieux privilége. On sait combien ce nom a embarrassé quelques-uns des poëtes qui ont rimé par la suite des contes du saint Graal et de la Table ronde, sans avoir une idée complète de la création primitive. Ainsi l'auteur du poëme de Perceval le Gallois, rencontrant ce nom dans le document qui lui a servi de modèle, n'a pu l'expliquer qu'en prétendant que ces monarques avaient l'habitude de pêcher à la ligne :

> Il va pescher à l'hameçon,
> Pour ce le roy pescheur a nom.

Et l'explication a paru suffisante à la plupart des érudits[3].

[1] Il est facile de distinguer l'étymologie latine de la plupart de ces noms : de Corbenic, *de corpore benedicto;* Celidoine, *cœli donum;* Crudeus, *crudelis;* Nascien, le premier-né à la vraie doctrine; Mordrain, tardif à croire, *morans credere.* Cette dernière étymologie est donnée par le romancier lui-même.

[2] Ce nom, qui rappelle l'anneau du pêcheur, l'anneau pontifical, est encore un de ces traits qui révèlent le fond de l'allégorie.

[3] On voit à quelle distance nous nous plaçons des érudits qui consi-

Le principal lignage, après celui des gardiens du Graal, c'est la descendance de Nascien et de Célidoine. Célidoine, ayant épousé la fille du roi Labiel, devient roi de Northwales. Sa postérité émigra par la suite dans la Bretagne armoricaine; c'est de ce prince que descendront les deux rois Ban de Benoic et Boor de Gannes (Vannes), le premier, père de Lancelot du Lac; le second, père de Lionel et Boor, au temps du roi Artur.

Le roi Mordrain n'a point de postérité; mais lui-même, retiré dans une abbaye de moines blancs qu'il a fondée au milieu d'une épaisse forêt, il survit, aveugle, pendant plus de trois cents années, comme un témoin des anciennes merveilles et un prophète des merveilles

---

dèrent les contes rimés de Chrétien de Troyes comme les éléments primitifs du cycle. Même dans *Perceval le Gallois*, Chrétien ignore presque toujours le sens du merveilleux qu'il emploie et dont il n'a pas le secret. Chrétien de Troyes a reçu des traditions partielles et incomplètes, les unes appartenant au cycle ou en étant dérivées à titre de variantes : *Lancelot en la charrette* et *Perceval ;* les autres restées en dehors du cycle et provenant seulement de la poésie celtique : *Érec et Énide, le Chevalier au Lion, Cligès.* Il faut bien se garder en effet d'appliquer au cycle de la Table ronde ce qui est arrivé pour le cycle carlovingien, et de prétendre, avec M. Fauriel, qu'il n'est que la traduction en prose de poëmes antérieurs. Le livre du saint Graal et de la Table ronde est une œuvre de prose mystique et théologique et nullement de poésie. Des poëmes, des contes symboliques, des légendes (nous avons cité celle de la Véronique), des fabliaux même sont venus se fondre dans cette vaste composition; mais en s'y agrégeant, ils devenaient les matériaux d'un nouveau travail; ils recevaient de l'ensemble et du dessein général où ils prenaient place une existence nouvelle. Cette transformation diffère essentiellement de celle qui eut lieu plus tard pour les chansons de geste, dont on se borna à briser le rhythme. On a eu tort de présumer, entre ces deux genres de productions, la moindre analogie.

futures. Après avoir vu les triomphes de l'apostolat, il ne mourra, nouveau Simon, qu'en annonçant et proclamant l'avénement de la chevalerie.

Avec le roman du saint Graal se termine le premier acte de cette grande comédie divine et humaine. Ce premier acte a un caractère tout distinct; il a conservé, très-probablement, la couleur du livre théologique. L'idée chevaleresque n'y est que faiblement indiquée. Les combats, les prouesses, les grands coups d'épée y tiennent peu de place. Ce qui y domine, ce sont les miracles, les songes prophétiques, les conversions, les châtiments soit des chrétiens indignes, soit des païens réfractaires à la voix de la vérité. Les néophytes sont transportés sur d'arides rochers, et, là, visités tour à tour par des êtres allégoriques qui personnifient les défaillances et les retours de la grâce. La scène se passe le plus souvent entre quatre grands acteurs : Dieu, le démon, la nature et l'homme, qui seul varie. La personnalité humaine n'y joue pas un grand rôle; tout marche et s'accomplit par la volonté éternelle; les héros en sont les ministres, des saints bien plutôt que des guerriers. Fatalisme mystique, exaltation visionnaire, c'est là ce qu'on respire d'un bout à l'autre du récit. L'amour terrestre est bafoué dans l'anecdote du médecin Hippocrate, qui nous montre, comme l'Aristote du fabliau, la défaite de la sagesse et de l'expérience par la folle passion.

La rédaction normande, que nous possédons seule, est extrêmement développée; elle laisse pourtant apercevoir tous les traits essentiels de l'œuvre originale, en même temps que sa singularité, son audace et sa vigueur.

## V

### LE ROMAN DE MERLIN.

Nous allons suivre, dans la seconde partie du livre, intitulée le *Roman de Merlin*[1], le développement de la haute histoire.

Trois cents années se sont écoulées; ce long espace représente ces siècles de décadence, cette nuit bien plus longue d'où sortait le moyen âge renaissant. Les descendants de Nascien, du premier baptisé, les deux rois frères Ban de Benoic et Boor de Gannes règnent dans la petite Bretagne. Les Rois pêcheurs, gardiens du saint Graal, habitent le château de Corbenic, au royaume de la Terre foraine, que des barrières infranchissables

---

[1] Le *Roman de Merlin* se trouve à la suite du *Roman du saint Graal*, dans le mst. 7185 ⁵·⁵· (anc. f. Cangé) et dans la plupart des manuscrits.

On distingue parmi les variantes primitives : 1° Un fragment d'une version beaucoup plus développée encore que le texte ordinaire, qui se trouve dans le mst. 6958, f. fr. Bibl. imp.; 2° un résumé qui est parfois placé en tête du Roman de Lancelot, de même que nous avons dit qu'un résumé du Roman du saint Graal est parfois placé en tête du Roman de Merlin. — (V. mst. 7185, *ib.*); 3° un fragment en vers de la fin du treizième siècle, publié par M. H. de la Villemarqué.

Nous ne considérons Merlin que comme personnage de la haute histoire. Pour voir sa propre légende, dans ses développements spontanés et originaux, lisez *Myrdhinn* ou *l'Enchanteur Merlin*, par M. H. de la Villemarqué. Paris, Didier et Cⁱᵉ, 1862.

séparent du reste du monde. Ils attendent une sorte de nouveau Messie, de Messie militaire, à qui ils auront à remettre leur saint dépôt. Dans la même attente, le roi Mordrain languit aveugle au fond de sa blanche abbaye. Parmi les hommes, le souvenir de la divine relique est à peu près effacé; nul ne sait ce qu'elle est devenue.

Le Roman de Merlin nous transporte au royaume des Bretons Logriens, sous les règnes successifs de Wortigern, d'Uter-Pandragon et d'Artur, parmi les traditions fabuleuses de la nationalité celtique. En ce temps-là vivait l'enchanteur Merlin. Merlin était fils du démon et d'une pieuse recluse qui, un soir, avait oublié de mettre son sommeil sous la garde de Dieu. Sa naissance fut accompagnée de persécutions et d'outrages; sa mère pleurait. Merlin, ouvrant les yeux, lui dit tout à coup d'une voix virile : « Mère, ne pleurez pas; je vous consolerai. » La recluse fut épouvantée d'entendre parler ainsi son enfant : « O ma mère, reprit Merlin, ne vous effrayez pas; ma vie vous étonnera bien plus que ma naissance. »

Le démon, père de cet enfant, l'avait destiné à ruiner sur la terre l'œuvre de la Rédemption; il lui avait donné son pouvoir surnaturel, l'art des esprits maudits, la connaissance des choses célées, la science universelle. Mais sa sainte mère déjoua les desseins de l'enfer : elle fit baptiser son fils, elle invoqua sur lui la protection du ciel. Dieu, pour compenser les dons de Satan, accorda à l'enfant la connaissance des choses à venir que ne possède pas le démon lui-même. Merlin fut ainsi soustrait à la malédiction de sa naissance : au lieu d'être l'ennemi du Christ, il devint son auxiliaire. En fondant la grande association militaire de la chevalerie, il enlèvera la force des armes à la puissance du mal et la mettra, au contraire, au service du bien.

Merlin demeure toutefois une nature douteuse, combattue, partagée entre les deux influences, entre le ciel et l'enfer; un de ces êtres mixtes dans lesquels le moyen âge aimait à personnifier l'humanité. En même temps qu'il favorise l'accomplissement des décrets providentiels, il montre une complaisance excessive pour les passions des hommes. Il protége ses clients, les rois bretons, dans beaucoup d'aventures peu chrétiennes. Les circonstances auxquelles le roi Artur lui-même dut le jour, nous en offrent un exemple. La naissance de ce grand prince rappelle la fable antique de la naissance d'Hercule. Jupiter, c'est le roi Uter-Pandragon transfiguré par Merlin; Ygerne, femme du duc de Tintaguel, est trompée comme Alcmène, la femme d'Amphitryon. Il est vrai que Ygerne est veuve sans le savoir, et que, plus tard, Uter-Pandragon épouse celle qu'il a abusée. Mais le rôle que joue le fameux enchanteur dans cette affaire, comme dans bien d'autres, n'en est pas moins plus digne du fils de Satan que du fils de la dévote recluse. Merlin est, en effet, tantôt l'un, tantôt l'autre : « S'il rend à Notre-Seigneur ses droits, dit le roman, il rend aussi au diable les siens, » et il semble bien même qu'il finisse par appartenir définitivement à ce dernier.

Le *Roman de Merlin* crée tout un peuple de personnages, tout une nouvelle humanité au sein de laquelle la haute histoire reprend son cours. La première place appartient aux enfants d'Uter-Pandragon et d'Ygerne : c'est d'abord Artur qui succédera à Uter, par la volonté divine et l'aide de Merlin; puis Morgain, la fée, affligée d'une laideur incurable, par conséquent envieuse et méchante; puis une autre fille qui, mariée au roi Loth d'Orcanie, donne naissance à Gauvain, Agravain, Gahariet et Mordred, neveux d'Artur. A côté de cette famille royale se groupent tous les héros des chroniques bretonnes : Kex le Long, frère nourricier d'Artur et plus tard son sénéchal ; Béduier, Hoël, Karadoc, etc. Le roman retrace les aventures de la jeunesse d'Artur, ses courses errantes, les luttes qu'il soutient pour faire triompher ses droits. Il raconte son mariage avec la blanche Genièvre, fille du roi de Thamelide. Merlin est, pour ainsi dire, le meneur du jeu : il traverse la scène par intervalles, il apparaît aux moments critiques, il revêt des formes changeantes, tour à tour vieillard vénérable, paysan robuste à la libre et grossière parole, nain difforme et moqueur. De près ou de loin, il veille sur son protégé Artur et lui aplanit les voies vers sa brillante destinée.

Toute cette création a certainement pour base primitive la chronique celtique. A quelle distance incalculable, cependant, on se trouve de l'histoire! Combien tous ces personnages ont vécu déjà longtemps dans le monde de la poésie où ils ont reçu une physionomie idéale et une existence fabuleuse tout à fait indépendante de leur existence véritable ! Des chefs de clans du sixième siècle, il ne reste rien; des luttes indigènes, de cette guerre contre les Saxons où ils ont acquis leur première renommée, à peine un souvenir. Artur est devenu le type du roi, le monarque par excellence. Ses compagnons n'ont pas perdu moins complétement leur nationalité et leur caractère historique; ils expriment des idées générales, des sentiments universels; ils n'ont plus à combattre que les géants, les monstres, les chimères du monde symbolique. Partout, ou presque partout, la tradition a cédé à l'allégorie. Et quelle merveille que cette cour d'Artur créée ainsi par la puissance de l'imagination! Quelles fêtes joyeuses, quels drames passionnés, quelle vie et quel éclat! Et dans les âmes quelle ardeur, quelle curiosité, que de sentiments nouveaux, entièrement inconnus au monde barbare et au monde antique!

D'où vient cette surprenante création qu'on dirait vraiment enfantée par un coup de la baguette de Merlin? Tous ces personnages semblent déjà vieux dans les monuments du douzième siècle, et pourtant cherchez au delà, rien ne les fait présager[1]. La seule explication possible de cet avénement à la fois si mystérieux et si

---

[1] Cette transformation si frappante, nous la trouvons accomplie dans tous les documents du douzième siècle : la chronique galloise qui a servi de texte à Geffroy de Monmouth et à Wace, Guillaume de Malmesbury, Giraud le Cambrien, etc. Elle n'existe pas encore dans Nennius, qui écrivait au dixième siècle. Nous avons donc pleine raison de conjecturer que le livre latin, à qui il faut principalement l'attribuer, a été composé dans le cours du onzième siècle.

rapide, c'est que, sacrés dès le principe représentants de la chevalerie dans une fiction grandiose et féconde, ils ont été aussitôt transfigurés par l'idée énergique qui s'emparait d'eux; ils ont été frappés, bien avant le héros des autres races, par la lumière nouvelle. Dès lors aucun prestige, aucune grandeur, aucune gloire ne leur fut refusée. Ils deviennent les maîtres souverains et rayonnants du domaine illimité de la fable, et ils ne sont point au terme de leur élévation. Comme à leur front s'est attachée l'étoile de cette civilisation à laquelle tous les peuples aspirent à peu près à la même heure, tous les peuples accourent au-devant de leur joug et de leur conquête; tous les héros des vieilles races, à commencer par Charlemagne et ses pairs, se font leurs courtisans, les prennent pour modèles. De la littérature française qui les a adoptés la première, ils passeront en Italie, en Allemagne, en Espagne, en Suède, chez les Grecs et chez les Slaves, et régneront sur tout l'univers.

Le fait capital et essentiel que contient le roman de Merlin pour la suite du récit, c'est l'institution de la Table ronde, qui est la figure de l'ordre de la chevalerie. Merlin conseille au roi Uter-Pandragon d'établir la Table ronde, qui imitera et complétera la Table carrée fondée par Joseph d'Arimathie. Le but de cette institution sera de retrouver et de reconquérir le saint Graal. Tous ceux qui prendront place à la Table ronde s'engageront à consacrer leur vie à cette recherche et à cette conquête. Entre eux existeront une association étroite et une noble fraternité. Ils auront plus tard un chef suprême qui occupera la place que l'évêque Josèphe occupait à la Table carrée, qui deviendra par conséquent un pape soldat, un vicaire du Christ armé. Un siége plus élevé que les autres reste vide et attend ce chef futur de la chevalerie. Le chevalier accompli auquel est réservé cet incomparable honneur sera l'élu de Dieu, plus proche des anges que des hommes.

Après avoir inspiré cette magnifique institution, Merlin croit sans doute avoir assez fait pour le salut du monde. Grand ami des bois et des solitudes, Merlin le *sauvage*, comme on le nomme dans la légende celtique, n'apparaît plus qu'à de rares intervalles. Ce qui l'appelle et l'attire au fond des forêts, c'est la fée Viviane, qui, suivant le sens primitif de la légende, est évidemment une personnification de la nature ou, comme on dirait à présent, du naturalisme vers lequel Merlin incline définitivement. Dans le roman, Viviane est une fée : une femme que Merlin instruit dans les secrets de la magie, et pour laquelle il s'éprend d'amour. Son élève le captive et le domine de plus en plus. Quelques courses lointaines qu'il entreprenne, il revient toujours vers elle. Mais Viviane se désole de voir qu'il lui échappe sans cesse. Elle voudrait trouver un moyen de l'empêcher à jamais de s'éloigner d'elle. Ce moyen, l'enchanteur peut seul le lui donner. Elle ne désespère pourtant pas de l'obtenir, tant elle se voit de puissance sur le cœur de Merlin. Elle lui demande de lui enseigner comment on pourrait emprisonner quelqu'un sans murailles, ni bois, ni fer, ni liens d'aucune sorte. Merlin soupire en devinant la pensée qui la pousse à lui faire ces questions; mais trop faible, pour résister aux séductions de la fée, il lui révèle ce qu'elle demande.

Une fois en possession de ce secret, Viviane n'attend plus que l'occasion d'en faire usage. Un jour que tous deux s'en vont, la main dans la main, à travers la forêt de Brocéliande, ils s'asseyent sur l'herbe au-dessous d'un buisson chargé de fleurs. Merlin s'endort aux pieds de Viviane. Aussitôt la fée se lève et décrit avec sa guimpe un cercle autour du buisson et prononce les paroles magiques que Merlin lui a enseignées. Lorsque celui-ci se réveille, il se voit étendu sur un lit de repos, dans une tour, prison illusoire plus forte que toutes les prisons de pierre. Depuis lors, nul ne le vit plus. Les chevaliers d'Artur se mirent en vain à le chercher. Seul, Gauvain, traversant la forêt de Brocéliande, fut arrêté par un brouillard qui lui opposait un obstacle infranchissable, et il entendit la voix du captif qui le chargea d'aller raconter au roi, à la reine et à toute la cour ce qu'était devenu « le plus sage et le plus fol homme du monde. » Il demeura en effet prisonnier de Viviane; ainsi fut le grand sorcier ensorcelé.

Déjà le roman de Merlin a reçu de bien vastes développements, évidemment étrangers à la donnée primitive. Mais c'est surtout dans la troisième partie de la haute histoire, dans le roman de Lancelot du Lac, que nous allons découvrir ce livre tout profane et, en se reportant à l'époque, tout moderne, qui a fait irruption dans le livre antique du Graal.

## VI.

### LE ROMAN DE LANCELOT DU LAC [1].

Les États du roi armoricain Ban de Benoic ont été envahis par les soldats du roi Claudas de la Déserte. Son dernier château fort, où il a abrité sa femme Hélène et son jeune fils au berceau, est trahi et livré à l'ennemi. Hélène est tuée en cherchant à protéger son enfant; celui-ci va être massacré à son tour, lorsque tout à coup, au milieu des ruines fumantes, glisse une jeune femme pareille à une divinité. C'est cette même fée Viviane, l'élève, l'amante et la geôlière de l'enchanteur Merlin. Elle enlève le jeune enfant dans ses bras et s'enfuit avec son fardeau. Les soldats furieux la poursuivent et la pressent; ils sont sur le point de l'atteindre lorsqu'elle arrive sur le bord d'un lac et se précipite dans les eaux. Les soldats se retirent, croyant que le lac a englouti leur proie; mais ce lac est enchanté. Il n'est qu'une des

---

[1] Le Roman de Lancelot du Lac est divisé en cinq branches, intitulées : 1° Gallehot; 2° la Charrette; 3° Agravain; 4° la Quête du saint Graal; 5° la Mort d'Artur. On fait quelquefois deux romans distincts de ces deux dernières branches. Le manuscrit qui mérite d'être consulté de préférence est (sauf les premiers feuillets qui manquent[*]) le n° 6959 5. f. fr. (anc. f. Colbert) de la Bibl. imp. La branche de Gallehot finit et celle de la Charrette commence au feuillet 100. La branche d'Agravain commence au feuillet 147, la branche de la Quête au feuillet 232, et celle de la Mort d'Artur au feuillet 265.

[*] Les suppléer par le mst. 7172.

mille illusions trompeuses qui dérobent aux regards des hommes la prison de Merlin. Sous la surface immobile s'étendent de magiques palais. Le royal orphelin est élevé dans ces merveilleuses demeures; il n'est connu que sous le nom de *l'ancelot*, le jeune garçon, dont on fit plus tard Lancelot du Lac. Ses illustres maîtres feront de lui le modèle des chevaliers, mais ne sauront le garantir des tendres faiblesses dont ils n'avaient pas su se défendre eux-mêmes.

Parvenu à la jeunesse, il est conduit par Viviane à la cour d'Artur et armé chevalier dans une des grandes cours plénières tenues par le monarque breton. Puis se déroule l'inépuisable série de ses aventures amoureuses et guerrières, mêlées à celles de ses nombreux compagnons. Les deux premières branches du Roman de Lancelot, intitulées : *Gallehot* et *la Charrette*, ne se composent que d'une suite d'épisodes qui se croisent, qui s'enlacent comme un réseau, et qui forment une immense digression à la vieille histoire. Ici il ne reste plus aucune trace de l'inspiration mystique et visionnaire qui a enfanté la légende du Graal. L'esprit sacerdotal est tout à fait disparu ; les symboles sont muets; le but de l'œuvre primitive est oublié. Le conte normand s'est emparé de l'espace, et il y déploie sa verve facile, limpide, prématurément élégante. Il fait la chronique à la fois officielle et secrète de la cour d'Artur. Il peint les mœurs d'une civilisation aristocratique qui avait certainement sur la civilisation générale une avance considérable. Il trace les brillants tableaux de la chevalerie mondaine dont Lancelot du Lac est le plus parfait représentant. De la chevalerie sacrée du vieux livre, il n'est plus question. Le sentiment qui anime le récit, ce n'est plus la chasteté idéale qui donne aux anciens défenseurs du Graal leur énergie et leur puissance ; c'est au contraire un nouveau culte, le culte de la femme, la religion de l'amour, à laquelle les derniers siècles du moyen âge se convertiront. L'amour chevaleresque est dans ce livre plus ardent, aussi délicat, presque aussi subtil que dans les dernières œuvres qu'il produira cinq cents ans plus tard. Il y est en même temps raffiné et naïf, ingénu et quintessencié, si ces mots ne jurent pas trop d'être accouplés ensemble. Il y est surtout absolu et sans réserve, mille fois plus puissant et plus redoutable même sous ses formes craintives et respectueuses que les feux de la déesse païenne. Comment faire comprendre quelle séduction un tel livre exerça sur le monde féodal, autrement qu'en citant et traduisant quelque passage où ce sentiment éclate dans sa nouveauté et sa fraîcheur premières ? Nous allons assister au premier rendez-vous de Lancelot et de la reine Genièvre, à ce premier baiser qui troubla si profondément Paul et Françoise de Rimini et, si nous en croyons Dante, causa leur éternel malheur.

Lancelot du Lac, caché sous le nom du chevalier aux armes noires, a gagné l'amitié de Gallehot, roi des lointaines Iles, qui le sert avec beaucoup de zèle auprès de la reine Genièvre. Gallehot obtient de la reine la faveur de lui présenter son protégé. Gallehot, Genièvre et quelques dames de sa suite, sortent des tentes royales à l'approche du soir et vont se promener dans les prairies. Arrivés sous les arbres, la reine et Gallehot s'asseyent sur le gazon à quelque distance des autres dames, pendant que le sénéchal va chercher le chevalier inconnu, vainqueur dans tous les derniers tournois.

« Lorsque Lancelot[1] arrive, pâle, tremblant et n'osant lever les yeux, la reine prend par la main le chevalier qui demeurait à genoux et le fait asseoir à côté d'elle. Elle lui dit en souriant : « Seigneur, nous vous avons longtemps désiré, et nous remercions Dieu et Gallehot de vous avoir conduit près de nous. Toutefois, je ne suis pas bien certaine encore que vous soyez le chevalier que j'ai voulu voir, je serais heureuse de l'apprendre de votre bouche, si c'était votre plaisir. » Lancelot, qui a toujours les yeux baissés, répond qu'il ne sait de qui elle veut parler. La reine s'étonne de la contenance et de la réponse; elle en soupçonne toutefois à peu près la cause. Gallehot, voyant son ami si timide, croit qu'il parlera plus librement à la reine seul à seule : « Ah! dit-il, je suis un rustre de laisser ces dames sans compagnon, » et il va rejoindre celles-ci et se mêler à leur entretien.

« Beau seigneur, reprend la reine, pourquoi vous cacher de moi? Vous n'en avez aucun motif. Vous pouvez bien m'avouer si vous êtes le chevalier qui fut vain-

---

[1] Nous traduisons, en abrégeant quelques parties, mais en conservant exactement le sentiment du texte du treizième siècle. V. *Textes et documents*, II.

queur dans le tournoi d'avant-hier. — Non, dame. — Comment! ne portiez-vous pas des armes noires? N'est-ce pas à vous que monseigneur Gauvain a envoyé trois chevaux? — Dame, oui. — Et le dernier jour, n'avez-vous pas revêtu les armes de Gallehot; il le dit lui-même. — Dame, il est vrai. — Eh bien! alors, vous fûtes vainqueur le premier et le second jour? — Non, dame, ce n'est pas moi. » La reine s'aperçoit qu'il ne veut pas convenir de sa victoire, et, pour sa modestie, l'estime davantage. « Dites-moi, poursuit-elle, qui vous a fait chevalier? — Dame, c'est vous-même. — Moi! et quand donc? — Vous souvient-il qu'un chevalier blessé à la tête et à la poitrine vint trouver monseigneur le roi Artus à Camaalot, accompagné d'un jeune homme qui fut armé le dimanche suivant? — Je me le rappelle bien. Est-ce donc vous que la fée présenta au roi vêtu de la robe blanche? — Moi-même. — Mais pourquoi dites-vous que je vous fis chevalier? — Dame, c'est la coutume au royaume de Logres qu'on crée le chevalier en lui ceignant l'épée, et qui donne l'épée donne la chevalerie. Or c'est de vous que je tiens mon épée, c'est donc vous qui m'avez fait chevalier. — Vous avez raison, et je m'en réjouis. Mais dites-moi, depuis lors, vous ai-je revu quelquefois? — Oui, dame. — En quel lieu, par exemple? — Au château de Douloureuse Garde. — Qui se rendit maître de ce château? — Dame, j'y entrai; je vous demandai même si vous vouliez y entrer aussi, ce qui vous surprit tellement que je fus obligé de vous répéter deux fois ma question. — N'est-ce pas vous encore qui délivrâtes de prison monseigneur Gauvain? — Dame, j'y aidai selon mon pouvoir. »

La reine a tant interrogé le chevalier qu'elle sait maintenant qui il est. « Ah! dit-elle, je puis à présent vous dire votre nom : vous vous appelez Lancelot du Lac. » Lancelot garde le silence. « Il y a longtemps, reprend-elle, que votre nom est connu à la cour où monseigneur Gauvain l'apporta le premier. Mais, seigneur Lancelot, pourquoi dans les joutes d'avant-hier, avez-vous combattu avec tant d'ardeur? » Le chevalier ne répond qu'en soupirant. La reine le tient court et le presse : « Avouez-le-moi; je vous promets de n'en rien révéler à personne. Je pense bien que vous l'avez fait pour une des dames ou demoiselles qui assistaient au tournoi. Qui est-elle? Dites-le-moi, par la foi que vous me devez! — Je vois bien que je ne puis m'excuser; dame, c'est vous. — Moi! — Oui, dame. — Et tous les exploits que vous avez accomplis, pour qui les fîtes-vous? — Dame, pour vous. — Comment! m'aimez-vous à ce point! — Dame, je n'aime autant ni moi ni personne. — Et depuis quand m'aimez-vous donc ainsi? »

En ce moment l'une des dames qui accompagnaient la reine, la dame de Malohaut, ayant un peu levé la tête, fut reconnue par Lancelot[1]. En l'apercevant il fut saisi d'une telle frayeur qu'il oublia de répondre à la reine : « Eh bien! reprit Genièvre, vous ne voulez pas me dire

---

[1] Lancelot avait quelques engagements antérieurs avec la dame de Malohaut, « qui maint jor l'ot éu en sa prison, » dit le texte.

quand ce grand amour a pris naissance? » Lancelot fait un effort pour parler : « Dame, depuis le jour où j'ai été appelé chevalier. — Mais à quel propos? — A votre propre commandement, lorsque vous avez fait de moi votre ami, si vos lèvres ne furent pas trompeuses. — Votre ami, et comment cela? — Lorsque je me présentai devant vous pour prendre congé, tout armé, hormis la tête et les mains, et que je vous dis que partout et toujours je serai votre chevalier, j'ajoutai : Adieu, dame ; et vous répondîtes : Adieu, doux ami. De ce moment, cette parole n'est plus sortie de mon cœur. C'est le mot qui me rendra illustre, si je le deviens; c'est le mot dont je me suis ressouvenu au milieu des plus grands périls. Ce mot m'a guéri de toute crainte. Ce mot m'a consolé dans mes chagrins. Il m'a rassasié dans la famine ; il m'a désaltéré dans l'épuisement et la soif. Il m'a fait riche dans l'extrême dénûment. — Ma foi, reprend la reine, ce fut une heureuse parole, et Dieu soit béni qui m'inspira de la prononcer. Toutefois, je ne l'avais pas dite aussi sérieusement que vous l'avez entendue. Mais vous autres, chevaliers, vous avez coutume de paraître attacher une grande importance à des choses dont au fond vous ne vous souciez guère. Et tenez, votre contenance me prouve que vous aimez je ne sais laquelle de ces trois dames beaucoup plus que moi. La vue de l'une d'elles vous a troublé et vous a fait pleurer. Voulez-vous me nommer celle qui vous est si chère? — Ah! dame, épargnez-moi, je n'ai d'amour pour aucune d'elles. — Il est inutile de le nier; je me suis très-bien aperçue que si votre corps est ici, votre cœur est là-bas. »

La reine ne parle ainsi que pour tourmenter Lancelot ; elle est persuadée qu'il n'aime qu'elle seule ; mais elle prend plaisir à son embarras. L'angoisse du chevalier fut telle qu'il faillit s'évanouir. Le voyant changer de couleur et chanceler, la reine fut obligée de le soutenir et d'appeler Gallehot. Celui-ci accourut et, remarquant l'abattement de son ami, il s'écria : « Que lui est-il donc arrivé ? » Genièvre lui rapporte alors ce qui s'est passé. « Ne vous faites plus un jeu, dit Gallehot, de lui causer de pareilles douleurs, car vous pourriez l'ôter de ce monde, et ce serait dommage.—Certes, dit-elle, grand dommage. Mais savez-vous pour qui il a accompli tant de faits d'armes ? — Non, dit-il. — Eh bien ! si je dois l'en croire, c'est pour moi. — Dame, croyez-le, parce qu'il est non-seulement plus vaillant, mais aussi plus sincère que tous les autres hommes. — Vraiment, que diriez-vous donc de sa valeur si vous connaissiez tous les glorieux travaux qu'il a accomplis depuis qu'il a été armé chevalier. » Elle lui raconte alors tout ce qu'elle sait de lui : « Et tout cela, ajoute-t-elle, il l'a fait pour un seul mot que je lui avais dit. » Et elle répète les paroles de Lancelot. « Eh ! bien, dame, reprend Gallehot, il faut le récompenser selon ses mérites. — Comment le récompenserais-je ? — Ne vous aime-t-il pas par-dessus toutes choses ? Quel chevalier a jamais fait pour sa dame autant que lui pour vous ? Je vous assure, quant à moi, que sans son intervention, je serais encore en guerre avec monseigneur le roi. — Certes, n'eût-il seulement que rétabli la paix entre vous, je ne pourrais m'acquitter de ce que je lui dois, et quelque requête qu'il m'adressât, je serais ingrate de la repousser. Mais il ne demande rien; vous voyez qu'il est muet, abattu et consterné; depuis qu'il a tourné les yeux vers ces dames, il n'a fait autre chose que répandre des larmes. — De grâce, dame, laissons cela. Vous savez bien qu'on redoute toujours ce qu'on aime ardemment. Permettez-moi donc de lui venir en aide et de vous prier pour lui. — Soit, parlez, je vous accorde d'avance votre demande. — Dame, grand merci! Je vous supplie de le prendre pour votre chevalier et ami, de devenir sa dame loyale pour tous les jours de votre vie. Ce sera le faire plus riche et plus heureux que si vous lui donniez le monde entier. — J'y consens, répond Genièvre, le pacte est conclu. Si l'un de nous l'enfreint, vous-même serez chargé de lui rappeler son engagement et sa promesse. — A la bonne heure, dame, mais il nous faut un gage. — Je suis prête à fournir le gage que vous exigerez. — Dame, grand merci! J'exige donc que vous l'embrassiez à l'instant même, en signe de commencement d'amour vrai. — L'embrasser! le moment n'est pas favorable. Ces dames qui sont là ne manqueraient pas de nous voir. Cependant, je ne m'y refuserai pas, s'il le veut absolument. »

Lancelot est si surpris et si joyeux qu'il ne peut que répondre : « Dame, grand merci! — Eh! doutez-vous qu'il le veuille? dit Gallehot; rassurez-vous du reste, personne ne verra rien. Rapprochons-nous tous les trois en ayant l'air de tenir conseil. — Pourquoi me ferais-je prier davantage? dit la reine; c'est mon désir non moins que le sien et le vôtre. » Ils se rapprochent tous trois comme s'ils délibéraient secrètement. Genièvre voyant que Lancelot n'osait commencer, le prit par le menton et l'embrassa assez longuement, si bien que la dame de Malohaut s'en aperçut... »

« Quand nous vîmes, dit Françoise de Rimini, le doux sourire de l'amante couvert par le baiser de l'amant, celui-ci qui jamais ne sera séparé de moi, me baisa la bouche tout tremblant. Le livre et celui qui l'écrivit furent pour nous un autre Gallehot. Ce jour-là nous ne lûmes pas davantage. »

Pour comprendre l'émotion qui devait s'emparer des cœurs à une telle lecture, il faut se reporter à l'époque où le livre parut, cent ans avant Dante, au moment où la femme était encore si brutalement ou si légèrement traitée dans les chansons de geste, dans toute la poésie du Midi et du Nord. C'était toute une révolution qui s'opérait dans l'âme humaine. Un type nouveau succède aux guerriers des temps passés et règnera jusqu'à la dernière heure de la chevalerie, sans recevoir désormais de modification profonde. On s'explique aisément l'immense fortune du *Roman de Lancelot* qui devint, aussitôt paru, le livre d'éducation, le code universel et le grand coutumier de la noblesse européenne.

## VII

C'est dans la troisième partie du *Roman de Lancelot*, désignée ordinairement sous le nom d'*Agravain*, que le canevas antique commence à reparaître. Jusque-là les chevaliers de la Table ronde ont bien fait, comme la règle de leur institution les y engage, quelques courses à la recherche du saint Graal; mais, trop distraits de leur but par des préoccupations frivoles, ils ont tous échoué dans leur entreprise. La branche d'Agravain nous ramène, après de longs détours, à l'action principale; elle raconte l'arrivée des premiers chevaliers de la Table ronde dans le royaume de la Terre foraine. Le dernier Roi pêcheur, qui attend le héros aux mains de qui il devra résigner la garde de la divine relique, reçoit en vain la visite des plus illustres représentants de la chevalerie profane : l'habile et disert Gauvain, neveu d'Artur, le tendre et brillant Lancelot du Lac, protégé de Merlin. Il n'appartient ni à l'un ni à l'autre d'achever une telle conquête. Il faut, pour y réussir, pratiquer des vertus plus austères; il faut s'élever à l'idéal religieux qui a été trop longtemps méconnu par la fantaisie du moderne conteur. Le roman introduit enfin en scène les personnages en qui se réalisera ce suprême idéal : Galaad, Perceval et Boor.

Galaad, fils de Lancelot et de la fille du Roi pêcheur, issu par conséquent des deux grands lignages orientaux, figure toute virginale et mystique, en qui semble revivre l'antique Célidoine, est tellement marqué du sceau de la prédestination qu'il semble appartenir à peine à la race des hommes.

Perceval, neveu du Roi pêcheur, est moins infaillible; il est plus d'une fois tenté et troublé; mais il surmonte les tentations et sort triomphant des épreuves.

Boor, fils du roi de Gannes, qui, contre sa volonté, a été induit au péché au moyen d'un anneau magique, chaste, mais non vierge, a moins d'éclat que ses compagnons; il est humble, droit, patient, rigide observateur des règles de son ordre.

Ces trois chevaliers, couverts, comme parle le texte, des blanches armures de virginité et de chasteté, donnent enfin à la poursuite du Graal une direction sérieuse et féconde. La quatrième partie du Roman de Lancelot intitulée : *La Quête du Graal*, nous apprendra le résultat de leurs efforts.

L'an 454 de Notre-Seigneur, la veille de la Pentecôte, Galaad prend place au siège réservé de la Table ronde, et de là, « maître sur tous les autres, » donne le signal de la grande croisade mystique et guerrière. Le ton du récit change complètement. Nous retrouvons l'inspiration de la vieille légende. Les miracles, les prophéties, les visions succèdent aux passes d'armes mondaines. Les événements ont un sens symbolique que de pieux anachorètes interprètent aux chevaliers au fond des forêts. Dieu lui-même veille sur ses serviteurs dans leurs luttes et leurs travaux. La place est occupée presque exclusivement par les deux grands lignages établis dans la première partie de la haute histoire. Les plus illustres personnages de la race celtique, Artur et Gauvain, n'y jouent qu'un rôle secondaire et sacrifié. Lancelot a beau pleurer ses amours coupables et renoncer à Genièvre, il est traité avec une sévérité inflexible.

Les trois élus, Galaad, Perceval et Boor, après une longue suite d'aventures merveilleuses, parviennent ensemble au château de Corbenic. En même temps qu'eux arrivent de Gaule, d'Irlande et des autres contrées de l'Europe, dix chevaliers qui se sont rendus dignes pareillement de la souveraine récompense, car la quête n'a pas eu lieu seulement sur la terre bretonne, elle a été universelle et toute la chrétienté y a pris part [1].

---

[1] On voit que, dans le cycle normand, traduisant l'œuvre latine, la quête du Graal est proposée à la chevalerie en général, et que tout l'univers est admis à y participer. Il y a à cette conception du cycle deux variantes célèbres : l'une est le poëme de *Titurel*, composé par le minnesinger allemand Wolfram d'Eschenbach au treizième siècle, dans lequel le vase symbolique sert de principe à une corporation à la fois militaire et monastique : ici ce n'est plus un idéal qui est tracé, c'est une règle. Le saint Graal a été depuis longtemps remonté dans les trésors du paradis, lorsque Dieu suscite une race de rois et une phalange sacrée, à qui il résout d'en confier la garde. Titurel, le prince à qui les anges apportent la divine relique, fait construire un temple sur le modèle du temple de Salomon ; le Graal est déposé au fond du sanctuaire. Le Temple a trois entrées principales : celle de la Foi, celle de l'Amour ou de la Charité, celle des Œuvres. C'est toute une allégorie mystique. La milice instituée pour la garde et le service du Temple doit joindre toutes les vertus des saints, et surtout une chasteté parfaite, à la bravoure des guerriers. Ils forment une légion de Galaad et de Perceval. L'idée est moins étendue, mais plus précise que dans la haute histoire. Elle est certainement dérivée de celle-ci.

Le conte de Perceval le Gallois, commencé, vers la fin du douzième

Ces treize chevaliers parfaits sont admis à la contemplation du saint Graal. L'évêque Josèphe descend du ciel pour célébrer le divin sacrifice. La communion des guerriers s'accomplit avec une vision miraculeuse de la

siècle, par Chrétien de Troyes, qui n'en fit que six mille vers environ, et continué par d'autres trouvères pendant le cours du siècle suivant, 1206-1244, offre une autre variante non moins remarquable. Dans ce poëme la recherche du Graal est entreprise par un personnage unique, qui, pour obtenir ce prix de la perfection chevaleresque, subit un noviciat progressif, une initiation graduelle et prolongée. Le conteur nous montre d'abord son héros adolescent, élevé au fond des bois, simple, ignorant, rustique, élève aussi inculte qu'aurait pu le souhaiter J. J. Rousseau. Il lui fait acquérir successivement, dans une suite d'aventures brillantes, toutes les qualités, toutes les vertus mondaines de la chevalerie. Puis, parvenu au plus haut degré de vaillance, de courtoisie et d'honneur, admis à la Table ronde, Perceval apprend qu'il n'est qu'à moitié de la tâche, qu'il lui reste de nouvelles épreuves à supporter, de nouveaux progrès à accomplir. Le chevalier, à qui un but plus élevé est révélé, entre dans la voie où l'attendent de plus rudes travaux, et fait l'apprentissage des vertus morales et religieuses qui constituent une chevalerie sacrée bien supérieure à la chevalerie profane. Lorsque enfin purifié, sanctifié, il a été aussi loin dans cette seconde route que dans la première, il obtient la couronne royale, et, ce qui est bien au-dessus de toutes les couronnes, la garde du saint Graal. Il règne pendant sept années, puis, se retirant dans un ermitage, il reçoit la prêtrise et meurt. C'est la conclusion suprême, le sacerdoce après la royauté, après les grandeurs humaines les grandeurs divines, et, au delà, les récompenses célestes.

Wolfram d'Eschenbach a composé un poëme sur le même sujet, d'après un original français qu'il attribue à Guyot, et qui paraît antérieur au poëme de Chrétien de Troyes.

Il suffit de lire et comparer, pour se convaincre que cette variante, considérable et antique, a pourtant sa source dans la haute histoire, surtout pour tout ce qui concerne la seconde partie de l'éducation du héros, l'apprentissage des vertus morales et religieuses succédant au noviciat chevaleresque : partie de beaucoup la plus originale et la plus importante.

présence réelle, comme autrefois celle des premiers chrétiens à Sarras.

Le Seigneur ordonna ensuite à Galaad, Perceval et Boor d'accompagner le Graal qui doit être transféré de nouveau en Orient. Les peuples d'Occident, livrés aux passions terrestres, ne méritent plus de posséder parmi eux le vase divin. Les trois chevaliers se rendent au rivage de la mer, où les attend la nef de Salomon; le Graal y est déposé sur une table d'argent. La barque s'éloigne, poussée par le souffle d'en haut. Après une paisible traversée, les chevaliers abordent sur les côtes d'Asie, non loin de l'antique cité de Sarras. Ils transportent le Graal à sa première résidence et le replacent dans le Palais spirituel.

Galaad, que les habitants de Sarras couronnent roi, règne pendant une année sur le trône anciennement occupé par le roi Mordrain. Au bout d'une année, il meurt dans une de ces extases ineffables que procurait l'adoration du Graal. L'évêque Josèphe est venu chercher son âme :

« Le Seigneur, lui dit-il, m'a envoyé pour te faire escorte, et sais-tu pourquoi j'ai été choisi ? C'est parce que nous nous ressemblons en deux choses : la première, c'est que j'ai été vierge comme toi ; la seconde, c'est que j'ai présidé la Table carrée comme tu as présidé la Table ronde. Il était donc juste que je fusse ton guide et ton compagnon dans ce passage de la vie terrestre à la vie céleste. » Galaad, ayant entendu ces paroles qui comblaient tous ces vœux, embrassa Perceval et Boor, puis, retournant devant la table du Graal, après une courte prière, il s'étendit sur le sol, les bras en croix, et rendit l'esprit. Environnées de la multitude des anges, les deux âmes fraternelles montèrent vers les demeures divines. Le représentant le plus parfait du sacerdoce conduisit le guerrier ascète, le modèle de la chevalerie hiératique, devant le trône de Dieu.

Une main, dont le corps était invisible, s'empara du vase emblématique et l'enleva au ciel. Depuis ce moment, il n'est homme si hardi au monde qui ose dire l'avoir vu. Perceval se retira dans un ermitage, et Boor retourna à la cour d'Artur raconter les dernières aventures du saint Graal [1].

Le livre ecclésiastique se terminait sans doute en cet endroit. C'était là une conclusion logique et digne du début. Mais le livre profane restait inachevé. Tout ce monde romanesque qui s'était groupé autour de la Table ronde demeurait debout; trop d'intérêt s'était attaché à Artur, Lancelot, Gauvain, pour qu'il ne fût pas nécessaire de raconter comment ils avaient fini à leur tour. Aussi, maître Gautier Map, sur l'invitation du roi Henri II d'Angleterre, se remet à l'œuvre et écrit la cinquième et dernière partie du Roman de Lancelot [2].

---

[1] V. *Textes et documents*, III.

[2] « Après ce que meistre Gautier Map ot treitié des aventures del Graal asseiz soufisanment si com il senbloit, si fu avis au roi Henri son segnor que ce qu'il avoit fet ne devoit soufire se il n'acontoit la fin de ceus dont il avoit feit mention, et coment cil morurent de qui il avoit les proeces ramenteues en son livre; et por ce recomença il ceste deraaine

Lancelot du Lac, après avoir essayé vainement de briser ses chaînes, est entraîné de nouveau par son amour pour la reine Genièvre. Le roi Artur est instruit par sa sœur Morgain de l'infidélité de la reine. La discorde éclate. Deux camps se forment : l'un composé du roi, de ses neveux, de Kex, d'Yon, de Karadoc, de tous les chevaliers d'origine bretonne; l'autre composé des descendants de Nascien : Lancelot, Boor, Lionel, Bliomberis, qui tous ont leurs domaines dans la petite Bretagne. Artur traverse l'Océan avec une armée et vient assiéger la cité de Gannes. Pendant que le roi des Logriens est ainsi occupé sur le continent, Mordred usurpe le trône et assiége la Tour de Londres où la reine Genièvre s'est réfugiée. Artur se hâte de repasser la mer et de ramener ses troupes. L'armée royale et celle de l'usurpateur se rencontrent dans les plaines de Salisbury. Trois hommes échappent seuls au carnage; Artur qui a tué Mordred de sa propre main, est l'un des trois survivants; mais il est mortellement blessé. Il se traîne au bord d'un étang prochain et y jette son épée; une main sort de l'eau, brandit trois fois l'arme étincelante, et disparaît avec elle; c'est l'image de la gloire militaire des Bretons désormais éclipsée. Quant au roi Artur,

partie. Et quant il l'out mise ensemble, il l'apela la *Mort au roi Artur.* »

Ce Gautier Map, chapelain du roi Henri II, qui a rédigé en français et sans doute amplifié considérablement cet immense Roman de Lancelot du Lac, a été l'objet de curieuses recherches de la part des érudits anglais, et particulièrement de M. Th. Wrigth, aux ouvrages duquel, pour les détails biographiques, nous renvoyons.

4.

les uns disent qu'il mourut quelques jours après la bataille; les autres prétendent que, recueilli par sa sœur la fée Morgain, il fut conduit dans l'île d'Avallon et guéri. Les Bretons croient qu'il est encore vivant et l'attendent toujours.

Cependant les fils de Mordred étaient demeurés maîtres du royaume. Lancelot et ses cousins accourent venger Artur dont, malgré leur récente querelle, ils déplorent la perte, et délivrer la reine. Ils combattent à Winchester les fils de l'usurpateur, les défont et les tuent. Cette dernière bataille achève la destruction de tout cet empire romanesque. Lancelot se retire dans un ermitage, Genièvre dans une abbaye de « closes nonnains; » tous deux passent le reste de leurs jours dans une austère pénitence; comme il arrive toujours dans les contes du moyen âge, les âmes égarées finissent par rentrer au bercail.

## VIII

### LE ROMAN DE TRISTAN ET LE ROMAN DE GIRON LE COURTOIS.

Tel est le dénoûment de la vaste fiction; les récits que nous venons de résumer forment la série essentielle et constitutive du cycle du saint Graal et de la Table ronde. On a coutume, toutefois, de rattacher à cette première série deux grands ouvrages : le *Roman de Tristan* et le *Roman de Giron le Courtois*. Quelques mots suffiront à éclaircir ce point. La fable de Tristan et d'Yseult la

Blonde est une des plus célèbres de la poésie celtique. L'auteur de la haute histoire avait emprunté à cette tradition populaire plus d'un trait pour le récit des amours de Lancelot du Lac et de la reine Genièvre. Mais un chevalier nommé Luce de Gast, seigneur du château de Gast, près Shrewsbury, conçut un plus étrange projet. Il s'imagina de relier la vieille légende à la fable de *Tristan*. Il donna pour ancêtre au roi Marc de Cornouailles un des douze fils de Bron, un frère d'Alain le Riche pêcheur. Son œuvre fut continuée au treizième siècle par Hélie de Borron [1]. Tristan fut convié à la Table ronde et à la quête du Graal. Ces auteurs empruntèrent tant et si bien au grand livre du Graal et de la Table ronde qu'ils en donnèrent véritablement une seconde édition à propos des aventures de Tristan et d'Yseult. Mais la fable de Tristan et d'Yseult, le mythe de l'amour fatal et invincible, était la moins faite pour s'accommoder à la mystique légende; cette association formait un contre-sens. Il n'en pouvait sortir qu'un long tissu de maladresses et de contradictions.

Hélie de Borron, après avoir achevé le *Tristan*, écrivit *Giron le Courtois*. Hélie de Borron est, comme il le dit lui-même, un chevalier pêcheur, joli et joyeux,

---

[1] Ce dernier des romanciers du cycle primitif se qualifie ainsi : « Je qui sui apelez Helies de Borron, qui fui engendrez dou sanc des gentix paladins de Barre, qui de tout tens ont esté commendeour et soingnor d'Outres en Romenie, qui ores est appelée France (en Morée). » Épilogue du mst. 6776² f. f. (anc. Colbert) de la Bibl. imp. Il vivait à la cour du roi d'Angleterre Henri III, 1216-1272. On lui doit les renseignements qu'on possède sur ses devanciers.

adonné à tous les plaisirs du monde. Il est complétement affranchi des entraves de la tradition antique; il n'a d'autre souci que de peindre des chevaliers errants, chevauchant en compagnie de dames également errantes à travers d'hospitalières forêts, et célébrant à l'envi les miracles de l'amour chevaleresque. Un mot résume son œuvre : Courtoisie. « Je n'ai d'autre propos, dit-il en commençant, que de parler de courtoisie : Courtoisie est le titre et l'objet de mon livre. » La courtoisie, les sentiments délicats, les mœurs élégantes, c'est là, en effet, malgré quelques tentatives de réaction isolées, presque toute la foi et la règle de la chevalerie nouvelle. C'est absolument le contraire de la rudesse héroïque et mystique du passé. Le poëme de la bravoure pieuse, chaste et austère se continue au profit de la galanterie mondaine. La création littéraire qui représente si fidèlement le mouvement des idées dans les hautes classes féodales, incline et tombe définitivement du côté diamétralement opposé à son point de départ.

## IX

Nous avons passé en revue la première assise, la première et fondamentale série des romans de chevalerie proprement dits, et nous avons constaté quelle révolution s'était accomplie de l'époque où elle a commencé à l'époque où elle s'achève, de sa primitive création à ses derniers remaniements.

Le renversement de la pensée fondamentale, si l'on peut s'exprimer ainsi, produit une suite de conséquences dignes de remarque. De là vient, par exemple, la disproportion des parties du livre; les plus longues sont précisément celles qui ont le moins d'importance dans le plan général, celles qui se sont développées après coup, pour satisfaire aux goûts nouveaux, aux nouveaux besoins de l'esprit. De là aussi l'inégale célébrité qu'elles ont obtenue, l'inégale célébrité qui s'est attachée aux personnages de la fiction; les intentions du vieil auteur ont été complétement trahies; une figure secondaire a éclipsé les figures principales; à peine se souvient-on du héros par excellence, de l'impeccable et invincible Galaad. Qui de vous n'avait entendu parler du criminel Lancelot? Enfin, toujours par suite de la même influence, il résulte des renseignements que nous a transmis Hélie de Borron, que les diverses parties du livre du Graal et de la Table ronde ont été traduites dans la langue française, précisément à l'inverse de leur ordre naturel et logique. C'est, paraîtrait-il, Luce du Gast qui s'avisa le premier, pour donner plus de poids au récit des amours de Tristan de Léonnois et d'Yseult la blonde, de traduire quelques fragments de la haute histoire dont il était un lecteur assidu. Celle-ci ne pouvait, par conséquent, s'introduire dans l'idiome laïque par une voie plus indirecte et plus détournée. Après Luce de Gast, ce fut Gautier Map qui rédigea en français cet immense épisode qu'on nomme le Roman de Lancelot, lequel n'a d'autre objet que de nous prouver surabondamment que

Lancelot n'était pas destiné à conquérir la sainte relique; le même écrivain traduisit la branche de la Quête du Graal, qui contient le dénoûment du livre latin, et ajouta l'épilogue de la mort d'Artur pour apaiser la curiosité du lecteur. C'est seulement alors, et par suite probablement du succès qu'obtint le travail de Gautier Map, que Robert de Borron et Gasse le Blond rédigèrent toute la première partie de l'ancienne légende : le prologue, le roman du saint Graal, le Roman de Merlin, achevant la traduction par où elle aurait dû régulièrement commencer.

Ayant ainsi subi d'une manière si curieuse l'influence de la transformation morale qui s'accomplit d'un siècle à l'autre, le livre du saint Graal et de la Table ronde exercera à son tour sur cette transformation une influence prodigieuse. Il la précipita et la généralisa. Il fut l'agent le plus actif, en même temps que le monument le plus expressif dans son inconséquence et son désordre, d'une des principales révolutions de la société européenne. On ne trouverait peut-être nulle part, à aucune époque, dans l'histoire d'aucun peuple, un exemple aussi considérable et aussi frappant de l'action des mœurs sur la littérature et de la réaction de la littérature sur les mœurs.

Une dernière réflexion : Il est douteux qu'on doive voir dans le livre du saint Graal une manifestation avouée de l'orthodoxie religieuse. Sans être obsédé par cette perpétuelle hallucination de l'hérésie dont quelques critiques modernes sont affectés, on ne peut s'empêcher de sentir parfois sous l'obscurité de l'allégorie des tendances suspectes. Il ne serait pas surprenant que les erreurs répandues parmi les templiers eussent comme un mystérieux reflet dans une œuvre dont l'intime relation avec le principe de l'ordre est évidente. Mais les tendances périlleuses ont péri avec l'idée principale elle-même. L'idée théocratique, qui était au fond de l'institution et du livre, a été vaincue et irréparablement ruinée; elle avait déjà perdu toute sa puissance, comme nous venons de le montrer, à la fin du douzième siècle.

Le livre du saint Graal et de la Table Ronde doit être considéré comme le monument littéraire le plus important de la tentative théocratique qui marque le onzième siècle, tentative qui avorta dès le douzième siècle, et qui, plus tard, fut condamnée par les souverains pontifes eux-mêmes. Les romans du saint Graal et de la Table ronde furent, au quatorzième siècle, expressément interdits par la cour de Rome, en même temps que l'ordre des templiers était aboli et supprimé. La réprobation des uns était, en effet, la conséquence forcée du supplice des autres. Il faut dire, en terminant, que l'histoire a fort peu compris tout cet ordre de faits, et que la phase distincte dont ce double événement indique à la fois la déviation prompte et le terme final, n'a pas été étudiée encore ni mise en relief avec tout le soin qu'elle mérite.

## CHAPITRE II

### LA LÉGENDE D'ADAM.

L'œuvre habituelle de l'imagination légendaire n'a pas été de créer de vastes monuments symboliques et d'inventer tout un monde fictif, comme elle l'a fait pour le cycle du saint Graal et de la Table ronde. Le travail de la légende est ordinairement plus limité et plus modeste : il consiste surtout à suppléer aux lacunes des livres saints, qu'il s'agisse soit de la Genèse, soit de l'Évangile. Elle a tracé autour du texte sacré une broderie romanesque pareille aux enluminures dont les artistes calligraphes encadraient les pages des manuscrits. Nous allons donner un aperçu de ce travail sur un sujet spécial et circonscrit, sur le premier chapitre des annales humaines, l'histoire d'Adam et Ève.

La légende, nous parlons de la légende chrétienne du moyen âge, et non, bien entendu, de la légende souvent hérétique des premiers siècles de l'Église, n'oppose pas une version distincte à la version consacrée ; elle ne contredit pas le récit authentique ; elle se tait quand l'Écriture parle. Elle se borne à suppléer à son silence.

Ainsi elle a ajouté très-peu de chose à l'histoire d'Adam et Ève jusqu'au moment de leur expulsion du Paradis terrestre. Jusqu'à cet endroit, la Bible suffisait à l'imagination la plus avide de poésie. Mais la légende s'est emparée, comme de son domaine, de ce long silence, qui s'étend, comme dit Châteaubriand, entre le péché d'Adam et sa mort, et, dans cet espace de neuf cents années, elle a déployé la toile historiée de ses fictions. Lorsque le texte sacré abandonne nos premiers parents, qui, « main à main, à pas incertains et lents, » prennent le chemin de leur exil, la légende les accompagne. Suivons-les avec elle, continuons leur histoire à l'aide de ces documents apocryphes, dont l'autorité est assurément très-contestable, mais dont on reconnaîtra l'intérêt.

### LA PÉNITENCE D'ADAM.

C'est le dixième jour du mois de mai, le vendredi, à la neuvième heure (trois heures après midi), qu'Adam et Ève furent, dit-on, chassés du bienheureux séjour, après y avoir habité un espace de temps sur lequel il y a des divergences d'opinion très-naturelles : six ou sept heures selon les uns, sept cent soixante-cinq jours selon les autres.

« Ils entrent dans le monde désert, et errent çà et là d'une course rapide. Le monde est couvert d'arbres et de gazon; il a de vertes prairies, des fontaines et des fleuves, et pourtant sa face leur paraît hideuse auprès de la tienne, ô Paradis! Et ils en ont horreur, et, selon la nature des hommes, ils aiment bien davantage ce qu'ils ont perdu. La terre leur est étroite; ils n'en voient point le terme, et pourtant ils s'y sentent resserrés, et ils gémissent. Le jour même est sombre à leurs yeux, et sous le soleil ils se plaignent que la lumière a disparu. »

C'est le poëte du cinquième siècle, saint Avite (traduit par M. Guizot), qui s'exprime ainsi. Poursuivons, à partir de ce moment funeste, l'histoire légendaire du premier couple humain.

Le premier épisode de cette histoire apocryphe, c'est le conte de la pénitence d'Adam. Les monuments qui nous en restent sont de deux sortes : 1° des imitations en langage vulgaire dont nous connaissons plusieurs manuscrits[1]; 2° un texte latin imprimé vers la fin du quinzième siècle : *De creatione Ade et formatione Evæ a costa ejus. Et quomodo decepti fuerunt a serpente*[2]. Nous allons analyser cette fable, dont l'origine n'est pas saisissable, mais dont l'invention première appartient indubitablement aux rabbins convertis.

Adam et Ève, jetés hors du Paradis de délices, se bâtirent une petite cabane dans laquelle ils demeurèrent pendant sept jours à se lamenter et à se livrer à

---

[1] V. le n° 6769 du fonds français de la Bibliothèque impériale, écrit à la fin du treizième siècle, où le traducteur se nomme Andieu le Moine, et le n° 7804, même fonds, du quinzième siècle, signé par Colard Mansion, le premier imprimeur de Bruges.

[2] Petit in-quarto, sans lieu ni date.

leur douleur. Pourtant, pressés par la faim, ils se mirent à chercher leur nourriture; mais, habitués aux aliments de l'Éden, qui étaient pareils à ceux des anges, ils ne pouvaient se résoudre à manger les choses grossières qui servent de pâture aux animaux. Pour obtenir que le Seigneur revienne sur sa sentence et adoucisse leur sort, Adam propose à Ève de se soumettre à une pénitence volontaire.

« Vous irez au fleuve du Tigre, dit-il à sa compagne, vous entrerez dans l'eau jusqu'au cou, et, posant une pierre sous vos pieds, vous resterez ainsi durant trente-trois jours; moi, j'irai au fleuve du Jourdain et y resterai pendant quarante jours, car je puis supporter une plus longue peine. »

Ils accomplirent, chacun de leur côté, leur résolution. « Eau du Jourdain, disait Adam debout dans le fleuve, je t'ordonne de partager ma tristesse et mon affliction, et vous toutes, créatures qui nagez dans les eaux, je vous ordonne de venir autour de moi et de pleurer avec moi et pour moi, car vous n'avez point offensé votre créateur. »

Et quand il eut prononcé ces paroles, tous les êtres qui vivaient dans le fleuve accoururent et se tinrent autour d'Adam, et l'eau elle-même s'arrêta à cette heure et cessa de courir jusqu'à la fin de sa pénitence.

Ève faisait comme Adam, dans le fleuve du Tigre. Mais Satan se transfigura en ange de lumière et s'approcha de la femme, comme s'il venait de la part de Dieu : « Le Seigneur, qui agrée vos souffrances, dit-il, m'envoie pour vous permettre de sortir de l'eau, et pour vous préparer, à vous et à votre mari, la nourriture céleste à laquelle vous avez été accoutumés. »

Ève, toujours crédule, se laissa convaincre légèrement; elle sortit du fleuve, où elle était demeurée vingt-huit jours, de sorte que sa chair était devenue aussi verte que l'herbe des prairies; et elle suivit l'Esprit menteur. Adam, en voyant revenir la femme conduite par ce guide qu'il reconnut aussitôt, fut saisi de douleur : « Ève, Ève ! s'écria-t-il, tu as enfreint ton vœu ! Es-tu donc incapable de résister à ce tentateur qui cherche sans cesse à t'éloigner du bien et du salut? » Puis, s'adressant au démon : « Être maudit, reprit-il, que t'avons-nous fait et quel motif as-tu de nous persécuter ainsi? — Adam, répondit Satan, tu es l'objet de toute ma haine, parce que tu es la cause de tous mes maux. Lorsque Dieu t'eut formé et donné la vie, il dit aux anges : « Voici Adam, que j'ai fait à mon image et « à ma ressemblance. » Alors, Michel l'archange nous convoqua tous, afin que nous fissions hommage à l'image du Très-Haut. « Comment ferais-je hommage à « cet homme? répondis-je; c'est le dernier être créé, et je « lui suis de beaucoup supérieur. » Les anges qui m'environnaient, en m'entendant parler ainsi, imitèrent mon refus. « Humilie-toi devant l'image du Tout-Puis-« sant, reprit l'archange, sinon redoute sa colère. » Et moi, je repartis : « Eh bien, si Dieu s'irrite contre moi, « j'établirai mon siége au-dessus des étoiles du ciel, du

« côté du septentrion, et je serai semblable au Seigneur :
« qu'il règne de ce côté ; moi, je régnerai par là. » Mon
orgueil éveilla le courroux divin, et je fus dépossédé de
la splendeur des anges, et tu vois bien que tu as été
l'occasion de ma perte. — Seigneur Dieu, mon créateur !
s'écria Adam, protége-nous contre cet ennemi acharné
à nous tendre des piéges et à nous repousser de ta miséricorde ! »

Adam persévéra dans sa pénitence, et se tint, quarante jours durant, au milieu des eaux immobiles du
Jourdain. Ève voyant la constance de son mari : « Adam,
dit-elle, je n'ai su garder ni le commandement de Dieu
ni le tien ; il vaut mieux que je me sépare de toi,
car peut-être alors le Seigneur t'accorderait la vie et
le salut, à toi qui n'as été coupable ni la première
fois, ni la seconde. Mais moi, je m'en irai seule vers le
soleil couchant jusqu'à ce que je meure. » — Et,
en disant ces mots, Ève s'éloigna, et, gémissant et versant des larmes, elle prit son chemin solitaire vers l'Occident.

Tel est le premier épisode de l'histoire apocryphe
d'Adam et Ève ; il a, comme nous l'avons dit, tout le
caractère des traditions rabbiniques et doit être l'œuvre
des Juifs chrétiens, qui ont produit un si grand nombre
de nos légendes. Dans son entier développement, il ne
manque pas de grandeur ni de poésie, et l'on y sent
parfois un souffle affaibli, l'inspiration lointaine de la
Bible. Mais quelle est la signification et le but de ce récit
singulier ? Pourquoi cette récidive de la malheureuse

Ève? C'est la tendance générale de la légende, quelle que soit d'ailleurs son origine, d'accabler impitoyablement la mère du genre humain au bénéfice d'Adam. Le sexe féminin a essayé de prendre sa revanche dans la bizarre anecdote de la première femme d'Adam, que son mari, mécontent de sa supériorité, aurait tuée; après quoi, ayant demandé à Dieu une compagne moins parfaite, il reçut la seconde Ève, qui l'était trop peu, et de là tous ses malheurs [1].

Ce premier récit ne parle ni de la force, ni de la beauté de ces premiers ancêtres de la race humaine; cependant il les laisse deviner. L'idée de cette perfection physique a été exprimée par des portraits, moins éloquents sans doute que ceux de Milton, mais qui vont plus loin encore, et font d'Adam et Ève le type de toutes les qualités qui ont brillé dans leurs descendants :

« Car tant fu (Adans) à merveilles bés [2],
Tant saiges, tant fors, tant ignés [3],
C'ou soloil n'out, par veritez,
Fors ke le quart de sa biautei....
Si fu si bés c'onkes son per [4]
De biautei ne pout-on trover,
Le quart de sen [5] en Salemon ;
Le quart de sa force en Sanson ;

---

[1] V. la *Response sous l'arrière-ban maistre Richart de Furnival, ensi comme sa dame s'excuse.* (Mst. 7019³, f. fr. Bibl. imp.)

[2] Beau.

[3] Rapide, léger à la course.

[4] Son pareil.

[5] De sagesse.

Ysaël tant ignés estoit
Qu'en corrant le chevrel tondoit [1];
Et nos lisons ke quatre tens [2]
Fut encor plus ignés Adans [3].... »

En outre, dans toute la poésie légendaire, les bannis du Paradis terrestre conservent cependant sur la nature une partie de leur autorité primitive, le prestige de leur souveraineté. Il leur reste aussi, et nous allons en voir un exemple, ces sciences mystérieuses qu'on nomme aujourd'hui surnaturelles, sciences d'intuition, et non de conclusion comme les nôtres, pour employer le langage du comte de Maistre, lumières qui semblent grandir à mesure qu'on recule dans la haute antiquité, et qui ensuite s'altèrent et s'effacent, remplacées par le pâle flambeau de l'expérimentation et de l'analyse. L'astrologie est au nombre de ces sciences que les premiers hommes, divinement instruits, Adam, Seth, Énoch, auraient, selon les apocryphes, le plus complétement possédées. Nous passons au second épisode de la légende.

### NAISSANCE DE CAÏN.

Ève était donc séparée de son mari, seule ; elle marchait craintive parmi les bêtes sauvages et venimeuses, qui toutefois la respectaient encore. Elle était enceinte et le temps de son travail approchait. Elle se construisit

---

[1] Attrapait le chevreau en courant.
[2] Quatre fois.
[3] Mst. 1422, fonds de Sorbonne.

une hutte où la saisirent les premières douleurs de l'enfantement. En vain elle implorait la miséricorde divine ; Dieu était insensible à ses plaintes, sourd à ses prières ; et ses souffrances augmentaient toujours. Alors elle regretta et désira la présence d'Adam : « O vous, dit-elle, étoiles du ciel, quand vous retournerez en Orient, annoncez à mon seigneur et ami les peines que j'endure et l'assistance dont j'ai besoin ; sinon je vais mourir ici dans mon abandon et mon délaissement ! »

Ainsi gémissait Ève, la chétive. Dans ces étoiles messagères de sa compagne, Adam lut en effet la menace d'un malheur, et il songea que Dieu avait confié la femme à sa garde et à son appui. Il se dirigea vers l'Occident et arriva à la cabane qu'Ève s'était bâtie. Ève gisait étendue sur le sol ; quand elle l'aperçut, elle s'écria : « O mon bon et loyal époux, votre vue a soulagé mes souffrances et rempli mon âme de douceur et de courage ! » Adam, s'étant agenouillé, pria et demanda au Seigneur la délivrance d'Ève. A son oraison puissante auprès de Dieu, deux anges et deux vertus descendirent du ciel et vinrent se placer de chaque côté de la femme. L'archange Michel lui toucha le front et la poitrine, et Ève fortifiée mit au monde un fils qui fut nommé Caïn. Aussitôt né, l'enfant courut arracher une poignée d'herbe et l'apporta à sa mère.

Tel est le récit du premier enfantement, la première application de la sentence : *In dolore paries filios*. A la suite se trouve le récit de la naissance d'Abel et de sa mort. Il y a sur cette querelle des deux frères beaucoup d'anciennes traditions rabbiniques ou alexandrines; quelques-unes dépeignent Caïn comme un sophiste arrogant, Abel comme un homme simple qui n'a pas étudié l'art de l'éloquence, et qui se contente de savoir ce qui est bien. Presque toutes s'accordent à représenter le meurtrier Caïn comme le primitif auteur de la civilisation; c'est lui qui changea la manière de vivre des hommes, qui s'appropria les richesses de la terre jusqu'alors communes, qui inventa les poids et les mesures jusqu'alors ignorés, qui plaça le premier des bornes dans les champs ou les entoura de murailles; c'est lui enfin qui bâtit la première ville, qu'il nomma Énoch, du nom de son fils; il mourut sous les ruines de la maison de pierres qu'il avait enseigné à construire: juste châtiment, non pas de son fratricide, mais de l'art funeste dont il avait donné l'exemple au monde. Sur ce dernier point, toutefois, la tradition la plus générale, la plus populaire au moyen âge, celle qui est adoptée dans la *Bible historiale* et dans le *Mystère du Vieil Testament*, c'est qu'il fut tué par son fils Lameth le bigame.

Enfin, à d'autres de ces poëtes légendaires, la faveur céleste qui s'attachait de préférence aux offrandes d'Abel n'a point paru une raison suffisante de la jalousie et de la haine de Caïn, et ils ont imaginé une rivalité amoureuse. Ève, la mère féconde des vivants, accouchait à chaque fois de deux enfants, un fils et une fille; Adam reçut du ciel l'ordre de les marier entre eux en croisant les couples, Abel avec Câlmana, la sœur jumelle de Caïn, Caïn avec Delbora, celle d'Abel. Mais Caïn, violemment épris de sa propre jumelle, tua son frère pour que cette union n'eût pas lieu, et s'enfuit avec l'épouse qu'il aimait malgré le commandement divin.

A l'époque du meurtre d'Abel, Adam était âgé de cent trente ans; plongé dans la douleur par ce crime horrible, il résolut de demeurer chaste désormais, et de laisser éteindre une race si misérable et si odieuse. Pendant cent années il persévéra dans sa résolution, mais au bout de ce temps Dieu lui ordonna de rompre son vœu et de perpétuer l'espèce humaine. Il engendra alors un fils qui fut appelé Seth, et, après Seth, trente fils et trente filles qui multiplièrent sur la face de la terre[1]. Adam habitait le val d'Ébron, situé à sept lieues de Jérusalem vers le midi.

### VISION D'ADAM.

Seth avait une grande soumission et une grande piété filiales; Adam le chérissait par-dessus tous ses enfants, et lui racontait parfois les révélations qu'il avait eues sur l'avenir de sa postérité. Un jour l'archange saint Michel était venu le chercher, l'avait fait monter sur un char dont les roues étaient de feu, et qui, plus rapide que le vent, l'avait transporté au milieu de la Cour céleste; là, à cause de l'amour de la science, naturel au cœur de l'homme, et qui atténuait sa faute,

---

[1] De graves docteurs se sont amusés à supputer le nombre de rejetons qu'Adam avait pu voir avant de mourir, et sont arrivés à des chiffres énormes et illisibles. (V. *Hilscher apud Fabricium.*)

Dieu lui avait accordé une grâce, c'est que, jusqu'à la fin des siècles, il aurait toujours sur la terre quelqu'un qui le représenterait, qui serait son serviteur et son ministre. Après ce don, reçu avec reconnaissance, l'archange avait pris Adam par la main et l'avait emmené hors de la présence divine ; d'une baguette qu'il tenait à la main, saint Michel avait frappé les vastes eaux qui environnent le Paradis ; aussitôt leur surface avait gelé et durci, et, marchant sur la glace solide, Adam était redescendu au val d'Ébron.

Cette vision d'Adam, c'est toute la théorie, pour ainsi dire, de l'ancienne loi, où le vrai Dieu a toujours, en effet, parmi les hommes un adorateur fidèle et un interprète. Sous la loi nouvelle, cette représentation humaine de la vérité divine se régularise et se perfectionne, et devient l'institution du souverain pontificat. Poser ainsi à l'origine du monde le principe du vicariat apostolique ; faire promettre au début de la route un guide perpétuel, une inspiration et une autorité permanentes au milieu de l'erreur, de la confusion et de la mutabilité universelles ; faire prononcer par la sagesse infinie au premier homme, livré déjà à toutes les perplexités et à toutes les faiblesses, les paroles que devait répéter le Christ : « Je serai avec vous jusqu'à la fin des siècles, » c'est là, à notre avis, en dehors de toute appréciation dogmatique, une belle et grande idée.

Parvenu à l'âge de neuf cent trente ans, Adam sentit que la vie lui devenait pesante et que la mort approchait ; il fit venir ses fils, ses filles et ses petits-enfants, qui se rassemblèrent en trois groupes devant l'oratoire où leur père avait coutume de prier Dieu. Adam était couché, et ses enfants lui demandèrent pourquoi il demeurait ainsi gisant sur son lit : « Mes fils, répondit-il, je suis infirme et malade. — Seigneur, qu'est-ce donc que maladie, et qu'est-ce qu'infirmité? — Vous ne l'apprendrez que trop tôt, répondit l'aïeul ; Dieu, quand j'eus enfreint sa défense, me dit : « Je frapperai ton corps de « soixante-dix plaies, depuis le sommet de la tête jus- « qu'aux ongles des pieds ! » Et à cet arrêt du Seigneur nous sommes tous soumis, moi et votre mère, et vous tous après nous. »

### VOYAGE DE SETH AU PARADIS TERRESTRE.

Ici se place la plus brillante, la plus ingénieuse et aussi la plus répandue de toutes ces légendes. Ayant à faire un choix parmi des versions très-nombreuses, et dont la plupart sont fort altérées, nous nous bornons à indiquer les meilleures ; d'abord, le récit contenu dans la deuxième partie de l'*Image du monde* (première région d'Asie) : *Coument Adans envoia Seth, son fil, au Paradis terrestre*[1]. Ensuite, nous signalons les leçons qu'on rencontre fréquemment dans les anciens manuscrits, tantôt sous le titre : *C'est l'Invencion du fust de la*

---

[1] L'*Image du monde*, ou le *Livre de Clergie*, est l'un des monuments les plus remarquables de l'esprit encyclopédiste du treizième siècle; c'est un grand étonnement pour nous qu'il soit encore inédit, et nous ne doutons pas que l'heure de sa publication ne vienne bientôt.

*Seinte Croiz*[1], tantôt sous celui de la *Mort Adam*[2]. Cette fable se trouve indiquée dans la *Légende dorée* et résumée dans la légende du Juif-Errant, tradition allemande. Son origine est très-ancienne, puisque l'Évangile apocryphe de Nicodème en fait mention, et qu'elle existait, par conséquent, antérieurement à la composition de cet Évangile, qu'on s'accorde à attribuer au cinquième siècle. Ce serait un long travail que d'en rechercher et d'en noter toutes les traces, un travail, d'ailleurs, dont le lecteur nous saurait peu gré sans doute; nous aimons mieux exposer la légende :

Dans cette extrémité où se trouvait Adam, il lui souvint que Dieu, en l'exilant lui et sa compagne du Paradis terrestre, leur avait promis l'onction de miséricorde, et il pensa qu'il enverrait son fils Seth réclamer l'accomplissement de la divine promesse au chérubin qui gardait l'Arbre de vie.

« Père, dit Seth, indique-moi donc la route du Paradis. — Cher fils, va jusqu'au bout de cette vallée vers l'Orient; là, tu trouveras un sentier verdoyant; tu y verras encore les traces de mes pas et des pas de ta mère lorsque nous nous éloignâmes du Paradis, car nos pieds brûlaient l'herbe qui depuis n'a point repoussé; va donc, et en suivant ce chemin tu arriveras à la porte gardée par l'ange. »

Seth s'en alla et trouva la voie verte où l'empreinte des pas était toujours visible, et bientôt il aperçut une

---

[1] V. mss. 7588⁵, 7019⁵, f. fr. de la Bibliothèque impériale.
[2] V. mss. 7330, 8190², *ibid*.

grande lumière comme d'un incendie et des flammes qui flottaient jusqu'aux nues; c'étaient les murailles de l'Éden. Il continua d'avancer, et il vit le chérubin armé de son glaive de feu, et il se prosterna saisi de frayeur.

« Pourquoi es-tu venu? lui dit l'ange. — Mon père m'a envoyé, répondit Seth, pour vous demander le baume de miséricorde que Dieu lui a promis et qui découle de l'Arbre de vie. — Approche donc, avance la tête dans l'Éden, et regarde. »

Seth obéit : il vit le Paradis rempli de joie, de clarté et de délices, de beaux arbres, de fleurs, de fruits inconnus; il s'en exhalait des parfums, des chants et des mélodies que nulle langue humaine ne saurait exprimer. Au milieu jaillissait une fontaine aux eaux limpides, d'où sortaient les quatre fleuves : Géhon, Phison, Tigre, Euphrate, qui seuls, comme on sait, pourvoient la terre d'eau douce. La fontaine était ombragée par un arbre, le plus grand de tous, le plus chargé de feuillage et de fruits, le plus admirable qu'on puisse imaginer.

Seth, ayant regardé, revint vers le chérubin. « Qu'as-tu vu? » dit ce dernier. Et Seth lui raconta ce qu'il avait vu. — « Eh bien, retourne à la même place et regarde de nouveau. » — Seth obéit, et il vit alors le grand arbre entièrement dépouillé de ses fruits, de ses feuilles et de son écorce, tout desséché et comme mort. Un énorme serpent sortait de ses racines, entourait l'arbre de ses anneaux et dressait sa tête hideuse au-dessus de la cime.

A cette vue, le fils d'Adam fut frappé d'épouvante, il revint à l'ange et lui dit avec étonnement le changement qui s'était fait tout à coup. — « Seth, répondit le chérubin, cet arbre, c'est l'arbre défendu dont ta mère et Adam mangèrent le fruit, et ce serpent, c'est le tentateur qui les a déçus. Et comme cet arbre a perdu sa riche verdure, ainsi l'homme par sa transgression a perdu la vie éternelle qui était en son cœur. Maintenant retourne encore et regarde. »

Seth obéit et alla regarder une troisième fois. Il lui parut que l'arbre s'était élevé jusqu'au ciel, et, au sommet de l'arbre, il aperçut un enfant d'une merveilleuse beauté, et il lui semblait que ses mains embrassaient le monde. Le monstrueux serpent fuyait craintivement et se cachait sous terre.

Seth revint à l'ange et lui rapporta ce nouveau prodige. — « C'est là ce que tu es venu chercher, dit le chérubin, c'est là le but de ton voyage. Cet enfant que tu as vu, c'est la Miséricorde, c'est la Promesse divine; cet enfant est Fils de Dieu et il mourra pour sauver ton père, racheter toute sa race et faire régner au monde la paix et la clémence. Et le serpent qui s'enfuit, c'est le démon vaincu, désarmé de son pouvoir, détrôné de son empire. Tu porteras cette réponse à Adam et tu lui diras que son heure est venue et qu'il mourra au troisième jour. »

Puis il ajouta : « En témoignage de la vérité de tes paroles, tu lui remettras ces trois graines de l'Arbre du paradis et lui recommanderas de les mettre au moment de mourir dans sa bouche afin qu'il soit enterré avec elles. »

Seth partit alors, et, reprenant sa route, arriva auprès de son père; il lui raconta ce qu'il avait vu et ce que le chérubin lui avait dit, et lui remit les graines que l'ange lui avait données. Adam tressaillit de joie et il rit, dit-on, pour la seule fois de toute sa vie; et il s'écria : « Dieu, père des hommes et créateur de l'univers, grâces te soient rendues, car tu épuises en faveur de la race humaine les miracles de ta bonté. Maintenant, ô Seigneur! que j'ai reçu le gage de la Miséricorde, reçois mon âme, car j'ai assez et trop longuement vécu. »

### MORT ET FUNÉRAILLES D'ADAM.

Lorsque Adam, après avoir béni ses enfants agenouillés autour de lui, eut rendu le dernier soupir, pendant plusieurs jours et plusieurs nuits, le soleil fut assombri, les étoiles perdirent leur clarté, comme s'ils portaient le deuil de celui qui avait été véritablement roi de la création. De même, mais avec plus d'anxiété, de consternation et de stupeur, la nature entière devait se voiler et trembler à l'heure où le Fils de Dieu subirait la loi mortelle.

Toute la primitive famille fut accablée d'une morne douleur à la vue de leur ancêtre inanimé. Ève, la tête dans la poussière, tordait ses mains; Seth tenait son père étroitement embrassé; les fils et les filles, plongés dans l'abattement et l'effroi, pleuraient et gémissaient et demeuraient immobiles. Alors on vit descendre l'archange saint Michel et des anges qui faisaient résonner des instruments mélodieux et chantaient avec une douceur infinie. Michel dit aux anges : « Apportez trois linceuls de soie, enveloppez le corps d'Adam et enterrez-le à côté de son fils Abel. » Les anges exécutèrent ces ordres, et toutes les Vertus du ciel assistaient à ces funérailles, et c'est ainsi que fut sanctifié le sommeil du premier homme. Saint Michel dit ensuite à Seth et à ses frères : « Désormais, vous ensevelirez vos morts ainsi que vous nous l'avez vu faire. » Puis toute la compagnie céleste disparut dans les hauteurs des cieux.

Ève sentit qu'elle ne pourrait survivre à son mari, et elle succomba en effet au septième jour. Prévoyant les catastrophes qui devaient par la suite frapper l'humanité, elle recommanda à Seth de faire des tables de pierre et des tables d'argile afin d'y tracer tout ce qu'il avait appris et tout ce qu'il avait vu; de telle sorte que si Dieu châtiait le genre humain par le feu, les tables d'argile subsistassent, et, s'il le châtiait par l'eau, celles de pierre demeurassent intactes, et qu'ainsi, autant qu'il dépendait d'eux, l'espoir du salut promis ne s'effaçât point de la face de la terre et de l'esprit des hommes.

Ève fut enterrée au val d'Ébron, à côté de son époux. Seth, conformément aux instructions maternelles, fit les tables de pierre et les tables d'argile, et, quand elles furent faites, comme Seth ignorait l'art d'écrire, un ange vint lui guider les doigts et il retraça ainsi l'histoire des premiers jours et toute la vie de son père et de sa mère.

Ces tables furent ensuite déposées dans l'oratoire d'Adam. La table de pierre fut retrouvée longtemps après le déluge, et le roi Salomon reçut de la grâce divine la science de lire ces caractères et de les comprendre; et à l'endroit où était cette table, où avait été par conséquent l'oratoire d'Adam et Ève, le grand roi d'Israël fit construire le Temple et placer le saint Tabernacle.

### L'ARBRE DU PARADIS TERRESTRE ET L'ARBRE DE LA CROIX.

Bien des siècles après la mort d'Adam, à l'endroit où il avait été enseveli, trois verges sortaient de terre, issues de ces trois graines qu'il avait mises dans sa bouche avant d'expirer. Ces trois verges avaient le même tronc et cependant étaient de nature différente : l'une cèdre, l'autre cyprès, la troisième pin; symbole de la Trinité. Toujours vives et vertes, mais sans croître ni dépasser la mesure d'une coudée, elles demeurèrent au val d'Ébron jusqu'au temps du roi David, qui les fit enclore dans son jardin. A partir de ce moment, elles poussèrent, et David les entoura d'un cercle d'argent, et, à mesure qu'elles grandissaient, il les reliait avec un plus large anneau; il fit ainsi pendant trente années, de sorte que les trois merveilleuses branches ne formaient plus qu'un seul arbre magnifique; et c'est à l'ombre de cet arbre que le roi-prophète composa le *Miserere* et tous ses psaumes divinement inspirés. Sous le règne de son fils, pendant qu'on bâtissait le Temple, une poutre manqua aux charpentiers pour achever l'édifice, et en vain ils se mirent en quête, ils ne purent trouver aucun bois convenable même dans le Liban. Salomon leur permit alors d'abattre l'arbre du jardin de son père. Les trente cercles d'argent furent enlevés et il fut convenu que ce serait le premier don qu'on déposerait dans le trésor du sanctuaire. L'arbre fut abattu; mais il avait une destination plus sainte encore : aussi, quoiqu'on lui eût laissé, en le taillant, un excédant de longueur, quand on voulut le mettre en place il se trouva trop court et ne put s'adapter à la charpente; et il fallut renoncer à l'employer. On alla donc à la recherche d'un autre arbre et cette fois on rencontra tout de suite ce dont on avait besoin. L'arbre qui était hors d'usage fut jeté dans une eau tranquille, voisine du temple, où il s'enfonça; cette eau se nommait la piscine probatique; c'est depuis lors qu'on aperçut parfois dans ce lieu, sans qu'on en devinât la cause, des anges dans l'attitude de la vénération; c'est depuis lors aussi que l'eau de la piscine commença à guérir les maladies et infirmités. L'arbre resta là submergé jusqu'au grand jeudi où les Juifs crucifièrent Notre-Seigneur. Ce jour-là, ceux qui cherchaient le bois propre à faire la croix virent cet arbre qui s'était élevé à la surface de l'eau; ils le prirent et en firent l'instrument du supplice du Sauveur. Les Trente cercles d'argent du roi David déposés dans le trésor du temple avaient servi à payer à Judas le prix de sa trahison.

Cette histoire de l'arbre de la croix antérieurement à la Passion forme comme la seconde partie de la légende de Seth et de son voyage au Paradis terrestre, et elle a été puisée aux mêmes sources qu'on pourra consulter; nous n'en avons indiqué que les traits principaux, car cette généalogie s'est beaucoup compliquée et beaucoup enrichie. Ces verges, rejetons de l'arbre de la Science, devinrent la verge d'Aaron, avec laquelle il vainquit les magiciens de l'Égypte, celle dont Moïse avait frappé le rocher pour en faire jaillir une source vive, le poteau sur lequel fut attaché le serpent d'airain dont la vue guérissait les Hébreux; et plus tard la Sibylle et la reine de Saba saluèrent le bois sacré, ce *bois de réprobation*, comme l'appelaient les Juifs depuis qu'on avait dû le rejeter de la charpente du Temple, de leurs prophéties et de leurs adorations. Enfin, cette légende a reçu dans les romans du Saint Graal[1] les développements les plus bizarres. Tout cela offre peu d'intérêt. Le côté ingénieux de la pensée, c'est d'avoir identifié de la sorte l'arbre de la Prohibition et l'arbre du Calvaire, l'instrument de la faute et celui de l'expiation.

Tel est bien, du reste, le procédé de la légende : au lieu de mettre simplement en regard le Paradis terrestre et le Golgotha, elle tend de l'un à l'autre la longue trame de ses fictions; pour relier le dernier chapitre de l'Évangile aux premières pages de la Genèse, elle a recours à la chronique des objets matériels; elle réalise la confrontation dans mille détails symboliques; elle assimile, autant qu'il lui est possible, les choses et les lieux. Ainsi encore, après avoir fait de

---

[1] Lire l'histoire de la *Nef de Salomon*, dans le roman du Saint Graal.

l'arbre auquel l'antique pécheresse cueillit le fruit fatal le bois même de la croix où le Sauveur fut attaché, elle a supposé que cette croix avait été plantée au-dessus du tombeau du premier homme et que le sang du Christ, découlant le long du pieu, arrosa la poussière qui fut Adam et Ève et qui tressaillit malgré les cinq mille ans de son sommeil : « *Non incongruè creditur*, dit saint Augustin, *quia ibi erectus sit Medicus ubi jacebat Ægrotus; et dignum erat ut ubi acciderat humana superbia, ibi inclinaret se divina misericordia; et sanguis ille pretiosus etiam corporaliter pulverem antiqui peccatoris dum dignatur stillando contingere, redemisse credatur*[1]. » Cette opinion paraît avoir été généralement accréditée dès les premiers siècles : la plupart des anciens docteurs font dériver le nom de la montagne du Calvaire du crâne d'Adam, qui aurait été retrouvé à cet endroit, *Calvaria Adami*. De là vient que, dans les tableaux du Christ crucifié, on peint toujours au pied de la croix un crâne au milieu d'ossements entre-croisés ; et plus d'un peintre, en se conformant à cette tradition, ignore peut-être qu'il représente ainsi les os d'Adam, cloués là comme son péché et comme les péchés du genre humain.

Enfin, si avec la seconde partie du faux évangile de Nicodème nous suivons le Christ au delà de sa résurrection, lorsque pénètre dans les limbes où languissent les patriarches ce rayonnement, cette splendeur dorée qui

---

[1] V. sermon 71, *de Tempore*.

précède le Sauveur sorti du tombeau, et que l'*Attollite portas* retentit déjà dans le lointain. Adam le premier, se levant de l'ombre de la mort, s'écrie : « Cette lumière est la lumière éternelle ! » Et il invite son fils Seth à raconter comment l'ange du Seigneur lui avait promis le baume de Miséricorde; et, à ce récit, tous les saints de l'ancienne loi tressaillent d'espérance et d'allégresse. Puis, quand le roi de gloire entre dans le royaume de Satan, illuminant les ténèbres, brisant les liens, écrasant la mort sous ses pieds, c'est Adam que Jésus amène le premier dans sa clarté, c'est Adam qui commence le cantique de louanges et d'actions de grâces. Jésus lui dit : « Paix à toi et à tes fils, mes justes ! » Et, le tenant par la main droite, il l'élève des enfers, suivi de la cohorte des patriarches, des prophètes et des saints. Il le remet à l'archange Michel, chargé de le conduire, lui et toute sa suite, dans le Paradis éternel.

Ainsi toujours la légende met en présence l'auteur de la faute et l'auteur de l'expiation, le premier Adam et le second Adam, comme s'exprime Milton. Bien avant le poëte anglais, du reste, l'auteur de l'épisode dramatique des Vierges sages et des Vierges folles, dont la date remonte au onzième siècle, avait écrit :

> Hic est Adam qui secundus
> Per prophetam dicitur,
> Per quem scelus primi Adæ
> A nobis diluitur.

Eux seuls, en effet, ont représenté l'humanité tout

entière; dans l'un le genre humain tout entier a été vaincu, dans l'autre victorieux; dans l'un tous les hommes sont morts, dans l'autre ressuscités. Et à ces deux figures placées au premier plan, pour ainsi dire, de la poésie chrétienne comme du dogme chrétien, le moyen âge adjoint quelquefois, mais un peu en arrière et comme dans l'ombre, une troisième : l'Antechrist, qui personnifie la dernière phase de la destinée du monde.

Les morceaux que nous avons passés en revue ou que nous nous sommes borné à indiquer composent ce qu'on pourrait appeler le cycle légendaire d'Adam, tel qu'il s'était constitué et popularisé dans la littérature française. Ce sont là les fictions que l'on trouve résumées dans les *Genèses* en rimes et en prose, les *Bibles historiales*, les traités de théologie à l'usage du vulgaire, « *pro laicis qui minus intelligunt*, » comme dit le traducteur de Robert de Lincoln[1], et auxquelles on rencontre des allusions fréquentes dans les poëmes chevaleresques et les romans. Prenez, par exemple, le *roman de Baudoin de Sebourc, troisième roi de Jérusalem* : le quinzième chant nous raconte le pèlerinage de Baudoin et de Polyban au Paradis terrestre; conduits par Énoch, ils y revoient l'arbre noir et flétri que Seth nous a dépeint, l'arbre de la science du bien et du mal; le chevalier l'apostrophe énergiquement :

> Or sommes en labour, vivant en maladie,
> En doubte et en paour; pensans mal, trecherie;

[1] V. mst. 7268³⁻⁵. A, f. fr. Bibl. imp.

> Orgueilleus, convoiteus et pleins de felonie :
> Par che fruit est venus entre nous Déablie !

Énoch lui répond :

> Mais li arbres nous fist moult grande courtoisie,
> Car il porta le fruit qui nous rendi la vie,
> Car il pepins du pum qu'Adam mort celle fie,
> Rendi forche et rachine ; et l'arbre, par maistrie,
> En nasqui et issi, pour voir le vous affie,
> Dont le crois Ihesucrist fu faite et establie,
> Là où sa digne char fu à mort pourtraitie ;
> Si qu'en chel arbre là fu no debte païe :
> Il desfist et che fist en une autre partie.
> — Par Dieu ! dist Baudewins, vechi rayson jolie !...

Ainsi les fictions que nous avons recueillies sont celles qu'il est le plus nécessaire de connaître pour comprendre les œuvres des autres branches de la littérature dans lesquelles elles se sont répandues ; elles sont à la fois du domaine de la poésie et de l'histoire ; et elles auront, comme nous le dirons plus loin, leur dernière expression sur le théâtre des Confrères de la Passion.

## CHAPITRE III

LA LÉGENDE DE CHARLEMAGNE.

Bien loin de se borner au texte des livres saints, la légende embrasse toute l'histoire sacrée ou profane, et donne à chaque grand homme une existence fabuleuse à côté de son existence réelle. Passons du domaine biblique dans un autre domaine, dans le monde héroïque, où la légende règne non moins librement et souverainement. Nous lui verrons accomplir ici une autre œuvre et une fonction parfois plus sérieuse qu'on ne le supposerait d'abord.

Parmi tous les grands hommes de notre histoire primitive, Charlemagne est celui à qui la légende prêta davantage, et il peut être considéré comme le héros légendaire par excellence. Cette personnalité déjà si extraordinaire, cette existence déjà si surprenante dans la réalité, devinrent l'objet des plus merveilleuses fictions. La poésie n'eut pas de thème plus populaire; elle ne refusa à son héros favori aucune puissance, aucune conquête, aucune gloire. Parfois cependant, subissant le sort de toutes les hautes renommées, la mémoire du grand empereur fut attaquée par des intérêts hostiles, par des influences rivales ; la féodalité, à qui elle faisait ombrage, chercha à la dénigrer. L'esprit satirique a aussi sa part dans les innombrables productions qui composent ce que nous nommons aujourd'hui le cycle carlovingien. Les poëmes qui se rattachent à ce cycle forment la partie la plus considérable des monuments littéraires que le moyen âge a transmis jusqu'à nos jours. On aura une idée de leur nombre et de leur étendue en se rappelant qu'une collection de ces poëmes ou *Chansons de geste*, publiée sous les auspices du ministre de l'instruction publique, comptera quarante volumes et que chaque volume renfermera environ douze mille vers. Encore ne seront comprises dans cette collection que les œuvres qui sont complètes, anciennes, et qui ont de l'importance et de la valeur. Un tel ensemble, échappé aux ravages du temps, peut faire apprécier quel long prestige exerça sur l'imagination humaine ce personnage idéal en qui se personnifia le souvenir ineffaçable de l'unité de la patrie, ce type grandiose qui, pendant tant de siècles, déroba aux regards presque toute l'antiquité, et occupa seul les esprits.

Toutes ces fables dans lesquelles Charlemagne joue le principal rôle trouvaient, au seizième siècle encore, peu d'incrédules. Le dix-septième siècle les rejeta et les condamna sévèrement. Le dix-huitième siècle s'en occupa de nouveau pour les tourner en ridicule et donner à rire aux dépens du passé. On en tient compte à présent, non-seulement au point de vue littéraire, mais dans l'intérêt même de l'histoire positive. On a réfléchi, en effet, que l'imagination des peuples, surtout aux époques primitives, ne travaille pas au hasard. On s'est aperçu qu'en cherchant les motifs, en remontant au point de départ des créations en apparence capricieuses de la poésie et de la légende, il est rare de ne point rencontrer des indications utiles qui éclairent ou confirment les témoignages des véritables historiens, qui les complètent, y ajoutent souvent, et peuvent nous mettre sur la voie des plus sérieuses découvertes. Partout où la chanson de geste place les exploits de Charlemagne, de ses compagnons ou de ses adversaires, on trouvera la trace de luttes politiques, ou tout au moins de rivalités locales. Les grandes familles qui ont été groupées autour du monarque, celles qui ont été placées en opposition avec lui, représentent soit une affinité, soit un antagonisme de religion ou de race. Si, non contente des guerres auxquelles presque toute la vie de Charlemagne fut employée, la fiction l'engage dans des expéditions et lui attribue des conquêtes qu'il n'a point faites, on peut en conclure sans crainte d'erreur qu'il y a eu de ce côté-là une négociation efficace, une intervention morale, une action diplomatique, comme on dirait aujourd'hui, qui explique l'invention du poëte. Pour reconnaître la justesse de cette observation, il suffit d'étudier à fond, comme nous allons essayer de le faire, un épisode spécial de la fable carlovingienne. On verra comment la prétention de ces trouvères, qui se proclament eux-mêmes les interprètes de la vérité historique[1], est presque toujours justifiée, même dans leurs plus flagrants mensonges.

### CHARLEMAGNE A CONSTANTINOPLE ET A JÉRUSALEM.

L'une des fables les plus curieuses et les plus significatives qui se soient attachées à ce personnage héroïque de Charlemagne est celle qui lui fait accomplir un voyage à Constantinople et à Jérusalem, et délivrer la terre sainte du joug des infidèles. Les monuments de cette tradition sont nombreux, les uns en prose, les autres en vers; les uns en langue vulgaire, les autres en langue latine. Elle paraît avoir existé très-anciennement dans les chants populaires, puisqu'il est déjà question de la conquête de Constantinople dans la *Chanson de Roland*, qui, de tous les poëmes de ce genre que nous possédons, est celui qui remonte à une date plus reculée : « J'ai conquis avec cette épée que Charles me ceignit, dit Roland,

Cunstantinoble dunt il out la fiance;

Constantinople, dont il reçut l'hommage. » Cette tradition est également consignée dans la fausse chronique de Turpin, qui est un abrégé des fables qui servaient de thème habituel aux récits des jongleurs. A partir du douzième siècle, elle passa des cantilènes dans les chro-

---

[1] V. notamment le début de la Chanson des Saxons, par Jean Bodel d'Arras (éditée chez Techener en 1839):

niques; elle est reproduite ou tout au moins mentionnée par la plupart des annalistes; citons le juif espagnol Moses Maimonides, Helinand, Gui de Bazoches, Pierre Mangeard ou le Mangeur (Petrus Comestor) et Albéric des Trois-Fontaines, qui les résume tous[1]. Gui de Bazoches remarque notamment que la croisade de Godefroid de Bouillon fut considérée comme la seconde, parce que Charlemagne passait pour avoir fait la première. Un opuscule latin existe sur le même sujet[2]; les érudits, nos prédécesseurs, accoutumés à ne pas tenir compte des productions de la poésie populaire, voyaient dans cet opuscule l'œuvre originale, une sorte de petit roman inventé tout d'une pièce par un moine du onzième siècle; opinion qui ne peut plus se défendre aujourd'hui. C'est ce texte latin qui est traduit tout au long dans les *Grandes Chroniques de Saint-Denis*[3].

Des compositions poétiques, sans doute nombreuses, inspirées par la prétendue croisade de Charlemagne, celles qui nous sont parvenues ne forment malheureusement pas un ensemble aussi complet qu'on pourrait le souhaiter. La plus curieuse est, sans contredit, un poëme de près de neuf cents vers conservé dans un manuscrit du Musée britannique[4]. Ce poëme, que l'on s'accorde à attribuer à la seconde moitié du douzième siècle,

---

[1] G. G. Leibnitii accessiones historicæ; vol. II, p. 154-157.
[2] Voir le manuscrit du fonds de Saint-Germain latin, 1085, à la Bibliothèque impériale.
[3] Historiens de la France, tome V, p. 269.
[4] Édité à Londres par M. F. Michel, en 1846.

et que je croirais plutôt de la première moitié du treizième siècle, en faisant remarquer que les archaïsmes de rhythme et le langage pourraient bien n'être qu'un artifice, ce poëme est exactement ce que dans les définitions de la rhétorique scolaire on nomme un poëme héroï-comique. Il parodie intentionnellement, avec beaucoup de finesse, les inventions et les formes de la vieille chanson de geste; il la parodie gravement, pour ainsi dire, sans que le badinage perde jamais le ton solennel de l'épopée, de sorte que l'esprit du lecteur demeure presque toujours en suspens et doute si l'auteur est sérieux et convaincu ou s'il plaisante. C'est une œuvre qui mériterait, selon nous, d'être citée parmi les modèles du genre. Nous en parlerons assez longuement pour qu'on puisse juger de la fertile et bizarre imagination du trouvère. Faisons d'abord observer qu'une semblable production indique combien ce sujet de la croisade de Charlemagne exerçait déjà depuis longtemps la verve des poëtes. La parodie ne pouvait être à cette époque que très-tardive; elle suppose une telle vulgarisation du thème primitif, que les auditeurs s'en fatiguaient et éprouvaient le besoin de se divertir de l'antique histoire. La crédulité était épuisée, l'ironie venait à son tour; or, si l'ironie se faisait déjà une large part dans la littérature de ce temps, elle n'en était pas moins, surtout en pareille matière, beaucoup moins prompte qu'aujourd'hui, et le moment où il vint à l'esprit d'un chanteur populaire de s'égayer aux dépens d'une tradition si respectable devait être, à coup sûr, fort éloigné des origines de cette tradition. Voyons maintenant ce que celle-ci est devenue dans l'œuvre du poëte du treizième siècle.

Si Charlemagne part pour l'Orient, ce n'est nullement, à en croire notre trouvère, pour délivrer le saint sépulcre profané par les Sarrasins; la jalousie et une sorte de coquetterie royale le déterminent à entreprendre ce long voyage. A Saint-Denis, devant ses barons, l'impératrice sa femme a osé dire qu'il y avait au monde un prince qui portait avec plus de grâce et de dignité le glaive et la couronne :

Dame, véistes unkes hume nul de desuz ciel
Tant ben séist espée ne la corone el chef?
Uncore cunquerrei jo citez ot mun espeez.
— Emperere, dist ele, trop vus poez preiser :
Uncore sa jo un ki plus se fait leger,
Quant il porte corune entre ses chevalers.
Kaunt la met sur sa teste, plus belement lui set.

« Dame, vîtes-vous jamais homme dessous le ciel à qui siéent aussi bien l'épée au poing et la couronne au front? Je conquerrai encore plus d'une ville avec cette épée. — Empereur, dit-elle, vous pouvez vous estimer trop haut. J'en sais un qui a meilleure contenance que vous, lorsqu'il porte la couronne entre ses chevaliers. Lorsqu'il la place sur sa tête, elle lui va mieux encore que ne fait la vôtre. » Charlemagne, irrité, exige que sa femme lui nomme ce prince. C'est Hugon, empereur de Grèce et de Constantinople. Charlemagne jure qu'il ira s'assurer de la vérité du fait, et que, s'il trouve que la reine s'est trompée, il lui fera trancher la tête à son retour. C'est pour vider cette querelle de ménage que Charlemagne prend l'écharpe et le bourdon, et s'en va avec ses douze pairs visiter les pays d'Orient. Il est vrai qu'avant de se rendre à Constantinople, il commence par aller faire ses dévotions au saint sépulcre de Jérusalem. Il n'entre pas dans notre plan de donner une analyse détaillée de ce conte. Nous indiquerons seulement les situations principales. Charlemagne, accompagné des douze pairs, pénètre dans le temple de Jérusalem :

> Entret en un muster de marbre peint à volte.
> Là ens ad un alter de sancte paternostre.
> Deus i chantat messe, si firent li apostle ;
> Et les XII chaeres i sunt tutes emcore.
> La treezime est en mi, ben seelée e close.
> Karles i entrat, ben out al queor grant joie.
> Li XII peers as altres en virunt et en coste.
> Ainz n' i sist hume ne unkes pus uncore.
> Mult fu let Karles de cele grant bealté,
> Vit de cleres colurs li muster peinturez,
> De martirs, de virgines e de grant majestez,
> E les curs de la lune e les festes anuels.
> Karles out fer le vis, si out le chef levez.
> Um Judeus i entrat ki ben l'out esgardet ;
> Cum il vit Karle, cummençat à trembler.
> A poi que il ne chet ; fuant s'en est turnet.
> Si vint al patriarché, e prist l'en à parler.
> « Alez, sire, al muster pur les funz aprester.
> « Orendreit me ferai baptizer et lever.
> « Duze cuntes vi ore en cel muster entrer,
> « Oveoc euls le trezime ; unc ne vi si formet.
> « Par le mien escientre ! ço est meimes Deus :
> « Il e li duze apostle vus venent visiter. »

« Il entra dans une église de marbre richement peinte. Il y avait là un autel de grande sainteté. Dieu y chanta la messe avec ses douze apôtres. Leurs douze stalles y sont encore. La treizième est au milieu, bien scellée et close. Charles y entra en se réjouissant en son cœur. L'empereur s'assied et se repose un instant. Les douze pairs prennent place dans les stalles autour de lui et sur les côtés. Jamais homme n'a occupé ce siége avant lui ni après lui. Charles est charmé de la beauté de tout ce qui l'environne. Il voit les murs de l'église revêtus de peintures aux claires couleurs, des images de martyrs et de vierges, pleines de grande majesté, le tableau du cours de la lune et des fêtes annuelles. Charles avait le visage fier; il tenait la tête levée. Un juif entra et l'aperçut. En le regardant, il commença à trembler. Peu s'en faut qu'il ne tombe; il s'enfuit en courant et va trouver le patriarche, à qui il dit ces paroles : « Allez, seigneur, à l'église
« faire apprêter les fonts; je veux recevoir aujourd'hui
« le baptême. J'ai aperçu dans le temple douze comtes
« et un treizième comme je n'en vis jamais un pareil.
« Sur ma foi! C'est Dieu lui-même! Dieu et ses douze
« apôtres vous viennent visiter. »

Le patriarche, suivi processionnellement de son clergé, se rend au temple. La scène se développe avec un grand caractère, quoique le trouvère conserve toujours à son héros un orgueil un peu fanfaron. Charlemagne quitte Jérusalem en emportant de nombreuses et précieuses reliques, et se dirige vers Constantinople. Il trouve le roi Hugon labourant avec une charrue d'or, entouré de sa cour brillante. On se souvient ici du Dauphin de France, accomplissant au dix-huitième siècle, en l'honneur du labourage, la même cérémonie au milieu des grands seigneurs et des belles dames de Versailles. Le roi Hugon déjoint ses bœufs pour accueillir son hôte, et lui offre une somptueuse hospitalité. Après le repas, Charlemagne et ses barons se retirent dans la chambre magnifique qui leur a été préparée. Le roi Hugon, qui n'est pas sans défiance, a placé aux écoutes un espion qui est chargé de lui rapporter tout ce que les Francs diront entre eux avant de s'endormir.

Charlemagne et ses pairs, animés par le vin, se mettent à *gaber*, à dire des folies, comme c'est l'usage en France, à Paris et ailleurs, quand on a bien dîné. Chacun se vante d'accomplir quelque tour de force prodigieux. Charlemagne commence : il se vante de fendre d'un coup d'épée un cavalier et un cheval bardés de fer, et, en outre, l'épée entrera en terre si profondément, que nul homme ne pourra l'en retirer. Roland se vante de souffler avec une telle force dans son cor d'ivoire, qu'il ne restera dans la ville ni portes ni barrières, que les blocs de cuivre et d'acier s'entre-choqueront, et que le roi Hugon, s'il ne se met à l'abri, aura les poils de la barbe arrachés par le vent. Le galant Olivier, que la beauté de la fille du roi a ému, fait un *gab* que nous ne saurions traduire. Les douze pairs vont ainsi renchérissant l'un sur l'autre. L'espion court rapporter au roi toutes ces irrévérencieuses plaisanteries. Le roi Hugon indigné fait armer cent mille hommes et cerner le palais. Au matin, il mande en sa présence Charlemagne et ses pairs et leur déclare que, s'ils n'exécutent de point en point toutes les forfanteries que leur a inspirées la gaieté de la veille, ils périront sur-le-champ. Charlemagne invoque la puissance des divines reliques qu'il porte avec lui. L'assistance du ciel ne lui fait pas défaut. Les Francs accomplissent tour à tour le prodige invraisemblable forgé par leur imagination, sans en excepter Olivier, pour qui la fille du roi s'éprend d'un subit amour. Le roi Hugon, à la vue de telles merveilles, fait hommage à Charlemagne, qui s'en retourne en son pays et pardonne à la reine :

> Il passent les pays, les estrange regnez.
> Venuz sunt à Paris, à la boné citet,
> E vunt à Saint Denis, al muster sunt entrez.
> Karlemaines se culcget à oreisuns, li ber.
> Quant il ad Deu priet, si s'en est relevet,
> Le Clou e la Corune si ad mis sur l'auter,
> E les altres reliques depart par sun regnet.
> Iloec fud la reine, al pied li est caiet.
> Sun mautalant li ad li reis tut pardunet
> Pur l'amur del sepulcre que il ad aûret.

« Ils traversent les pays, les royaumes étrangers. Ils arrivent à Paris la bonne cité, et vont à Saint-Denis. Là, dans la cathédrale, Charlemagne se prosterne, puis dépose sur l'autel le saint clou et la sainte couronne. Les autres reliques, il les partage aux églises de son empire. La reine était là présente; elle tombe à ses pieds. Le roi lui a pardonné, pour l'amour du sépulcre qu'il avait adoré. »

Telle est, sommairement, cette œuvre spirituelle et singulière. Elle présente, sans doute, à bien des points de vue, un vif intérêt ; mais elle nous laisse regretter la véritable chanson de geste, qui devait être à la conquête de Jérusalem ce que la Chanson de Roland est à la conquête d'Espagne. Des poëmes sérieux qui ont nécessairement précédé le poëme héroï-comique, il ne reste que fort peu de chose. L'un d'eux, qu'on trouve dans le manuscrit du Musée britannique, Bibl. reg. 15, E, vi, et dans le manuscrit 6985 du fonds français de la Bibliothèque impériale, appartient à l'extrême décadence et n'a aucune valeur. Des fragments se trouvent encore dans le manuscrit 573, in-8°, de la bibliothèque de Berne. Dans tout cela il n'est rien de complet ni de suffisamment ancien. On n'a donc, à moins de nouvelles découvertes, aucune composition rimée à placer en regard de l'œuvre inspirée à l'humeur railleuse du trouvère. La contre-partie naïve, crédule et grave nous manque, jusqu'à ce que, par une bonne fortune qui de jour en jour devient moins probable, quelque heureux fureteur de bibliothèques l'exhume d'un volume oublié.

Il faut, par conséquent, se rejeter sur les documents en prose. Nous proposons une leçon française que nous avons rencontrée dans un manuscrit de la bibliothèque de l'Arsenal[1]. Elle nous semble de beaucoup préférable à la version prolixe et tardive que contiennent les grandes chroniques de Saint-Denis. Elle n'a pas les ornements

---

[1] N° 283, b. l. fr.

pédantesques de l'opuscule latin, qui multiplie sans mesure les citations de l'Écriture sainte. C'est le texte de la légende le plus simple, le plus précis et le plus naïf que nous connaissions. Nous l'extrayons d'une chronique dont l'écriture est du milieu du treizième siècle et la composition sans doute antérieure, puisque l'auteur ne l'a poursuivie que jusqu'au temps de la croisade de Philippe-Auguste et de Richard Cœur de Lion. Elle porte ce titre compliqué : « Ici peut, qui sait lire, entendre quels rois ont d'abord tenu la France, d'où ils vinrent, comment ils moururent, quels étaient les noms de la terre et comment ils ont été changés, et l'histoire de Troye, et de quels peuples l'Angleterre fut peuplée. » Nous croyons que cette chronique a jusqu'ici échappé à tout examen. Nous traduisons le morceau relatif à l'expédition de Charlemagne à Constantinople et à Jérusalem[1].

« Au temps de Charlemagne, longtemps avant qu'il eût fait son fils empereur, les Sarrasins conquirent la terre de Jérusalem, prirent la sainte cité et le sépulcre, et chassèrent le peuple saint et le patriarche de Jérusalem. Le patriarche s'enfuit vers l'empereur de Constantinople, et ils envoyèrent à Charlemagne deux chrétiens latins et deux grecs chargés de lettres.

« A ce moment, Charlemagne, à la tête de son armée, revenait d'Auvergne, où il avait fait la guerre. Les messagers le rencontrèrent à l'entrée de Paris. Aussitôt qu'ils

---

[1] V. *Textes et documents*, IV.

l'aperçurent, ils descendirent de cheval, le saluèrent et lui remirent leurs dépêches. Charles brisa les sceaux et lut les lettres. Il y vit d'abord comment il était loué dans tout l'Orient, où la renommée de son grand bien et de sa grande prouesse était partout répandue. Il lut ensuite que Dieu lui avait fait tant de grâces pour qu'il le servît et l'honorât, et que c'était en la terre d'Orient qu'il lui rendrait de glorieux services. En effet, il avait été révélé, dans une vision, à l'empereur de Constantinople, que la sainte cité et le saint Sépulcre seraient recouvrés et reconquis par Charlemagne, qui avait reçu de Dieu ce pouvoir.

« Quand le roi Charles vit ce commencement, il en eut grande joie. Mais quand il lut ensuite les outrages et les vilenies que faisaient les Sarrasins au Sépulcre de Jérusalem, puis la dispersion et la captivité des chrétiens, il en eut pitié et il en ressentit une vive douleur en son cœur, tellement que les larmes lui vinrent aux yeux et mouillèrent sa face. Le roi passa les lettres à l'archevêque Turpin. L'archevêque les lut, tout debout, à haute voix, de sorte que tout le monde l'entendit. Lorsque les Français comprirent qu'on avait besoin de leur secours, et que l'empereur était disposé à partir, ils déclarèrent unanimement qu'une fois l'entreprise résolue, il fallait la mener à bout et ne pas l'abandonner.

« L'empereur fit crier le ban : qu'homme pouvant porter les armes ne manquât à l'appel, sous peine d'être serf de son corps, et ses héritiers, après lui, imposés à quatre deniers par an. Charles eut bientôt rassemblé la plus nombreuse armée qu'il eut jamais eue. Il se mit en marche avec ses troupes et fit tant de chemin qu'il entra dans une forêt de l'Esclavonie. Il avait compté la traverser en un jour; mais il ne le put. Il s'égara au soir et perdit sa route, si bien que lui ni personne ne savaient plus où ils étaient ni où ils allaient. Ils dressèrent leurs tentes et se logèrent dans la forêt, bien incertains de la direction qu'ils devraient prendre. Le lendemain, à l'aube du jour, l'empereur, appuyé sur son coude, récitait les psaumes du psautier; il en était à ce verset : *Deduc me in semita mandatorum tuorum, quia in ipsam volui; inclina cor meum, Domine, in testimonia et non in avaritiam*, c'est-à-dire, Dieu conduisez-moi, que je fasse vos commandements et préservez-moi de mauvaise avarice. Comme il achevait ces mots, un oiseau descendit, volant de si bruyant et rapide essor, que beaucoup des soldats qui dormaient s'éveillèrent en sursaut et furent effrayés par le cri qu'il criait; il disait, en effet, aussi distinctement qu'une voix humaine : « Franc, que dis-tu? Que dis-tu, Franc? » Tous ceux qui l'entendirent s'émerveillèrent, et ils disaient que c'était signe de quelque aventure qui allait leur survenir.

« L'empereur acheva ses psaumes et tous ses compagnons avec lui, puis il suivit la voix de l'oiseau qui allait volant devant lui et qui répéta : « Franc, que dis-tu? « Que dis-tu, Franc? » tant qu'ils furent remis dans leur chemin. La voix de l'oiseau cessa alors, et ils ne l'entendirent plus ni ne le revirent. Mais il y a encore dans ce pays des oiseaux qui ont un pareil chant; c'est en souvenir de ce miracle, car il n'y en avait jamais eu auparavant. La chose est toute certaine.

« Après cela, Charles vint à Constantinople, puis en la terre de Jérusalem; il combattit les Sarrasins, les chassa tous de la terre, et rétablit le patriarche sur son siége. Il fit ensuite un pèlerinage au saint Sépulcre et à tous les saints lieux. Il prit congé du patriarche et de l'empereur grec qui le prièrent de rester jusqu'au lendemain, ce qu'il accorda à leurs instances. L'empereur de Constantinople fit étaler, aux portes de la cité, toutes les richesses qu'il possédait, chevaux, chameaux, mulets, or et argent, joyaux et pierreries. Et le lendemain il invita Charles à en prendre ce qui lui plairait ou le tout s'il voulait. Il répondit qu'il était venu en ce pays pour servir Dieu seulement et non pour avoir une solde ni un butin. Il refusa de rien accepter. L'empereur de Constantinople le pressa vivement d'emporter quelque objet, en mémoire de la terre qu'il avait visitée, et pour léguer aux siècles à venir un témoignage de l'œuvre qu'il avait accompli.

« L'empereur de France demanda alors des épines dont Dieu avait souffert les piqûres pour racheter son peuple; c'était là ce qu'il choisissait, car ce don serait profitable à ceux de sa contrée qui ne pouvaient venir les vénérer en Orient. L'empereur grec accorda volontiers cette requête. Il pria le patriarche de dire en quelle place la reine Hélène les avait laissées. Le patriarche y consentit de bon cœur, et il commanda que tout le peuple présent fût trois jours en jeûnes et en oraisons, confessé et absous, afin que tous approchassent plus dignement de l'endroit où se trouvaient les reliques. Ainsi fut-il fait; puis on s'assembla dans le sanctuaire.

« Daniel, un évêque grec, ouvrit un vase où était la couronne d'épines dont Dieu fut couronné en sa Passion. Aussitôt que la châsse fut ouverte, il en sortit une odeur si douce qu'il sembla à tous les assistants qu'ils fussent en la douceur du paradis. Charles se prosterna, nu-coudes et nu-genoux, et pria le Seigneur Dieu, avec grande dévotion, que par sa miséricorde il lui permît d'emporter ce qui avait servi d'instrument pour son supplice, et il voulût bien démontrer clairement, de façon que nul n'en pût douter, que ces épines étaient vraiment celles dont les bourreaux avaient entouré sa tête.

« Il avait à peine dit ces paroles qu'une rosée descendit du ciel sur les épines, et tout à coup elles fleurirent et répandirent un merveilleux parfum, tellement que les malades ne sentirent plus ni faiblesse ni souffrance; et une clarté prodigieuse remplit l'air. L'évêque Daniel prit un couteau et coupa le bois de l'épine qui fut trouvé aussi vert que s'il venait d'être séparé de l'arbre le plus vigoureux du monde. A cette vue, Charlemagne, les genoux et les coudes nus sur le parvis, s'avança vers les divines reliques, remerciant et adorant Dieu qui avait exaucé sa prière. Charlemagne trancha un morceau de drap de soie et y recueillit les fleurs d'épine; il mit le drap et les fleurs dans son gant de la main droite, puis le tendit derrière lui à un archevêque. L'empereur lâcha le gant, supposant que l'archevêque le tenait entre ses mains ; mais celui-ci ne l'avait vu ni touché encore, car il était si profondément plongé dans l'oraison qu'il ne se donnait pas garde du geste du roi. La vertu de Dieu apparut alors et fut démontrée aux yeux de tous : le gant fut soutenu en l'air sur un rayon du soleil, sans que nul y touchât, pendant l'espace d'une heure. Lorsque l'empereur regarda derrière lui vers l'archevêque à qui il avait tendu le gant, il vit ce gant ainsi suspendu, et il sut la vérité de l'archevêque qui n'avait pas encore aperçu le miracle.

« L'empereur prit le gant, et regarda les fleurs qu'il y avait mises ; il les trouva changées en manne. Cette manne est encore au monastère de Saint-Denis en France. Plusieurs croient et disent que c'est de la manne qui plut dans le désert sur le peuple d'Israël au temps passé. »

Le chroniqueur énumère alors toutes les guérisons miraculeuses qui eurent lieu tant pendant la route que lorsque les reliques furent installées en l'église Notre-Dame à Aix-la-Chapelle. Il compte parmi les reliques apportées de terre sainte par Charlemagne, outre la moitié de la couronne d'épines, un des clous qui servirent à clouer Jésus-Christ sur la croix, un morceau de la croix et du suaire, une chemise de Notre-Dame, une ceinture dont Notre-Seigneur fut lié dans son berceau lorsqu'il était petit enfant, le bras de saint Siméon, etc.

« Le royaume de France, ajoute-t-il, en fut de beaucoup

amendé et accru, et tous les serviteurs de Sainte-Église, furent en grand pouvoir et en grand honneur. ».

Telle est la légende dans sa plus simple et sa plus naïve expression. On trouve peu de rapports entre ce récit du chroniqueur et l'œuvre fantastique du trouvère, quoiqu'ils doivent avoir été à peu près contemporains. Il est possible cependant que tous ces miracles, qui sont prodigués par le premier avec si peu de ménagement, aient suggéré au second l'idée de cette suite de prodiges bizarres qui forment le dénoûment de son poëme.

Cette première série des monuments de la tradition est suivie, aux quatorzième et quinzième siècles, d'une autre série tout à fait inférieure et n'ayant de valeur ni au point de vue historique ni au point de vue littéraire. Il importe peu, en effet, de constater que le poëme héroï-comique a été traduit en prose par l'auteur du roman de Galien Rhétoré; que l'épisode de la croisade de Charlemagne a été inséré dans le roman en prose de Guérin de Montglave, publié au seizième siècle par Michel Lenoir. Ces documents, ni par leur date ni sous d'autres rapports, n'offrent aucun intérêt; il est inutile, par conséquent, de s'y arrêter.

Examinons maintenant quel a été le fondement de cette tradition populaire qui, grandissant peu à peu, a envahi la chronique et le roman du onzième au seizième siècle. Le point de départ est facile à découvrir; on aperçoit distinctement le travail d'esprit qui a enfanté ces fictions. Une suite de faits authentiques rapportés par les contemporains de Charlemagne révèlent la sollicitude de cet empereur pour les lieux saints et la terre sainte. On sait, par Eginhart, que Charlemagne rechercha l'amitié des souverains de l'Orient dans le but d'obtenir, pour les chrétiens qui vivaient sous leur domination, de la sécurité et des avantages [1]. Il faisait parvenir, toujours au témoignage d'Eginhart, des secours en argent aux chrétiens de Syrie. Lorsqu'il envoya des ambassadeurs au calife Haroun al Raschid, qui avait voulu entrer en relations avec lui, ce calife ne crut pas pouvoir donner à Charlemagne une plus grande preuve d'amitié, que de lui céder tous ses droits sur le saint Sépulcre. Enfin pendant que Charlemagne était à Rome, le patriarche de Jérusalem, en signe qu'il ne reconnaissait point d'autre souverain, lui envoya les clefs du sépulcre, de la montagne des Oliviers et de la ville. Les souvenirs de cette protection efficace et puissante se perpétuèrent. Les pèlerins qui, pendant le neuvième et le dixième siècle, allaient en Palestine, rapportaient qu'il y avait à Jérusalem un hôpital, une église et une bibliothèque pour les Français, et que ces fondations étaient dues à Charlemagne [2]. De tous ces faits à imaginer que l'empereur, qui avait fait si bien sentir sa puissance sur les rives du Jourdain, y avait été en personne, la transition était aisée et naturelle : le pas dut être franchi de bonne heure par les chanteurs populaires. L'intérêt des mo-

---

[1] « Ob hoc maxime transmarinorum regum amicitias expetens ut christianis sub eorum dominatu degentibus refrigerium aliquot et relevatio proveniret. » (*Historiens de la France*, vol. V, pages 99, 257.)

[2] V. notamment, dans les *Scriptores Ordinis S. Benedicti*, la relation du moine Bernard, qui fit le voyage de la terre sainte en 870.

nastères vint ensuite en aide à ceux-ci. Beaucoup d'églises et d'abbayes, Aix-la-Chapelle en Allemagne, Saint-Denis en France, Charroux en Aquitaine, etc., prétendaient avoir reçu de Charlemagne de précieuses reliques : ici, le suaire du Christ, la chemise de Notre-Dame, une fiole de son lait, les chaussettes de saint Joseph ; là, la sainte couronne d'épines, le saint clou ; ailleurs, le prépuce de l'enfant Jésus, que six grandes églises se disputaient, car on ne se figure pas à quelles hardiesses, à quelles invraisemblances l'émulation emportait les moines du moyen âge. Pour avoir recueilli de tels gages de la vie et de la passion du Sauveur, ne fallait-il pas avoir été aux lieux où il avait vécu et souffert la mort ? Quelle explication plus plausible que de rattacher l'histoire de ces dons à celle des bienfaits répandus à Jérusalem ? Comment ne pas conclure des uns comme des autres que Charlemagne s'était rendu dans la ville sainte et en avait rapporté toutes ces reliques divines qui illuminaient, comme on disait alors, la chrétienté. Les moines s'empressèrent donc de confirmer par leurs témoignages les inventions des trouvères. C'est ainsi que la tradition s'établit sans opposition et fut universellement acceptée.

Cette tradition, quelles que soient les causes qui lui assurèrent sa vogue et sa durée, mérite qu'on en tienne compte pour l'histoire de Charlemagne. Elle éclaire les quelques mots laissés par Eginhart et les annalistes, les quelques détails conservés par les pèlerins et les voyageurs ; elle fait vivement ressortir un des traits les plus remarquables du grand rôle que joua dans le monde ce barbare aux instincts de civilisation si énergiques et si admirables, qui releva le trône des empereurs d'Occident. Ce pouvoir qui renoua pour un instant les liens des peuples divisés et épars, il l'étendit jusqu'à la Syrie et à la Palestine, jusqu'au bord oriental de la Méditerranée, qui devait, dans ses hautes prévisions, rester un grand lac chrétien. Gui de Bazoches, au douzième siècle, ne se trompait donc qu'à demi en disant que la première croisade, c'était Charlemagne qui l'avait faite. C'est à lui du moins que commence la politique française qui a toujours voulu être présente sur les côtes de l'Asie, y défendre les intérêts religieux, y empêcher ou réprimer les insultes faites à l'Europe ; cette politique qui, se continuant sans interruption jusqu'à nos jours et inspirant au dix-neuvième siècle une nouvelle croisade, a envoyé en 1860 nos soldats aux mêmes contrées pour y venger l'humanité outragée et faire respecter les droits et l'honneur de notre civilisation.

## CHAPITRE IV

LA LÉGENDE DU PAPE SAINT GRÉGOIRE LE GRAND.

La légende embrasse les créations les plus diverses et les plus étranges, les plus folles et les plus hardies. Elle n'est nullement assujettie aux lois du temps ni de l'espace. Elle se joue de la vraisemblance. Elle transporte les événements de l'antiquité dans l'âge moderne; elle renouvelle toutes les traditions à sa manière, et, par un privilége de sa naïveté même, elle ne cesse jamais d'être originale, significative et instructive. Nous ne parcourrons pas ici toutes les subdivisions de ce genre le plus capricieux, le plus spontané, et dont la variété est par conséquent presque infinie. Nous voulons en indiquer seulement les traits essentiels, et marquer, pour ainsi dire, les points culminants. Nous voulons qu'on se forme une idée de son génie spécial, de sa méthode, de ses licences. Nous avons retracé une légende née des circonstances politiques. Nous en examinerons une autre purement religieuse, mais déployant dans les intentions les plus pieuses la plus singulière audace.

Un des personnages qui ont, après Charlemagne, le plus préoccupé l'imagination légendaire, c'est le pape saint Grégoire le Grand. De nombreux et curieux documents concernent ce Père de l'Église du sixième siècle. Parfois la tradition ne franchit pas les limites ordinaires, elle se borne à mêler à la biographie authentique du saint docteur quelques poétiques épisodes. Parmi les traits de cette légende proprement dite, nous rappellerons l'histoire de la conversion des Anglais à l'Évangile : ces esclaves idolâtres, beaux comme des anges, *anglici*, *angeli*, qu'aperçoit Grégoire sur les places de Rome, son départ pour aller annoncer le vrai Dieu à ces peuples dignes de le connaître, l'alouette qui, se posant sur son bréviaire, l'avertit qu'il n'atteindra pas au terme de son voyage. Un trait non moins connu, c'est la prière pour l'empereur Trajan. Grégoire lisait dans la vie apocryphe de cet empereur ce bel exemple d'équité que lui a attribué le moyen âge : Trajan, accompagné de son fils, marchait à la tête de son armée pour aller combattre les ennemis de Rome. Une pauvre vieille femme se jette à la bride de son cheval et lui demande justice. L'empereur lui dit qu'il l'entendra à son retour. « Et si vous mourez? dit la vieille femme. — Mon fils, répondit Trajan, vous fera justice. — C'est précisément contre votre fils que je porte plainte; il a tué mon unique enfant. » L'empereur consent à écouter l'accusation, puis il donne son propre fils à la vieille femme pour la servir et remplacer celui qu'il lui a ravi. Saint Grégoire, que ce récit avait touché, pria avec tant de ferveur pour l'empereur païen, qu'un ange vint lui lui révéler que l'âme de Trajan était sortie de l'enfer, mais, ajoute le naïf hagiographe, lui enjoindre en même temps de ne plus recommencer. Nous rappellerons encore l'anecdote du scribe : séparé du saint docteur par un rideau, il profita d'un moment où celui-ci avait interrompu sa dictée pour faire un trou dans le rideau avec son canif et aperçut sur la tête de Grégoire une blanche colombe ; c'était le Saint-Esprit. Tout cela est conforme à la marche et au procédé accoutumés de la légende qui n'est que l'histoire colorée au prisme d'une imagination jeune, poétique et crédule.

Mais une autre tradition nous transporte bien loin de ces simples embellissements et de ces gracieux et innocents miracles. On trouve parmi les monuments du douzième et du treizième siècle une *Vie de monseigneur saint Grégoire* que nous allons analyser. Elle contient une leçon morale et commence par ces mots qui révèlent la conclusion qu'elle fera ressortir : « Il est une sorte de gens qui manquent de foi : s'ils veulent écouter jusqu'au bout la vie de ce seigneur dont nous allons parler, ils pourront reconnaître combien leur découragement est criminel. Manquer de foi, c'est se croire si coupable qu'on met en doute la miséricorde de Dieu et qu'on renonce à obtenir le pardon de ses péchés et à se corriger de ses vices. »

C'est pour démontrer cette vérité, que le conteur invente son incroyable fiction. La poésie chrétienne du moyen âge ne ressemblait aucunement à la poésie chrétienne de nos jours. Elle ne redoutait ni la passion ni le scandale ; elle ne reculait pas devant les plus libres spectacles, pourvu qu'il en sortît de profitables enseignements. Elle ne craignait pas de dessiner le pêle-mêle des monstres infernaux, des dragons et des hideux symboles, pourvu qu'elle fît luire au-dessus de la bestiale et cynique famille la douce figure de la Mère-Dieu. De même, les dévots conteurs imaginaient de terribles et sombres histoires, des entassements de forfaits auprès desquels nos plus fougueux mélodrames sont incolores et timides, puis ils faisaient toucher d'un rayon de la grâce le front du pécheur tout chargé d'iniquités; celui-ci entrait avec autant d'âpreté et d'énergie dans la voie des expiations; la pénitence égalait et surpassait les fautes, et le criminel devenait un saint. C'est parmi les créations de ce genre que se place le poëme de saint Grégoire, et, de toutes ces conceptions, ce n'est pas assurément la moins bizarre. A l'idée de l'efficacité et des mérites tout-puissants du repentir, qui est l'inspiration commune de ces œuvres, se joint ici une autre idée, qui a dominé surtout dans l'antiquité, mais qui n'est pas absente non plus du moyen âge, l'idée de la fatalité. Les crimes de Grégoire sont involontaires; ils sont l'œuvre de la destinée. Dans la célèbre légende de Robert le Diable, qu'on peut rapprocher de celle-ci, un vœu impie de sa mère pèse sur Robert comme une malédiction, le livre aux mauvaises influences, fortifie en lui l'esprit du mal. Dans le poëme de saint Grégoire, le vice originel, c'est une naissance incestueuse; cette impure origine conduit Grégoire à un hymen contre nature; accablé sous cette double ignominie, en horreur à lui-même, il se purifie, il se rachète par une terrible pénitence. Il se relève si bien de sa dégradation, il remonte si haut dans l'esprit de Dieu, qu'il mérite de devenir un des plus grands pontifes de l'Église et un des plus illustres confesseurs de la foi. Analysons rapidement cette fable :

Un comte d'Aquitaine meurt, laissant un fils et une fille dans la fleur de la jeunesse. Entre ces deux jeunes gens restés orphelins, le démon se glisse; il allume dans le cœur du frère un amour qui lui fait commettre un crime. La jeune fille devient enceinte. Un sage prud'homme à qui ils se confient conseille au jeune comte d'aller, pour obtenir le pardon de sa faute, en pèlerinage à Jérusalem. Celui-ci meurt pendant le voyage. La comtesse accouche secrètement au château du vieux baron, et donne le jour à l'enfant qui deviendra saint Grégoire le Grand. La dame, aussitôt délivrée, fait mettre l'enfant dans un berceau; elle dépose près de lui dix marcs d'or et des tablettes où elle a tracé quelques mots de sa main. Le berceau, arrangé dans un tonneau solide, est placé sur une barque; la barque est lancée à la mer et abandonnée au hasard des flots. La dame, rentrant ensuite au château paternel, prend le gouvernement du comté d'Aquitaine; elle est attaquée par de puissants et belliqueux voisins, qui pillent et détruisent sa terre, et ne lui laissent pas un instant de trêve. Dans une autre contrée, sur un autre rivage, deux pêcheurs, qui font la pêche pour la table d'une abbaye, recueillent le tonneau flottant comme une épave et, menacés par la tempête, regagnent le rivage en toute hâte. L'abbé vient voir si leur pêche a été abondante; il s'approche de la barque, regarde le tonneau et demande ce qu'il contient. L'enfant, au même moment, pousse des cris; l'abbé découvre le berceau et aperçoit le petit enfant, enveloppé dans ses langes, qui lui tend les mains. L'abbé confie l'enfant à l'un des pêcheurs, dont la femme le nourrit; plus tard, il l'élève et l'instruit dans son monastère. Grégoire, c'est le nom qui est donné à l'enfant, atteint l'âge d'adolescence; inquiet de connaître son origine, il demande alors à l'abbé, son protecteur, de le faire chevalier, afin de courir le monde à la recherche de ses parents. L'abbé, après avoir essayé vainement de le détourner de ce dessein, lui fournit une armure, lui remet les tablettes trouvées dans son berceau et lui donne congé. Grégoire arrive dans le comté d'Aquitaine au moment où la comtesse, assiégée dans son dernier château, est sur le point de tomber aux mains de ses ennemis. Le nouveau chevalier s'engage au service de la comtesse. Grâce à sa bravoure et à ses exploits, la face des choses ne tarde pas à changer. Grégoire délivre le pays. Par le conseil des barons, la dame épouse le vaillant chevalier inconnu. Mais, un jour, la comtesse découvre les tablettes écrites de sa main et reconnaît qu'elle est mariée à son fils. Elle révèle à celui-ci le crime odieux où ils sont tombés. Grégoire est frappé d'horreur; il s'enfuit secrètement, vêtu de haillons. Il erre au hasard et arrive au rivage de la mer. Épuisé de fatigues, il demande l'hospitalité à un pêcheur; celui-ci le repousse durement comme un mendiant, un vagabond, et pis encore. « Ah! fait-il en le raillant, comme il est gras, comme il est tendre et blanc sous ses méchants habits; on voit bien à ses pieds qu'il n'est pas déchaussé depuis longtemps; ce faux pénitent a bien plutôt la mine d'un voleur et d'un guetteur de chemins. »

Grégoire va reprendre sa route; mais la femme du pêcheur intervient : « Seigneur, dit-elle à son mari, il y a bien loin d'ici à tout autre gîte. Laissez ce malheureux coucher sur cette paille, près de vos filets. » Grégoire entre dans la cabane et s'assied dans un coin, sur des roseaux. Le pêcheur se met à table pour souper. La femme compatissante prie encore son mari d'avoir pitié de son hôte et de lui donner place à sa table et à son feu. Le pêcheur y consent. Grégoire refuse toute autre chose qu'un petit morceau de pain d'orge. « Coquin! hypocrite! dit le pêcheur, si tu étais seul, et que personne ne te vît, tu mangerais ce poisson tout entier, et tu boirais un setier de mon meilleur vin. » Grégoire se contente de répondre : « Je suis bien pire encore que vous ne dites et ne pensez. » La femme du pêcheur reproche à son mari ses vilaines paroles; celui-ci n'en continue pas moins à se railler de son hôte. Il lui conseille de ne plus errer ainsi parmi les vices du siècle et de se faire ermite. Grégoire répond qu'il cherche précisément un lieu qui lui convienne. Le pêcheur lui propose une roche abrupte et aride qu'il connaît à quelque distance de la côte, et où personne n'a mis les pieds depuis plus de cent ans. « Et si cela ne vous suffit pas, ajoute-t-il, j'ai là de bons fers que je vous mettrai aux jambes si vous voulez. » Grégoire accepte tout cela. Le lendemain, le pêcheur le fait monter dans son bateau, le conduit au rocher, lui attache les fers aux pieds; puis, après les avoir fermés, en jette la clef à la mer. « Quand cette clef se retrouvera, dit-il, vous sortirez d'ici. » Et il s'en va à la pêche sans plus se soucier du pénitent. Grégoire demeure sur la roche; il n'a, pour apaiser sa faim que quelques coquillages jetés par les flots; pour apaiser sa soif, que la pluie qui s'amasse dans les creux du rocher; ses vêtements tombent en lambeaux; il reste nu, exposé au froid, au soleil, à la tempête. Dix-sept années s'écoulent ainsi. Des ambassadeurs romains arrivent à la cabane du pêcheur; ils sont à la recherche d'un pénitent nommé Grégoire, qui vit sur une roche solitaire au bord de l'Océan. Un ange les a avertis de donner ce pénitent pour successeur au souverain pontife qui vient de mourir. Le pêcheur leur dit qu'il connaît la retraite de celui qu'ils désignent. On trouve dans le ventre du poisson, qui est servi au repas, la clef qui a été jetée à la mer il y a dix-sept ans. Au matin, les ambassadeurs se font conduire au rocher; ils aperçoivent Grégoire décharné, « velu et chenu. » Ils lui annoncent qu'ils viennent le chercher pour l'élever sur le saint-siége de Rome. Grégoire repousse leurs instances; il finit par s'écrier : « Je ne quitterai ce lieu que lorsqu'on me rapportera la clef des fers que j'ai aux pieds! » Les ambassadeurs lui présentent cette clef. Grégoire cesse de se défendre. C'est ainsi que « ce fort pécheur, » comme dit le conte, devint le chef de l'Église et le vicaire du Christ. Pendant qu'il est assis sur la chaire de saint Pierre, la comtesse d'Aquitaine, avancée en âge, se résout à aller à Rome demander au souverain pontife l'absolution de ses péchés. La mère et le fils se reconnaissent. La comtesse entre dans un couvent, où le saint-père vient quelquefois la visiter et l'encourager dans le service de Dieu. Tous deux meurent saintement.

Telle est la donnée de ce poëme[1], qui fait à l'un des plus vénérables et des plus illustres Pères de l'Église une si étrange biographie. Comment le pape saint Grégoire le Grand se trouve-t-il le héros d'une suite d'aventures si scabreuses? Comment est-il devenu le nouvel Œdipe d'une nouvelle Jocaste? Quelle est l'origine de cette fantaisie presque extravagante? C'est là une question qu'il paraît bien difficile de résoudre. Nous ferons seulement remarquer que, dans la légende proprement dite, saint Grégoire fait précisément au peuple romain un sermon sur ce sujet de la toute-puissance de la pénitence et du repentir. — « Grand seurté nos done Dex qui dist par la boiche dou prophète : Je ne voil pas la mort dou pecheor, mais repante soi et vive. Gardez que nus ne soit en desesperance de pechié qu'il ait fait; que pour la peneance de trois jorz pardona Dex à cels de Ninive lour pechiez qui moult estoient vilain… » Le poëte semble

---

[1] On connaît deux manuscrits du poëme de saint Grégoire, l'un à la bibliothèque de Tours, l'autre à la bibliothèque de l'Arsenal, à Paris. M. Victor Luzarche en a donné une édition en 1857.

avoir voulu mettre ces paroles en action; et Grégoire, dans le nouveau récit, ne se borne plus à prêcher ces vérités, il devient lui-même l'exemple le plus éclatant, le plus solennel argument en faveur de sa doctrine.

Que penser de cette audace des récits légendaires ? Plus la peinture était énergique, plus la conclusion du salut par l'expiation, par la clémence divine, ressortait avec vigueur; et il importait, à une époque où les hommes avaient encore dans leur sang les fougueuses et indomptables passions des races barbares, de tenir présente à leurs yeux l'idée d'une miséricorde infinie et d'un retour toujours possible au bien et à la réparation. Peut-être, à des époques comme celle où nous sommes parvenus, où le mal est plutôt dans les malsaines curiosités de l'esprit que dans les âpres violences de la chair et du sang, est-il en effet plus prudent d'éviter toute offense aux pieuses oreilles, toute sollicitation aux dangereuses pensées, et de se montrer sévère jusqu'au scrupule. Cela a bien toutefois un inconvénient, qui n'est que trop frappant aujourd'hui : c'est de laisser presque entièrement l'art et la littérature en dehors de la religion. Il en était tout autrement au moyen âge, et il y a de cette grande liberté de l'invention poétique bien d'autres témoignages que la légende de saint Grégoire.

C'est par elle toutefois que nous terminons notre aperçu sur la littérature légendaire; nous passons à une suite de créations d'un autre genre, mais qui se rattachent à celle-ci très-directement : nous voulons parler des œuvres de notre théâtre primitif.

# DEUXIÈME PARTIE

## LE THÉATRE

Pour la poésie dramatique non plus que pour tout autre genre littéraire, il n'y a véritablement d'interrègne au moyen âge. Un théâtre existe, qui précède la Renaissance classique du seizième siècle, que celle-ci a lentement aboli, et qui avait son point de départ dans les siècles les plus obscurs de la décadence latine. Le théâtre a passé, dans cette vaste période, par les phases ordinaires de formation, d'apogée et de déclin ; il a décrit la parabole plus ou moins allongée que décrivent toutes les choses humaines.

Lorsque la civilisation romaine fut engloutie sous le déluge des invasions barbares, les liens sociaux brisés se renouèrent peu à peu par l'esprit religieux accomplissant sa véritable fonction, suivant le sens étymologique du mot *religare*. L'Église fût l'arche du salut ; « dans le Christ furent la résurrection et la vie. » Ceci est de l'histoire, et de l'histoire qui n'est plus contestée ni discutée. Là où se concentrait la vie, où se ranimait la pensée, devait éclater l'inspiration dramatique nouvelle.

L'imagination active aboutit nécessairement au drame. L'Église fut le premier théâtre ; les offices solennels qui traduisaient les légendes évangéliques furent les premières tragédies. Le besoin de la fiction dramatisée eut donc, tout d'abord, sa satisfaction dans les cérémonies du culte. Les fêtes formèrent autant de représentations grandioses. A Noël, la naissance du Sauveur, la crèche, l'étable, l'adoration des bergers, tout cela se reproduisait à minuit dans le sanctuaire, et du temple le drame s'échappait souvent et se répandait dans la ville et dans la campagne. De même au jour de l'entrée du Christ à Jérusalem, de même au jour de la Passion et au jour de Pâques. Les prêtres et les clercs figuraient les personnages de l'Évangile. Le texte de la sainte Écriture était coupé en dialogue. Les populations entières jouaient leur rôle. Il reste encore aujourd'hui dans le rituel bien des traces du génie dramatique qui eut d'abord dans l'Église son libre essor. L'évangile de la Passion qui se récite par trois officiants, les branches de buis qu'on distribue aux fidèles le dimanche des Rameaux, la messe de minuit à Noël, le sépulcre du vendredi saint, rappellent les drames plus complets d'autrefois.

Si l'on se reporte en imagination à ces âges primitifs où le monde, étonné de survivre aux violentes secousses qui l'avaient ébranlé, retrouvait dans l'Église la seule lumière morale qui pût le guider, et y cherchait la confiance et l'espoir, on comprend quelle merveilleuse puissance devaient exercer ces grandes cérémonies symboliques qui mettaient sous les yeux toutes les consolations et toutes les promesses de la foi !

Et qu'on ne nous accuse pas d'établir ici une confusion entre deux ordres de faits essentiellement distincts! Il faut bien prendre son point de départ où il se trouve, même dans une confusion, si elle a été réelle. Le temps viendra démêler les éléments originairement confondus et opérer le partage. Prenons les choses à leur commencement, remontons à la source. Les textes sont entre nos mains[1]; la mise en scène, les costumes sont indiqués. Les chants ont leur notation musicale. Il suffirait de le vouloir, et nos vieilles cathédrales pourraient retentir encore aujourd'hui de ces chœurs, de ces dialogues qu'elles ont entendus il y a plus de mille années ! Malheureusement la foi qui vivifiait ces spectacles s'est affaiblie et leur prestige aurait disparu.

Donnons une idée de ce que pouvaient être ces scènes liturgiques, le drame dans le sanctuaire.

---

[1] Les monuments de cette première période qui nous sont parvenus ont été recueillis par M. E. du Méril, dans ses *Origines latines du théâtre moderne* (Paris, Franck, 1849, in-8°), par M. Th. Wright, dans ses *Early mysteries*, par M. Mone (*Schauspiele des mittelalters*, 2 vol. in-8°). Signalons encore les drames liturgiques renfermés dans le manuscrit de saint Benoît-sur-Loire, qui fait aujourd'hui partie de la bibliothèque d'Orléans, et publiés en 1834 sous le titre de *Miracula ad scenam ordinata*. Plus qu'aucune autre branche de notre littérature, peut-être, la poésie dramatique a été l'objet de curieuses et actives recherches, et une nombreuse série de documents imprimés est venue remplir le long espace qui sépare le onzième siècle du seizième.

# CHAPITRE PREMIER

#### OFFICE DRAMATIQUE DE LA RÉSURRECTION.

Un manuscrit conservé à la bibliothèque publique de Tours contient un Office de Pâques qui nous montre parfaitement les développements dramatiques qu'avait reçus la liturgie pendant les premiers siècles du moyen âge [1]. Ce *libretto*, comme on dirait aujourd'hui, n'est pas tout à fait intact, il est vrai ; quelques pages manquent ; mais il est facile d'apercevoir, malgré ces lacunes, l'ensemble de la cérémonie.

On voit d'abord Pilate dans son prétoire ; il appelle ses soldats et leur ordonne de garder avec la plus grande vigilance le sépulcre du Christ. Les soldats s'en vont au sépulcre en chantant ces vers :

> Ergo eamus
> Et quid dixit faciamus...

Un ange vient jeter sur eux des éclairs artificiels, *injiciat eis fulgura*. Ils tombent comme inanimés. C'est le premier tableau.

---

[1] Publié à Tours par M. Victor Luzarche, 1856.

Trois enfants de chœur, trois petits clercs « *tres parvi vel clerici* » représentant les trois Maries : Marie Madeleine, Marie, mère de Jacques, et Marie, fille de Salomé, vont à la porte de l'église, et là récitent des strophes dont le refrain est :

> Heu ! quantus est noster dolor !

Passe un premier marchand qui offre, selon l'usage, sa marchandise :

> Venite, si complacet, emere
> Hoc unguentum...

Les trois Maries interrogent le marchand :

> Dic, nobis, tu, mercator juvenis,
> Hoc unguentum si tu vendideris,
> Dic pretium quod te dederimus.
> — Heu ! quantus est noster dolor !

Elles ne peuvent s'accommoder avec ce marchand qui leur demande un *talent d'or*. Un second marchand passe ; celui-ci est moins exigeant ; elles lui achètent des aromates, de l'encens et de la myrrhe. Elles se rendent, tout en continuant leurs lamentations, au sépulcre pour oindre le corps sacré du Sauveur. « Qui enlèvera la pierre qui ferme l'entrée du tombeau ? » dit Marie Madeleine. Mais elles voient la pierre écartée, et dans le sépulcre un jeune homme couvert d'un blanc vêtement, c'est l'archange Michel. Il appelle les Maries à haute voix :

> Venite ! venite ! venite !

> Nolite timere, vos dicite
> Quem queritis in sepulchro, ô Christicole !

Les trois Maries :

> Jhesum Nazarenum crucifixum, o celicole !

L'ange :

Non est hic; surrexit, sicut predixerat; venite et videte locum ubi posuerunt eum, et euntes dicite discipulis ejus et Petro quia surrexit ;

> Vultum tristem jam mutate,
> Jhesum vivum suis nunciate...

Tel est le deuxième tableau.

Le troisième nous montre les soldats se relevant et s'en retournant vers Pilate, en chantant sur un mode triste :

> Heu ! miseri ! quid fecimus...

Pilate les interroge sur ce qui est arrivé. Les soldats racontent le miraculeux événement :

> Magnum sonum audimus
> Et in terrâ cedimus...

Pilate les engage à garder le silence sur tout ce dont ils ont été témoins et les renvoie chez eux.

On revient ensuite à la partie gauche de l'église où les trois Maries regrettent toujours le Sauveur et implorent sa présence dans de longues plaintes pathétiques.

Le Christ leur apparaît, debout au pied du sépulcre, disant à Madeleine :

Mulier, quid ploras?

Les Maries s'en vont annoncer la résurrection aux disciples en chantant *Alleluia*. Les disciples s'avancent à leur rencontre en chantant l'hymne : *Tristes erant apostoli de nece*. Marie Madeleine en s'approchant d'eux prononce, en forme d'accueil, le dernier vers :

Jhesus nostra redempcio !

Le dernier tableau est celui de l'apparition de Notre-Seigneur parmi les apôtres et les disciples; Jésus est vêtu d'une dalmatique ; il porte une croix à la main. Thomas qui survient ensuite, refuse de croire au témoignage des disciples. Jésus se présente de nouveau, couvert de vêtements sacerdotaux blancs, il fait toucher à l'incrédule les plaies de son côté et de ses mains, puis lui dit la parole :

Beati qui non viderunt et crediderunt.

Thomas se retournant du côté du peuple s'écrie à voix haute :

Misi digitum meum in fixuram clavorum et manum meam in latus ejus et dixi : Dominus meus et Deus meus. Alleluia.

Les apôtres et les disciples rassemblés devant le sépulcre entonnent la prose : *Victimæ pascali*. La dernière strophe est coupée de la manière suivante :

Les disciples :

> Dic nobis Maria...

Marie Madeleine montrant le sépulcre :

> Sepulchrum Christi...

Montrant les anges :

> Angelicos testes...

Montrant le suaire :

> Sudarium et vestes..

Montrant la croix :

> Surrexit Christus...

Les disciples en chœur :

> Credendum est magis soli.

Toute l'assistance et la foule commencent : *Te Deum laudamus*.

Tel est le drame primitif. Nous ne nous occupons pas des poésies, si curieuses d'ailleurs et si souvent citées, de la nonne Hroswith de Gandersheim, car ces imitations de Térence sur un thème emprunté à la légende sont des exercices de rhétorique, n'ont pas été jouées, et n'appartiennent pas aux origines de l'art moderne, mais à la décadence de l'art ancien.

Après cette première époque qui comprend tous les siècles barbares, le douzième siècle en ouvre une seconde. Le drame sort de l'église. Toutefois il ne s'en éloigne pas encore; il reste sur la place du parvis, il s'adosse à la sacristie; il est toujours un spectacle offert à la pitié et à la foi, un enseignement religieux. Le grand pas qui a été fait, c'est qu'il ne s'exprime plus dans la langue latine, mais dans l'idiome vulgaire, dans cette langue profane qui n'était pas admise à l'intérieur du temple. Il était naturel, en effet, qu'on s'avisât bientôt de donner à la foule ces spectacles qu'elle avait vus jusque-là dans l'Église, de les lui donner hors de l'enceinte sacrée, dans son langage habituel, en guise de traduction et d'interprétation. C'est alors que le théâtre se sépare de la liturgie : il reçoit une existence à part, non émancipée, il est vrai, mais déjà indépendante. De cette nouvelle période, les monuments ne nous manquent pas non plus, quoiqu'ils soient plus rares peut-être que ceux de la première.

Il faut citer la *Scène des Vierges sages et des Vierges folles*, et un fragment d'un *Mystère de la Résurrection* [1]. Mais le monument le plus considérable et le plus intéressant qui reste de cette seconde époque, est sans contredit le drame d'*Adam* ou de la *Création* [2]; c'est la première pièce française que nous possédions dans son entier, elle mérite un examen étendu.

---

[1] *Théâtre français au moyen âge*, publié par MM. Monmerqué et F. Michel. Paris, 1838.

[2] *Adam*, drame anglo-normand du douzième siècle, publié par M. V Luzarche. Tours, 1854.

## CHAPITRE II

#### DRAME D'ADAM OU DE LA CRÉATION.

Cette nouvelle époque du théâtre a son caractère distinct : c'est la simplicité sévère, la roideur même, mais aussi certaine grandeur, qui caractérisent également les épopées contemporaines. Un grand fait, une grande pensée religieuse, dessinés dans un cadre étroit; une solennité qu'explique l'union, non plus intime, mais profonde encore, du théâtre et du culte; l'action sans épisodes, les personnages essentiels, un dialogue sobre, contenu, énergique, entrecoupé d'hymnes, de prières et de sermons; chaque incident annoncé et résumé par une citation du texte sacré ou du texte légendaire, tel est le drame au douzième siècle. Au siècle suivant, le caractère changera, une troisième phase commencera avec les pièces de Jean Bodel, d'Adam de la Halle et de Rutebeuf. Cela est évident pour les *jeux* tout à fait mondains de la *Feuillie*, du *Pèlerin*, de *Robin et Marion*; mais même dans les *Miracles de saint Nicolas* et *de Théophile*, et dans les *Miracles de Notre-Dame*, qui nous ont été conservés, on trouvera une différence visible : une action plus étendue et plus épisodique, un dialogue plus émancipé; enfin une transition comme d'Eschyle à Sophocle et à Euripide.

Restons-en à l'œuvre dramatique qui ouvre notre théâtre en langue vulgaire, au *Mystère d'Adam ou de la Création*. Telle que nous l'offre le manuscrit de la bibliothèque de Tours, cette pièce est de tous points complète; elle l'est non-seulement sous le rapport du texte, mais encore sous le rapport des indications scéniques, et, grâce aux détails minutieux qu'elle fournit, nous pouvons assister, par-dessus six cents années, à une représentation théâtrale du douzième siècle. Nous essayerons, dans une analyse succinte, de la faire passer sous les yeux du lecteur.

Adam est le héros de ce drame; le bonheur primitif et la chute de l'homme, le nœud de notre humaine condition, comme dit Pascal, tel est le sujet de cette tragédie, bien faite pour frapper et émouvoir les âmes d'un public croyant et pieux. La représentation se passe en plein air, sur la place, devant le porche de l'église, et elle a sans doute pour spectateurs une cité, peut-être une province entière. Voyons maintenant les instructions préliminaires que donne le livret sur les dispositions de la scène, le costume et le jeu des acteurs. Ces instructions sont rédigées dans la latinité barbare et irrégulière du temps, de sorte que le même opuscule offre un double spécimen de la langue latine à son déclin, de la langue française à son origine. Nous traduisons littéralement :

« Le Paradis sera établi sur un endroit élevé, et on tendra tout autour des tapisseries et des étoffes de soie à une telle hauteur que les personnages qui seront dans le Paradis ne soient visibles qu'au-dessus des épaules. On apercevra des fleurs odoriférantes et de la verdure, des arbres aux branches desquelles pendent des fruits, afin que ce jardin paraisse délicieux. Dieu (*Salvator*) s'avancera vêtu d'une dalmatique; devant lui se tiendront Adam et Ève : Adam vêtu d'une tunique rouge, et Ève d'un vêtement de femme blanc, avec le voile de soie blanc; tous deux seront debout devant la Figure (*Figura*, c'est le mot par lequel Dieu est désigné dans le courant de la pièce), Adam plus rapproché, le visage respectueux, Ève la tête un peu plus inclinée.

« Qu'Adam soit bien enseigné de ce qu'il doit répondre, et qu'il ne soit ni trop précipité, ni trop lent à donner la réplique. Que les autres personnages soient également bien exercés, afin qu'ils mettent dans leurs paroles l'expression convenable et accordent leurs gestes avec ce qu'ils disent; qu'ils prennent garde de n'ajouter ni retrancher de syllabe aux vers, de les prononcer d'une voix ferme et distincte, et de réciter toutes choses dans l'ordre où elles doivent l'être; quand on nommera le Paradis, on aura soin de le regarder et de l'indiquer de la main. »

Aux acteurs proprement dits, il faut joindre un lecteur et un chœur, le premier lisant, de scène en scène, les versets de la Bible qui se rapportent à chacune d'elles, le second chantant les répons.

« Maintenant, que le lecteur commence : *In principio creavit Deus cœlum et terram...* Cette lecture finie, le chœur chantera : *Formavit igitur Dominus...* Après quoi, la Figure dira : « Adam; » celui-ci répondra : « Sire. »

Ainsi débute le dialogue en langue vulgaire. Alors, nous assistons à la première scène entre la Figure, Adam et Ève. Dieu leur rappelle leurs devoirs envers leur Créateur d'abord, puis l'un envers l'autre : devoirs d'amour et d'autorité pour l'homme, d'amour et de soumission pour la femme. Faisant ensuite approcher Adam, il lui peint le bonheur pour lequel il l'a créé, il lui montre le Paradis terrestre qu'il leur destine pour demeure éternelle, et lui-même il les y introduit.

Le chœur chante : *Tulit ergo Dominus hominem...*

La Figure insiste sur ses promesses de félicité; mais elle y met une condition, c'est qu'ils feront acte d'obéissance; elle leur impose une épreuve, c'est que, libres de goûter au fruit de l'arbre de la science du bien et du mal, ils s'en abstiendront. Adam s'engage, pour Ève et pour lui, à ne pas enfreindre cette défense.

« Dieu rentre dans l'église (qui sert, comme on voit, de coulisse à ce théâtre religieux). Adam et Ève se promènent et se récréent honnêtement dans le Paradis. Surviennent les démons, qui courent sur la place (entre les spectateurs et le Paradis), en faisant les gestes compétents à leur rôle. Ils rôdent aux environs du jardin et montrent à Ève le fruit défendu, comme pour lui donner envie de le manger. Le diable s'approche du côté d'Adam et lui adresse la parole. »

C'est la seconde scène : la tentation de l'homme par Satan. Ce dernier, dans un dialogue vif, habile et pressant, flatte le désir de la science, le penchant à la domination, la vanité, les grandes passions de l'esprit. Mais Adam ne se laisse pas troubler. Satan se retire en exprimant l'espoir que les paroles qu'il lui a dites feront leur chemin dans son cœur. Après un court intervalle, le démon revient à la charge; Adam le repousse de nouveau avec fermeté et énergie :

> Tu me voels livrer à torment,
> Mésler me vols o mun Seignor,
> Tolir de joie, mettre en dolor.
> Ne te crerrai, fui tei de ci !
> Ne soies jamais tant hardi
> Que tu viengez devant moi.
> Tu es traïstres et sanz foi !

« Le Tentateur s'éloigne triste et la tête basse; il va aux portes de l'Enfer et s'entretient avec les autres démons; puis il fait une course à travers les spectateurs, et revient au Paradis du côté d'Ève. Il s'approche d'elle avec un visage gai et caressant. »

Ici commence la troisième scène, la tentation de la femme par Satan. Satan est mystérieux, doucereux, flatteur; elle a, lui dit-il, bien plus d'esprit et bien plus de raison que son mari qui n'est qu'un fou, un esclave; et puis, elle est si belle, il lui siérait si parfaitement d'être dame et reine du monde! Ève regarde avidement le fruit défendu. « Sa vue seule me fait du bien, dit-elle. — Que sera-ce donc quand tu le mangeras! poursuit Satan. — Eh! que sais-je ? » soupire-t-elle; dernière objection ou plutôt premier aveu de sa défaite; et Satan n'a qu'à renchérir sur ses promesses pour que la femme soit complétement séduite. Mais comme notre intention est de donner une idée du style et du dialogue de la pièce, et que nous ne pourrions mieux choisir que cette scène, nous allons la reproduire presque tout entière :

DIABOLUS [1].
Eva, ça sui venuz à toi.
EVA.
Di-moi, Sathan, œ-tu purquoi?
DIABOLUS.
Je veis querant tun pru, tun honor.
EVA.
Ço dunge Deu!
DIABOLUS.
N'aiez poür;
Mult a grant tens que jo ai apris
Toz les conseils de paraïs,
Une partie t'en dirrai.
EVA.
Ore le comence e jo l'orrai.
DIABOLUS.
Orras-me tu?
EVA.
Si frai bien,

---

[1] LE DIABLE. Ève, je suis venu à toi.
ÈVE. Dis-moi, Satan, pourquoi?
LE DIABLE. Je cherche ton bien, ton honneur.
ÈVE. Dieu le veuille!
LE DIABLE. N'aie peur;
Depuis longtemps j'ai appris
Tous les desseins du paradis;
Je t'en dirai une partie.
ÈVE. Commence donc, et j'écouterai.
LE DIABLE. M'écouteras-tu?
ÈVE. Certes bien.

Ne te curcerai de rien.
*DIABOLUS.*
Celeras m' en?
*EVA.*
Oïl, par foi.
*DIABOLUS.*
Iert descovert?
*EVA.*
Nenil par moi.
*DIABOLUS.*
Or me mestrai en ta creance,
Ne voil de toi altre fiance.
*EVA.*
Bien te pois creire à ma parole.
*DIABOLUS.*
Tu as esté en bone escole;
Jo vi Adam, mais trop est fols.
*EVA.*
Un poi est durs.
*DIABOLUS.*
Il serra mols;
Il est plus dors que n'est emfers.
*EVA.*
Il est mult francs.

Je ne te fâcherai en rien.
LE DIABLE. Tu me garderas le secret?
ÈVE. Oui, par ma foi.
LE DIABLE. Il ne sera pas découvert?
ÈVE. Jamais par moi.
LE DIABLE. Je me fierai à ta parole,
Je ne veux de toi d'autre promesse.
ÈVE. Tu peux t'en rapporter à moi.
LE DIABLE. Tu as été à bonne école;
J'ai vu Adam. Il est trop fol.
ÈVE. Il est un peu dur.
LE DIABLE. On l'amollira.
Il est plus dur que n'est l'enfer.
ÈVE. Il est son maître.

DIABOLUS.

  Ainz est mult serf.
Cure ne volt prendre de soi.
Car la prenge, se vals, de toi.
Tu es fieblette e tendre chose,
E es plus fresche que n'est rose ;
Tu es plus blanche que cristal,
Que nief qui chiet sor glace en val.
Mal culpe em fist li Criator :
Tu es trop tendre et il trop dur ;
Mais ne porquant tu es plus sage,
En grant sens a mis tun corrage ;
Por ço fait bon traire à toi,
Parler te voil.

EVA.

  Ore jà ce fai.

DIABOLUS.

N'en sache nuls.

EVA.

  Ki le deit saver ?

DIABOLUS.

Neis Adam.

LE DIABLE.     Il est esclave.
 Il ne veut prendre soin de lui.
 Prends donc soin de toi-même, si tu veux.
 Tu es chose faible et tendre,
 Tu es plus fraîche que n'est la rose,
 Tu es plus blanche que le cristal,
 Ou que la neige qui tombe dans le vallon glacé.
 De vous deux le Créateur fit mauvais couple :
 Tu es trop tendre et lui trop dur ;
 Et pourtant tu es la plus sage,
 Tu es toute pleine de raison ;
 Aussi il est bon d'avoir affaire à toi.
 Je veux te dire...

ÈVE.     Fais-le donc.
LE DIABLE. Qu'on n'en sache rien !
ÈVE.     Qui le saurait ?
LE DIABLE. Pas même Adam.

EVA.

Nenil par moi.

DIABOLUS.

Or te dirrai e tu m'ascute ;
N'a que nus dous en ceste rote?
E Adam là, qu'il ne nus ot?

EVA.

Parlez en halt, n'en saurat molt.

DIABOLUS.

Jo vus acoint d'un grant engin
Qui vus est fait en cest gardin :
Le fruit que Deus vus ad doné
N'en a en soi gaires bonté ;
Cil qu'il vus ad tant defendu,
Il ad en soi grant vertu.
En celui est grace de vie,
De poeste e de seignorie,
De tut saver : bien e mal.

EVA.

Quel savor a ?

DIABOLUS.

Celestial.

---

ÈVE. Point par moi.
LE DIABLE. Écoute-moi donc ;
Il n'y a que nous en ce ravin?
Adam ne peut-il nous entendre?
ÈVE. Parlez hardiment; il n'en saura mot.
LE DIABLE. Je vous avertis d'un grand piége
Qui vous est tendu en ce jardin :
Le fruit que Dieu vous a donné
N'a guère en soi de bonté ;
Celui qu'il vous a défendu,
Au contraire a grande vertu.
En lui est le don de vie,
De puissance et de seigneurie,
De tout savoir : le bien et le mal.
ÈVE. Quelle saveur a-t-il?
LE DIABLE. Céleste.

## DE LA FRANCE. 147

A ton bels cors, à ta figure,
Bien covendreit tel aventure
Que tu fusses dame del mond,
Del soverain e del parfont,
E seusez quanque a estre,
Que de tuit fuissez bone maistre.

EVA.

Est tel li fruiz?

DIABOLUS.

Oïl, par voir.

*Tunc diligenter intuebitur Eva fructum vetitum, dicens :*

EVA.

Ja me fait bien sol le veer.

DIABOLUS.

Si tu le mangues, que feras?

EVA.

E jo que sai?

DIABOLUS,

Ne me crerras?
Primes le pren e Adam le done :
Del ciel averez sempres corone,
Al Creator serrez pareil,


A ta beauté, à ta figure,
Il siérait bien s'il arrivait
Que tu devinsses souveraine du monde,
De ce qui est au-dessus et au-dessous de nous,
Que tu susses tout ce qui est,
Et en toutes choses fusses passée maître.

ÈVE. Est-il tel ce fruit?
LE DIABLE.             Oui, en vérité.
ÈVE. Sa vue seule me fait bien.
LE DIABLE. Que sera-ce si tu le manges?
ÈVE. Eh! que sais-je?
LE DIABLE.             Ne me croiras-tu pas?
D'abord prends-le et donne-le à Adam :
Vous aurez à toujours la couronne du ciel,
Au Créateur vous serez pareils;

> Ne vus purra celer conseil.
> Puis que del fruit aurez mangié,
> Sempres vus iert le cuer changié ;
> O Deus serrez, sans faillance,
> De egal bonté, de egal puissance.
> Guste del fruit....

Le démon s'éloigne à la vue d'Adam qui approche. Ce dernier blâme sa femme de s'être entretenue avec l'Esprit pervers et maudit. Pendant qu'il parle, « on verra, dit l'instruction latine, un serpent artificiel, *serpens artificiosè compositus*, monter le long de la tige de l'arbre. Eve s'en approchera et prêtera l'oreille comme si elle écoutait ses conseils. Puis elle cueillera une pomme et la présentera à Adam. » Après de vives instances, elle lui donne l'exemple. Il lui semblait, dit Milton, que jusque-là elle n'avait jamais goûté dans un fruit un pareil délice, soit que cela fût vrai, soit qu'elle se l'imaginât dans la haute attente de la science. Et plus loin le poëte anglais fait encore dire à la femme abusée ou menteuse : Mes yeux, troubles auparavant, sont plus ouverts, mon cœur plus ample ; et je m'élève à la divinité !

Cette illusion d'Ève, nous la trouvons également dans notre drame :

> Or sunt mes oil tant cler veant !
> Jo semble Deu le tuit puissant ;

> Il ne pourra vous céler ses desseins.
> Du moment où vous aurez mangé du fruit,
> Votre cœur sera à jamais changé ;
> A Dieu vous serez, sans faute,
> Égaux en bonté, égaux en puissance.
> Goûte le fruit...

Quanque fust, quanque doit estre
Sai-jo trestut bien, en sui maistre.
Manjue, Adam, ne faz demore,
Tu le prendras en mult bon ore [1] !

Ces paroles déterminent Adam, qui cède enfin.

« Quand il aura mangé sa part du fruit, Adam connaîtra aussitôt son péché. Il se baissera de manière à n'être plus vu du public. Il se dépouillera de ses habits de fête, et vêtira un pauvre vêtement de feuilles cousues ensemble. Il feindra la plus grande douleur et commencera sa lamentation. »

Lorsque Adam aura terminé sa lamentation, « le chœur chantera : *Dum ambularet...* Puis la Figure apparaîtra vêtue de l'étole; elle entrera dans le Paradis, cherchant Adam des yeux. Adam et Ève se tiendront cachés dans un coin, comme ayant conscience de leur misère. La Figure dira : *Adam, ubi es?* Tous deux se lèveront au devant de la Figure, non complètement debout toutefois, mais un peu courbés à cause de la honte de leur péché, et profondément tristes. »

Alors c'est la scène biblique, si simple et si vraie : Adam, abattu sous le poids de sa faiblesse soudainement sentie, murmure sa plus légitime excuse : « La femme que tu m'as donnée pour compagne et ordonné d'aimer,

[1] Mes yeux sont à présent si clairvoyants!
Je suis semblable au Dieu tout-puissant;
Tout ce qui a été, tout ce qui doit être,
Je le sais, j'en ai la maîtrise.
Mange donc, Adam, ne tarde pas,
Heureux l'instant où tu le prendras!

m'a engagé à manger de ce fruit, et je n'ai pas su lui résister. » La femme balbutie un seul mot : « Le serpent m'a trahie ! » Et Dieu prononce les grandes malédictions, en se réservant toutefois la pitié :

Se moi n'en prenge pité de vus !

Ce mot, cette arrière-pensée qui termine la sentence divine représente l'idée qui a inspiré à Milton de faire descendre pour juger l'homme tombé, non le Père, mais le Fils, le futur rédempteur de l'homme.

« Adam et Ève sont chassés du Paradis terrestre. Le chœur chante : *In sudore vultûs tui*. Un ange descendra vêtu de blanc, ayant à la main une épée flamboyante. La Figure l'établira gardien de l'Éden. Adam et Ève, confus et éplorés, se tiendront assis sur leurs talons ; et le chœur reprendra : *Ecce Adam quasi unus*... Voici qu'Adam est Dieu comme nous, sachant le bien et le mal ! Le chant fini, la Figure rentrera dans l'église. »

Nous assistons ensuite à une scène qui nous peint la nouvelle condition d'Adam et Ève : « Adam, muni d'une bêche, et Ève d'un râteau, cultiveront la terre et y sèmeront du blé. Fatigués de leur besogne, ils iront se reposer un peu à l'écart et ils jetteront souvent des regards affligés vers le Paradis, en battant leurs poitrines. Pendant ce temps-là, le diable viendra et plantera dans le champ des ronces et des chardons. Quand ils retourneront à leur culture, à la vue des chardons et des ronces, Adam et Ève, saisis d'une violente douleur, se prosterneront dans la poussière, se frapperont la poitrine et les cuisses en signe de désespoir, et commenceront leurs plaintes. »

Adam déplore la perte de leur bienheureux séjour :

> Oi ! paradis, tant bel maner !
> Vergier de gloire, tant vus fet bel veer !

Puis il accuse la femme :

> Oi ! male femme, plaine de traïson,
> Tant m'as mis tost en perdicion !
> Cum me tolis le sens et la raison !...

Ève répond avec résignation et douceur, en faisant l'aveu de son crime, et exprime la première un sentiment de confiance et d'espoir dans la miséricorde du Tout-Puissant.

« Satan accourra ensuite accompagné de trois ou quatre autres diables, portant des fers et des chaînes qu'ils attacheront au cou d'Adam et d'Ève. Les uns les pousseront, les autres les traîneront vers l'enfer. D'autres démons sortiront à leur rencontre, ils se montreront entre eux leurs victimes et se feront fête de la perdition des hommes. Tous les saisiront et les précipiteront dans l'enfer ; de là, il s'échappera une grande fumée, il s'élèvera des clameurs de joie ; on y entre-choquera les chaudières et les marmites, de manière que ce vacarme s'entende au dehors. Peu après, une partie des diables se répandront çà et là sur la place, pendant que les autres resteront dans l'enfer. »

Tel est le tableau final de la première et principale

partie du drame d'Adam. La seconde, le second acte, comme on dirait aujourd'hui, c'est l'histoire de Caïn et d'Abel, divisée en deux épisodes : le sacrifice et le meurtre. Voici sur ce double point les indications scéniques :

« Abel et Caïn (le premier vêtu de blanc, le second vêtu de rouge) se rendent auprès de deux grandes pierres qu'on aura préparées pour cela. Ces pierres seront à une certaine distance l'une de l'autre, de façon que, lorsque la Figure apparaîtra, la pierre d'Abel se trouve à sa droite, celle de Caïn à sa gauche. Abel offrira un agneau et de l'encens qui montera en fumée. Caïn offrira une gerbe de la moisson. La Figure viendra bénir l'offrande d'Abel et dédaignera celle de Caïn ; et, après le sacrifice, Caïn, se séparant de son frère, lui jettera un regard haineux. »

Pour la scène du meurtre, les détails ne sont pas moins précis.

« Abel fléchira le genou vers l'orient ; il aura sous son habit une cuirasse sur laquelle Caïn frappera comme s'il tuait son frère. Abel demeurera gisant et comme inanimé. Le Chœur chantera : *Ubi est Abel frater tuus?* La Figure, sortant de l'église, s'avancera et, d'un air irrité, dira à Caïn :

« Chaïm, u est ton frere Abel ? »

Et alors cette scène analogue à celle où Dieu est venu demander compte à Adam de sa désobéissance, mais où l'on voit le progrès du mal dans la nature humaine et le criminel, non plus humble et abattu, mais endurci et farouche : « Est-ce que je suis gardien de mon frère ! »

Après avoir maudit le meurtrier, « la Figure rentre dans l'église ; les diables accourent et conduisent Caïn en enfer en le battant ; ils y emmènent ensuite Abel, mais avec plus d'égards. »

Ainsi la sentence divine s'est accomplie, les maux qui devaient être la punition du péché originel ont éclaté ; la Mort s'est montrée sous sa forme la plus violente ; l'envie, la colère, la force brutale ont accablé la piété, l'innocence, la douceur ; ce récit du premier fratricide symbolise la chute de l'homme dans ses conséquences les plus complètes et les plus fatales. Maintenant, dans cet abîme de misère, tout poëte chrétien voudra faire luire l'aurore de la Rédemption et de la délivrance du genre humain. Milton a exprimé cette idée en faisant monter Adam dans les Visions de Dieu, sur cette haute montagne d'où l'archange saint Michel montre dans l'avenir rendu visible à l'homme déshérité « Celui qui payera sa rançon et celle de sa race, qui satisfera à l'éternelle justice, le Réparateur, le Messie, que toutes les prophéties auront chanté. »

C'est cette même idée qu'exprime la troisième partie du drame du douzième siècle, non sans doute avec l'éclatante poésie du *Paradis perdu*, mais avec une sorte de rigidité scolastique. Ces prophètes de l'Ancien Testament qui doivent annoncer d'âge en âge l'avénement du Sauveur, viennent tour à tour réciter sur la scène leur prophétie.

« Les prophètes seront tout préparés dans un endroit caché. Après la lecture, *Vos inquam convenio, ô Judei...* le lecteur appellera chacun d'eux par son nom ; celui-là s'avancera gravement et prononcera sa prophétie d'une voix claire et distincte. Le premier qui viendra sera Abraham, sous le personnage d'un vieillard à longue barbe, drapé de longs vêtements, et, après être resté un instant assis sur l'escabeau, il récitera sa prophétie. »

« Quand il aura dit, après une courte pause, les diables accourront et traîneront Abraham en enfer, et il en sera de même pour tous. »

Se présentent ensuite tour à tour : Moïse, portant la baguette dans la main droite et les Tables de la Loi dans la main gauche;

Aaron, dans le costume épiscopal, tenant une branche parée de fleurs et de fruits;

David, avec les insignes royaux et le diadème;

Salomon, dans le même appareil, mais d'apparence plus jeune;

Balaam, vêtu d'amples vêtements, assis sur son ânesse; et l'ânesse dira la prophétie, *et eques dicet prophetiam suam;*

Daniel, jeune d'âge, d'extérieur vénérable;

Le vieillard Abacuc, Jérémie, Isaïe portant un livre et couvert d'un grand manteau.

Ce dernier est interrompu par un juif de la synagogue

(placé sans doute dans les rangs des spectateurs), qui engage avec lui une courte discussion demi-sérieuse, demi-plaisante, incident qui prête plus d'animation au drame; c'est là, comme on voit, un expédient comique dont l'invention n'est pas nouvelle.

Enfin Nabuchodonosor, en habit royal, vient en dernier lieu raconter l'histoire des trois enfants jetés par son ordre dans la fournaise, et préservés par ce personnage inconnu qui semblait le Fils du Dieu vivant.

Ce troisième acte est intrinsèquement une découverte moins neuve que ceux qui précèdent. Nous possédions déjà ce tableau de la procession des Prophètes, en langue latine; M. F. Michel l'a publié à la suite de l'épisode des Vierges folles et des Vierges sages; M. Edel. du Méril, dans son *Recueil des Origines latines*. C'est là une de ces scènes dramatiques qui avaient leur place dans les cérémonies du culte, et il paraît avoir été d'usage de la représenter dans les églises la veille de Noël. L'intérêt de notre pièce, c'est donc, d'abord, de nous montrer ces drames liturgiques sortant de l'enceinte sacrée et des solennités rituelles, encore à côté de l'église, en dehors toutefois, et se sécularisant déjà en passant dans l'idiome vulgaire. Elle emprunte ensuite une valeur particulière à la place qu'elle occupe comme complément des deux premières parties, en mettant en regard la réhabilitation et la chute, la condamnation et la grâce.

Toutefois, l'ensemble est encore imparfait; pour clore ce tableau de la destinée humaine, il fallait indiquer la péripétie suprême, ce second avénement du Christ que

Milton montre aussi à la fin des temps, ce dernier jour du monde qui appartient, comme le premier, à la justice. A notre trilogie, il devait y avoir, et il y a, en effet, un épilogue. Cet épilogue n'est plus dialogué; c'est un simple récitatif ayant pour sujet les Quinze signes du Dernier jugement et la description de la Fin du monde, avec des exhortations à la pénitence. Ce morceau n'est pas non plus en soi d'une originalité bien remarquable. Il se pourrait fort bien qu'il n'eût pas été composé expressément pour la circonstance solennelle où nous le voyons récité. C'est là ce qu'on appelait un *ditié moral*, tel que nous en rencontrons plusieurs, sur le même sujet et sous le même titre, dans les manuscrits du treizième siècle, et, par exemple, dans les numéros 274, fonds de Notre-Dame, et 1422, fonds de Sorbonne, de la Bibliothèque impériale. Et ce qui lui donne une portée plus haute, un intérêt exceptionnel, c'est aussi la place qu'il occupe comme conclusion de ce grand drame théologique.

Tel est le plus ancien monument de notre génie dramatique, du moins en langue française; on ne saurait lui souhaiter un sujet plus élevé et plus imposant, car il embrasse dans quelques scènes magistrales toute l'histoire et l'explication de l'humanité, de sa condition et de sa fin; il nous montre admirablement ce qu'était notre théâtre à son origine : un simple et sublime enseignement religieux offert au peuple assemblé sous une forme vivante, saisissante, accessible à tous les esprits.

## CHAPITRE III

### MYSTÈRES DE LA PASSION ET DU VIEIL TESTAMENT.

Le drame d'Adam ne se perpétue pas dans notre littérature; il n'est point, comme le sont d'ordinaire les œuvres du moyen âge, renouvelé de siècle en siècle, avec des modifications plus ou moins profondes; ou du moins il ne se perpétue pas individuellement, il cesse d'avoir une vie propre, il s'agrège au cycle dramatique de la Passion.

De même que nous avons vu succéder au tableau de la Faute et du Châtiment de l'homme cette Procession des prophètes qui personnifient l'Attente du monde et qui proclament le futur Réparateur, le cycle de la Passion est remonté à la cause primordiale, et le prologue du drame divin du Calvaire a été placé dans le Paradis terrestre.

Le cycle dramatique de la Passion se composait d'une suite de pièces qu'on joua d'abord séparément, suivant les fêtes de l'année, puis simultanément, comme un seul Mystère. Les principales parties de cette immense composition étaient : d'abord une introduction traitant de la Création du monde et du péché d'Adam; une seconde partie comprenant le mariage de Notre-Dame, la naissance du Sauveur et son enfance jusqu'au moment où il est trouvé dans le Temple enseignant les docteurs; une troisième partie embrassant la prédication du Christ, sa passion et sa mort; quatrièmement enfin, l'histoire de la Résurrection et de l'Ascension.

Le cycle est ainsi constitué, avec des développements divers, mais sans différences essentielles, dans les manuscrits qui nous sont parvenus : le manuscrit de la bibliothèque Sainte-Geneviève, publié par M. Jubinal, deuxième volume des *Mystères inédits*; le manuscrit de Troyes, signalé par M. Vallet de Viriville dans la *Bibliothèque de l'Ecole des Chartes*; et la composition d'Arnoul Gresban, datée de 1469, que renferment les numéros 7206, 7206 [2] du fonds français de la Bibliothèque impériale, et dont M. Paulin Pâris a donné, dans son sixième volume, une excellente notice. Ce cycle dramatique, de plus en plus compliqué d'épisodes, surchargé de personnages, ayant atteint une dimension énorme, se brise à la fin du quinzième siècle, en arrivant à l'impression; à part le prologue qui disparaît, les trois grandes parties que nous avons distinguées sont éditées séparément; chacune sous un titre particulier. La première partie est intitulée : *Le Mystère de la Conception, Nativité, Mariage et Annonciation de la benoîte Vierge Marie, avec la Nativité de Jésus Christ et son Enfance.*

La deuxième partie est intitulée : *Le Mystère de la*

*Passion de nostre Saulveur Jésus Christ, avec les addicions et corrections faites par très éloquent et scientificque docteur maistre Jehan Michel. Lequel Mystère fut joué à Angiers moult triumphanment et sumptueusement en l'an mil quatre cent quatre vintz six, et à Paris, l'an mil quatre cent quatre vingt et dix.*

C'est ce drame gigantesque, qui commence à la prédication de saint Jean-Baptiste et finit au tombeau de Jésus, qu'on désigne spécialement sous le nom de Mystère de la Passion.

La troisième partie est intitulée : *Le Mystère de la Résurrection et Ascension de nostre Seigneur Jésus Christ.*

Ces trois vastes fragments du cycle primitif sont réunis encore, comme ils l'étaient dans les manuscrits, par l'édition de 1507, avec le titre : *Mystère de la Conception et Nativité de la glorieuse Vierge Marie, avec le Mariage d'icelle; la Nativité, Passion, Résurrection et Ascension de Jésus Christ; joué à Paris l'an de grâce mil cinq cents et sept; imprimé audict lieu.* In-folio gothique.

Mais le prologue est définitivement supprimé. L'histoire dramatisée de la Création du monde et du péché d'Adam, détachée irrévocablement du cycle de la Passion, a été transplantée dans une autre série, ou, si l'on veut, le prologue, pour devenir une œuvre indépendante, s'est élargi de toute l'étendue de l'Histoire sainte depuis la Création jusqu'au temps de l'empereur Octavien; c'est : *le Mystère du vieil Testament par personnages, joué à Paris. Historié et imprimé nouvellement audict lieu par maistre Pierre Ledru...* Petit in-folio gothique (sans date), qui contient environ soixante-deux mille vers. Il se termine au moment où le Christ va naître, et il prépare ce grand événement par une scène de prophétie où les prophètes ne sont plus, comme nous l'avons vu tout à l'heure, les personnages de l'ancienne Loi, mais les sibylles du paganisme.

Ces *journées*, comme on appelait alors les divisions des pièces théâtrales, ces *journées* de la Chute de l'homme, œuvres du quinzième et du seizième siècle, ressemblent bien peu, du reste, au monument antique que nous avons examiné. Au lieu de demeurer strictement et carrément dans le thème biblique, comme celui-ci, elles puisent toutes largement à d'autres sources; au lieu de s'en tenir aux grands faits consignés dans le livre de Moïse, elles embrassent, plus ou moins complétement, les nombreux épisodes de la biographie fabuleuse de nos premiers parents.

Prenons pour exemple le mystère imprimé; on verra combien le champ s'est étendu, et quel complément prolongé a été donné au court récit de la Genèse.

De la création d'Adam et Ève jusqu'à leur transgression, il n'y a point d'incident nouveau; le drame suit fidèlement le texte sacré. Aussitôt après leur péché, a lieu dans le ciel une scène allégorique qui est une des conceptions favorites du moyen âge, intitulée : le Procès de Paradis; c'est le débat entre la Miséricorde et la Justice devant le trône du Tout-Puissant, l'une implorant pour l'homme coupable, l'autre exigeant avec autorité sa punition. Ce débat, qu'on réduit ici à deux personnages, en a ordinairement quatre : Paix et Miséricorde d'une part, Vérité et Justice de l'autre; le Fils de Dieu finit par les réconcilier. Cette allégorie a été inspirée par le verset du psaume 84 : *Misericordia et Veritas obviaverunt sibi, Justitia et Pax osculatæ sunt.* Nous la trouvons déjà dans les œuvres du grand théologien Hugues de Saint-Victor, qui mourut en 1140 : *Veritas autem intrans cor hominis, invenit ibi omnia mala et digna pœnis et clamare cœpit de terra hominem accusans; Misericordia vero non desistebat in cœlo Dominum orare pro homine postulans*[1]. Nous la trouvons peu après, au commencement du treizième siècle, dans la paraphrase française du traité de Robert de Lincoln : *De quatuor filiabus Patris, scilicet de Misericordia et Veritate et Justitia et Pace*[2]. Insérée plus tard dans les Mystères de la Passion, elle y est presque toujours traitée avec une grande et belle poésie. Enfin, dans le Mystère du Vieil Testament, elle sert à rattacher entre eux cette longue série d'épisodes successifs; elle est comme le lien de cette multitude d'actions distinctes. A mesure que le crime éclate et que la perversité triomphe sur la terre, la Justice élève vers Dieu sa voix plus impérieuse, et la Miséricorde s'efforce d'apaiser sa colère par de plus touchantes supplications.

Donc, après la désobéissance d'Adam et d'Ève, la Justice réclame l'application rigoureuse de la sentence di-

---

[1] Édition de Rouen, tome I, p. 69.
[2] V. mst. 7268³·³· A, f. fr. Bibl. imp.

vine; la Miséricorde obtient, au contraire, que Dieu l'adoucisse : un délai est accordé aux coupables que la Mort devait immédiatement frapper; mais ils seront bannis du Paradis terrestre et affligés de toutes les misères de la condition humaine.

Le drame du seizième siècle ne s'arrête pas là; il nous montre ensuite la famille d'Adam; nous assistons aux mariages d'Abel et Delbora, de Caïn et Calmana; nous voyons se développer le caractère de ce dernier, sombre, avide, jaloux, méfiant; aussi est-ce lui qui introduit dans le monde les idées de possession et de domination; c'est lui qui, pour les réaliser et les soutenir, bâtit le premier une ville close et fortifie sa demeure.

Après la mort d'Abel, le drame continue l'histoire de Caïn et de ses enfants; c'est la race maudite où tous les vices germent et grandissent, où croissent les dissensions et les haines, où le démon fait sa proie.

Ève meurt, puis Adam, attristés par le déplorable spectacle de leur postérité. Avant toutefois que son père rende le dernier soupir, Seth va implorer le Chérubin, gardien du Paradis terrestre et de l'Arbre de vie; la Miséricorde plaide auprès de Dieu pour le pécheur expirant, et, grâce à son intervention, Seth rapporte à son père le gage du salut à venir; Adam meurt consolé, et Seth s'écrie :

> O mort! mort! tu monstres bien comme
> Tu es commune à tout humain,
> Qui as tué le premier homme
> Que Dieu avait fait de sa main!

Le grand héritage se divise en deux générations ennemies, Caïn et sa race diabolique, Seth et ses enfants fidèles à Dieu ; l'une représentée par Lameth, bigame, et, à la fin, parricide; l'autre par Enoch et par Noé. Mais les filles de Caïn séduisent et corrompent les fils des justes; et un jour vient où la perversité étant universelle et horrible, la Miséricorde ne peut plus défendre devant le Créateur la cause du genre humain, la Justice l'emporte, et le déluge est décrété.

Telle est la première partie du Mystère du Vieil Testament; et cet aperçu sommaire suffit à montrer combien d'éléments nouveaux sont intervenus depuis le douzième siècle. Les prologues divers du cycle de la Passion nous offriraient les mêmes traditions ou d'autres pareilles, entassées dans un cadre plus étroit. Et, en effet, dans l'intervalle trois fois séculaire écoulé entre les œuvres que nous comparons, la légende, d'origine juive, grecque, orientale, avait fait invasion dans la littérature vulgaire; elle avait charmé l'imagination du peuple; toutes les fables que nous avons racontées dans un chapitre précédent, et d'autres plus merveilleuses encore, avaient acquis une autorité presque égale à celle de l'Écriture. L'antique simplicité s'était altérée, et avait fait place à l'ornementation la plus luxuriante et la plus capricieuse.

La poésie dramatique, pendant ce long règne de la foi, vécut surtout, comme la poésie en général, de l'histoire sacrée. D'abord il lui suffit d'animer et d'éclairer à sa manière le récit authentique, et c'est ainsi que nous l'avons vue déployer sur la scène une action tragique dont la grandeur serait difficilement égalée. Mais ensuite, à mesure que l'imagination commença à se blaser, la Bible ne suffit plus. On eut recours, pour réveiller l'attention plus exigeante, aux inventions romanesques, familières ou hardies de la légende, qui vint à son tour se résumer sur le théâtre du treizième et du quatorzième siècles. Plus tard, au quinzième et au seizième, il fallut trouver de nouveaux éléments d'intérêt ; la *farce* s'en mêla ; les Mystères furent égayés des scènes les plus facétieuses et parfois les plus indécentes. On y mêla des pastorales, des danses, des turlupinades, de trop nombreux hors-d'œuvre comiques. Ils devinrent alors un danger, surtout en présence du changement accompli dans les esprits par la Réforme. Ces représentations primitivement inspirées par l'Église, longtemps encouragées et patronnées par elle, risquèrent d'exciter la dérision au lieu d'enflammer la piété. Le péril ne tarda pas à être compris, et toute cette ancienne tradition dramatique fut condamnée et abolie. Le seizième siècle marque sa décadence et sa ruine. Cette dernière saison, où expire le naïf génie des vieux siècles, cet âge de déclin d'une part et de rénovation de l'autre, a eu, dans le livre de M. Sainte-Beuve sur la *Poésie française au seizième siècle*, son histoire la plus intéressante, la plus spirituelle et jusqu'à présent la plus complète.

En nous bornant à des notions sommaires sur la grande pièce, pour ainsi dire, et la maîtresse œuvre de notre théâtre primitif et sur les vicissitudes qu'elle a subies, nous sommes resté fidèle à notre dessein spécial, qui est de fournir les points de repère essentiels pour qu'on sache s'orienter aussi loin que possible dans le passé. Autour de l'élément primordial et principal que nous avons mis exclusivement en relief, se groupent des productions infiniment variées. La parodie, le travestissement facétieux commencent presque en même temps que le drame sacré et commencent aussi dans l'Église. On a décrit maintes fois ces fêtes burlesques qui sont en si grand nombre au moyen âge. La fête de l'Ane nous a transmis toute sa liturgie extravagante. Les jours du carnaval perpétuent encore aujourd'hui les solennités orgiaques qui préparaient à entrer dans le carême. Mille sortes de folies entouraient les saintes féeries et mêlaient le plaisant au sévère dans des proportions énormes que l'auteur du *Lutrin* n'a jamais soupçonnées.

Les créations de tout genre abondent; ce sont, toutefois, des ébauches singulières et puissantes plutôt que des œuvres. Une chose manque : c'est l'idée d'art. Ce qu'on a nouvellement appelé l'esthétique est tout à fait absent. Le moyen âge n'a pas reçu de la Grèce et de Rome la révélation de la beauté de la forme dans ses applications multiples. Il est resté aveugle à cette lumière. La plupart des écrivains qui le représentent, surtout en France, n'ont pas su, comme Dante, prendre Virgile pour guide dans les routes de l'infini et de l'éternité. Ils ne se sont jamais préoccupés d'unir la poésie savante de l'antiquité à la prestigieuse poésie des légendes et des symboles. Si quelques-uns y ont songé, ils ont trop rarement réussi dans leurs tentatives. Aussi toute cette littérature, après d'heureuses prémices, n'a pas donné l'opulente moisson qu'on pouvait attendre. Elle n'a pas tenu ses promesses brillantes, elle s'est traînée et éteinte lentement dans une précoce vieillesse. Une seconde éducation, qu'on a appelée la Renaissance, a été nécessaire à l'esprit moderne pour qu'il atteignît à sa force virile et à sa maturité.

# TROISIÈME PARTIE

## LA PRÉDICATION FRANÇAISE

DOUZIÈME ET QUINZIÈME SIÈCLES

---

Le plus ancien usage de la langue vulgaire a eu lieu, sans aucun doute, dans la prédication : il fallait bien que le clergé parlât aux peuples le seul langage qu'ils pussent entendre. On n'en doit pourtant pas conclure que la prédication nous ait transmis un plus grand nombre de documents de l'époque primitive. C'est précisément le contraire qui est vrai. La langue *romane* n'obtenait que difficilement grâce aux yeux des clercs : *lingua romana coram clericis saporem suavitatis non habet*, dit le traducteur de Robert de Lincoln [1]. Lors même que les sermons devaient être prononcés en français, ils étaient préparés en latin ; et pour les rédiger et les transcrire, lorsqu'on les avait prononcés, on se servait également de la langue savante, seule admise

---

[1] V. mst. 7268 3.5. A. f. fr. de la Bibl. imp.

entre les hommes d'Église. C'est là ce qui explique le peu de monuments originaux que l'éloquence de la chaire a laissé.

Nous possédons un manuscrit français du douzième siècle qui contient quarante-quatre sermons de saint Bernard[1]. Il est bien certain que saint Bernard, dans ses fameuses harangues, quand il s'adressait aux masses, quand il prêchait la croisade, par exemple, parlait dans l'idiome populaire. Autrement il n'eut pas été universellement compris et n'eut pas produit l'effet d'enthousiasme que constate l'histoire. Faut-il considérer, pourtant, ces textes français des sermons de saint Bernard, que nous possédons, comme les textes primitifs? Si on les examine avec attention et si on les compare aux textes latins, on est forcé de reconnaître, au contraire, qu'ils ont été traduits sur ces derniers. Ainsi, les sermons de saint Bernard, prononcés d'abord en langue vulgaire, furent ensuite rédigés en latin, puis traduits de nouveau du latin en français, probablement pour la satisfaction de grands seigneurs laïques.

Nous ne connaissons qu'un seul texte, appartenant à la fin du douzième siècle, qui puisse être regardé comme un monument vraiment original de la prédication française, c'est un manuscrit renfermant une suite de courtes instructions pour chaque dimanche de l'année attribuées à l'évêque de Paris, Maurice de Sully[2].

---

[1] V. mst. 9, f. des Feuillants, Bibl. imp.
[2] V. mss. 2515, 1 et 2, suppl. f. de la Bibl. imp., et 65, b. l. fr. Bibl. de l'Arsenal.

# CHAPITRE PREMIER

### LES SERMONS DE MAURICE DE SULLY.

Le recueil de prônes qui porte le nom de ce prélat a un caractère à part, qui révèle à la fois son authenticité et sa destination. Ils sont évidemment composés pour un auditoire populaire, simple et ignorant. On n'y trouve ni subtilité scolastique, ni allégorie, ni science. Les idées sont précises et pratiques ; les comparaisons familières, et puisées dans la vie quotidienne. De belles légendes interviennent parfois et sont faites pour des esprits avides de merveilleux comme ceux des enfants. C'est vraiment là le début de la prédication française ; nous allons donner une idée de ces instructions qui descendaient de la chaire, il y a près de sept siècles, sur nos aïeux. Mais il nous faut d'abord faire connaître l'homme qui en est l'auteur.

Maurice de Sully, ainsi nommé du village de Sully, sur les bords de la Loire, dans l'Orléanais, où il était né d'une famille de pauvres paysans, vint, dans la première moitié du douzième siècle, étudier à l'Université de Paris. Il n'avait, pour subsister, d'autre ressource que de demander son pain de porte en porte. Mais il n'y avait alors rien d'avilissant pour un clerc étudiant à vivre d'aumônes : le zèle de la science anoblissait l'homme, quel qu'il fût, qui s'y consacrait au prix de toutes les privations. D'ailleurs on n'avait point, comme aujourd'hui, le mépris de la pauvreté : de nos jours, pauvreté est vice, et c'est presque le seul vice qu'on n'excuse pas ; au moyen âge, la pauvreté était, ainsi qu'elle sera toujours dans les idées chrétiennes, l'état méritant, celui du Sauveur et celui de presque tous les saints ; si la richesse donnait les prospérités du siècle, la pauvreté avait en partage les promesses évangéliques : le pauvre était, aux yeux des croyants, le Christ toujours vivant dans l'humanité ; et, alors que la légende traduisait en réalités la parole divine, nul n'avait de dédain pour le pauvre qui passait, car ce pauvre était peut-être Dieu lui-même.

Malgré son dénûment, Maurice de Sully avait la conscience et le pressentiment de ses hautes destinées. Un jour, un jeune ecclésiastique, tout fier d'une noble extraction et des riches bénéfices qu'il possédait, voyant cet humble écolier indigent au costume délabré, lui offrit une pièce d'argent : « Prends, dit-il avec ironie, à condition que tu me promettras de ne jamais devenir évêque. »

Maurice repoussa l'argent et passa son chemin. Quelles que fussent ses espérances, elles n'étaient point, du reste, insensées : dans l'Université de Paris, cette grande école de l'univers catholique, il n'y avait point d'autre privilége que celui du talent ; la voie de tous les honneurs était ouverte à quiconque avait de la science et de la vertu. Combien ne trouve-t-on pas, parmi les noms célèbres de l'épiscopat et de la papauté, de personnages dont l'origine est presque inconnue, mais qui avaient eu pour mère l'Université de Paris, *Alma Mater*, habile à protéger ses enfants les plus obscurs et à les élever au faîte même des dignités, soit de l'Église, soit de l'État!

Maurice de Sully d'écolier devint, comme c'était la règle, professeur, et se distingua promptement ; sa réputation grandissante le fit nommer d'abord chanoine de Bourges, puis chanoine et archidiacre de l'Église de Paris ; enfin, lorsqu'en 1160 le siége épiscopal de cette ville devint vacant par le décès de Pierre Lombard, *le maître des sentences*, Maurice de Sully lui succéda ; il mourut, après un épiscopat de trente-six années, en 1196, à l'abbaye de Saint-Victor, où il s'était retiré pour se préparer à sa dernière heure, et où il fut enterré ; on vit son tombeau dans l'église de ce monastère jusqu'à la Révolution. Ce fils de paysans baptisa, en 1165, le fils du roi Louis VII, qui devait être Philippe-Auguste. Par lui furent fondées les abbayes d'Hérivaux, d'Hermière, d'Hière, de Gif et de Saint-Antoine des Champs. Mais il a un autre titre à la mémoire et à la reconnaissance de la postérité.

« Il ne se trouve évêque de Paris sublime en lignée et grand en biens, dit Jacques du Breul, qui ait tant fait pour l'Église que ce pauvre écolier mendiant. » En effet, c'est ce pauvre écolier mendiant du douzième siècle, promu à l'un des premiers sièges épiscopaux de France et devenu l'égal des pairs du royaume, c'est Maurice de Sully qui conçut le projet, qui commença et avança rapidement la construction de cette magnifique cathédrale dont Paris est encore fier aujourd'hui, de ce monument qui n'a point et n'aura jamais, sans doute, de rival dans la superbe cité.

Il avait mendié afin d'acquérir le savoir, les lettres, l'éloquence; il mendia pour élever dans la capitale du royaume un temple digne de Dieu et de la Vierge Marie; il demandait aux rois, aux abbés, aux seigneurs, aux bourgeois, et nul ne restait sourd à son appel : à cette époque des croisades héroïques, ceux qui ne pouvaient aller délivrer le tombeau du Christ et secourir leurs frères d'Orient étaient heureux de racheter leur repos en contribuant à ces autres merveilles de la Foi, merveilles pacifiques à côté des prodiges de la guerre sainte. Les pauvres apportaient leur obole ou quelque journée de labeur; qui n'eût voulu fournir sa part de deniers ou de travail, en voyant monter vers le ciel cette œuvre de tout le monde, ces pierres vivifiées par les prières et les sacrifices, cette poésie impérissable qui efface toutes les poésies ? Et bientôt les vastes tours sortirent de terre, les porches ouvrirent leurs hautes ogives chargées de sculptures mystérieuses, les arcades jetèrent d'une colonne à l'autre leurs ponts aériens, les galeries déroulèrent leurs balustrades; enfin le gigantesque édifice, la création et la pensée communes, le sanctuaire et l'asile, la maison de Dieu et la maison universelle, apparut dans son imposante majesté. A la mort de Maurice de Sully, on couvrait déjà le chœur de la basilique dont le pape Alexandre III était venu poser la première pierre, vers 1170.

Il y a sur Maurice de Sully beaucoup de ces anecdotes qui forment l'histoire populaire des hommes illustres et particulièrement des hommes illustres de la période scolastique, comme Saint Thomas-d'Aquin, Albert le Grand, saint Bonaventure, Raymond Lulle. Nous raconterons le trait suivant, qui est rapporté par Godescalc Hollen, théologien du quinzième siècle.

C'était à l'époque où Maurice de Sully jouissait déjà de la renommée la plus brillante et était archidiacre de l'Église de Paris; sa mère, qui était une pauvre vieille paysanne, apprenait, au fond de son village, comme dans un rêve, les éminentes dignités auxquelles son fils était élevé. Un jour la bonne femme forma le projet d'aller voir tout cela par ses yeux, et, sans longs préparatifs, elle se mit en route, vêtue de sa robe de bure et « faisant troisième pied de son bâton. » Elle chemina tant et si bien, par ses petites journées, qu'elle arriva à Paris. Là, elle se dirigea vers l'église, jugeant avec raison que c'était le droit chemin pour trouver Maurice ; elle aperçut de nobles dames qui sortaient de la cathédrale, s'approcha d'elles humblement, leur demanda comment elle pourrait parler au seigneur archidiacre, et eut soin d'ajouter que le seigneur archidiacre était son fils. Les dames n'ignoraient pas l'origine de Maurice de Sully; elles crurent donc aisément ce que leur disait la bonne femme et lui promirent de la conduire à son fils. Cependant, comme il y avait toujours chez lui des personnages considérables, elles ne voulurent point lui présenter sa mère dans ce costume rustique; elles l'amenèrent à leur hôtel, la revêtirent de beaux habits et l'affublèrent d'un riche manteau; et la vieille paysanne, fort étourdie et fort gênée de ses nouveaux atours, se rendit avec ses protectrices à l'évêché. Elle fut introduite dans la salle où se trouvait l'archidiacre environné de beaucoup de monde, et elle s'avança, intimidée par le spectacle qui s'offrait à ses yeux. S'approchant de lui cependant, elle dit : « Seigneur, je suis votre mère. — En vérité, je ne puis le croire, répondit l'archidiacre, car ma mère est une pauvre vieille femme qui n'est habituée à porter qu'une simple robe de bure. » A ces paroles, les nobles dames comprirent qu'elles avaient commis une maladresse; elles entraînèrent la paysanne, la ramenèrent à leur demeure, lui ôtèrent sa toilette d'emprunt et lui rendirent sa robe de bure et son bâton. Puis elles revinrent avec elle à l'évêché; et quand Maurice de Sully, du milieu de la grave assemblée qui l'entourait, vit venir la bonne vieille en son costume accoutumé, il abaissa son capuce, alla au-devant d'elle et l'embrassa tendrement, disant : « A présent, je sais que vous êtes ma mère. »

Nous nous en tenons à cette anecdote détachée parmi celles qui composent une intéressante biographie que notre intention n'est pas d'écrire; nous voulions seulement indiquer quelques traits de la physionomie de ce docteur, avant de choisir un des courts sermons qui passent pour être son ouvrage, et de l'offrir à ceux qui seraient curieux de savoir comment prêchait le prélat qui fit bâtir Notre-Dame.

Qu'on se figure donc le pieux évêque du douzième siècle adressant du haut de la chaire gothique à son nombreux auditoire debout et non assis, la petite instruction qu'on va lire, ainsi qu'il faisait chaque jour de fête et chaque dimanche. L'instruction que nous traduisons de la langue du douzième siècle, a été prononcée le second dimanche après l'octave de Pâques. Le texte est tiré de l'Évangile de saint Jean, ch. XVI, verset 21 [1].

*Mulier, cum parit, tristitiam habet, quia venit hora ejus; cum peperit puerum, jam non meminit pressuræ propter gaudium : quia natus est homo in mundum.*

« Notre sire Dieu, qui sut que les cœurs des apôtres étaient troublés et tristes de sa passion, ranima leur courage, comme raconte l'Évangile d'aujourd'hui ; et, le mercredi absolu, le soir qui précéda la Passion, il leur dit : Vous pleurerez, et le monde sera dans la joie; mais ne vous laissez pas abattre, car votre tristesse sera changée en joie, en une joie que vous ne perdrez jamais et que nul ne pourra vous ravir. Il leur donna alors un exemple de la douleur et de la peine qu'ils devaient

---

[1] V. *Textes et documents*, V.

avoir en ce siècle et de la joie qu'ils auraient dans l'autre : La femme, dit-il, lorsqu'elle doit enfanter, est dans la crainte et la détresse, parce que l'heure de son travail est venue ; mais, lorsqu'elle a enfanté, il ne lui souvient du mal, à cause de la joie qu'elle a de son enfant. De même, vous aurez tristesse, mais votre tristesse se changera en joie, en une joie qui ne vous ne sera jamais ravie.

« Ainsi qu'il leur avait dit, ainsi il leur advint ; car ils furent affligés par sa passion, qui commença le lendemain, et furent en grand tourment jusqu'au troisième jour qu'ils le virent relever de mort. Mais le jour de sa Résurrection, mais plus tard, le jour de l'Ascension, quand ils le virent monter au ciel, quand, ensuite, il leur envoya le Saint-Esprit le jour de la Pentecôte ; alors fut leur tristesse changée en joie : et surtout à la fin de leurs jours, lorsqu'il les retira de ce siècle pour leur donner la vie éternelle, alors leur tristesse fut changée en une joie qui n'aura jamais de fin.

« Seigneurs, prenons exemple sur les Apôtres : pleurons nos péchés en ce monde, souffrons bonnement les misères, les adversités, les dommages de ce monde, s'ils nous arrivent ; dédaignons la vaine gloire du siècle, les mauvaises jouissances auxquelles se plaisent ceux qui aiment ce siècle et qui ne cherchent et n'attendent d'autre bonheur que celui qu'ils peuvent voir avec les yeux du corps. L'homme qui est ami de ce siècle, dit l'Écriture, devient ennemi de Dieu ; méprisons donc la vie terrestre pour avoir la vie du ciel, pour avoir ce bien que l'œil ne saurait voir, l'oreille entendre, que le cœur ne saurait penser, tant il est grand !

« Et afin que vous croyez plus volontiers mes paroles, je vais vous dire un bon exemple de la grandeur de ce bien qui nous est réservé au ciel.

« Un saint religieux avait souvent prié Notre-Seigneur qu'il lui fît la grâce de lui donner quelque idée de la douceur et de la joie qu'il promet et accorde à ceux qui l'aiment ; et Notre-Seigneur exauça sa prière. Un matin qu'il était assis tout seul dans le cloître de l'abbaye, Dieu lui envoya un ange sous la forme d'un oiseau qui vint se poser non loin de lui. Les regards du moine furent tellement captivés par la beauté de cet ange ainsi transfiguré, qu'il oublia tout ce qu'il avait vu auparavant, et se leva pour saisir cet oiseau dont il avait un extrême désir. L'oiseau s'envola un peu plus loin, et de la sorte attira le religieux hors de l'abbaye dans un bois prochain. Là, posé sur une branche, il se mit à chanter si doucement que nulle douceur n'était comparable à la douceur de ce chant. Le religieux, debout au pied de l'arbre, contemplait l'oiseau et l'écoutait avec une attention si vive qu'il oublia toutes les choses de la terre et s'oublia lui-même. Quand l'oiseau eut chanté aussi longtemps qu'il plut à Dieu, il battit des ailes et s'envola. Alors le religieux revint à lui, il était l'heure de midi, et il se dit : « Dieu ! je n'ai pas encore récité mes heures ; « comment rattraperai-je le temps perdu ? » Puis, retournant vers l'abbaye, il ne se reconnut point, et il lui sembla que toutes choses étaient bouleversées. « Où suis-

« je donc? murmura-t-il, n'est-ce point là mon couvent
« d'où je suis sorti ce matin? » Il arriva à la porte et
appela le portier par son nom : « Ouvre! » dit-il. Le
portier vint; et, ne reconnaissant point le religieux, lui
demanda qui il était. « Je suis, répondit celui-ci, moine
« de ce couvent. — Je ne vous ai jamais vu, repartit
« l'autre; si vous êtes moine de ce couvent, quand donc
« en êtes-vous parti? — Aujourd'hui matin. — Aucun
« moine n'est sorti aujourd'hui; vous vous trompez :
« vous n'êtes point de ce monastère. » Le religieux, très-
surpris, lui dit : « Faites-moi venir le portier. » Et il le
nomma par son nom. « Il n'y a point céans d'autre por-
« tier que moi, répliqua l'autre; vous me paraissez un
« homme qui n'a pas tout son bon sens. — Mais, fit le
« religieux, n'est-ce pas telle abbaye? » Et il la nomma.
« Oui, dit le portier. — Eh ! bien donc, je suis moine de
« céans; allez chercher l'abbé et le prieur, afin que je
« leur parle. » Le portier alla chercher l'abbé et le
prieur, qui vinrent à la porte; mais le religieux ne les
reconnut point, ni eux non plus ne le reconnurent.
« Que demandez-vous? lui dirent-ils. — Je demande
« l'abbé et le prieur à qui je désire parler.— Nous som-
« mes ceux que vous demandez. — Non ! ce n'est point
« vous, dit le moine, car je ne vous ai jamais vus! »
Le bon religieux était de plus en plus étonné et confondu. « Quel abbé demandez-vous? reprit l'abbé, quel
« prieur? et qui connaissez-vous ici? — Un abbé qui s'ap-
« pelle ainsi, et je connais tel, tel et tel. » Les deux
pères, en entendant ces noms, se rappelèrent les avoir

vus dans leur obituaire et leurs archives. « Beau frère, « dirent-ils, ceux-là sont morts, il y a plus de trois cents « ans; regardez donc où vous avez été, d'où vous venez et « ce que vous demandez ! » Alors le dévot religieux s'aperçut du prodige que Dieu avait opéré en sa faveur ; il comprit que Notre-Seigneur, par la beauté de cet ange et par la douceur de son chant, avait voulu lui démontrer la joie que ses amis ont dans le ciel. Tout le monde fut étrangement émerveillé en apprenant comment le bon moine avait écouté l'oiseau pendant trois cents ans, et croyait n'être resté absent que du matin jusqu'à midi; et on admirait que, dans ces trois cents années, il n'avait pas vieilli, ses vêtements n'étaient pas usés ni ses souliers troués, que rien n'était changé en toute sa personne.

« Seigneurs, considérez donc et estimez combien grande est la beauté de Dieu, combien grande la joie qu'il donne à ses amis dans le ciel, puisque la vue de cet ange sous la forme d'un oiseau était si délicieuse, puisque son chant était si doux, que le bon religieux nous dit qu'il l'avait regardé et écouté pendant trois cents ans et pensait qu'il ne s'était écoulé que l'espace d'un demi-jour. Nous devons donc tendre de toutes nos forces à une telle félicité ! Souffrons donc, seigneurs, souffrons la tristesse et dédaignons les prospérités de ce monde, et méritons le bonheur du paradis, comme firent les Apôtres, et ainsi que nous l'enseigne Notre-Seigneur dans l'Évangile d'aujourd'hui. »

Le recueil de Maurice de Sully paraît avoir servi penlant très-longtemps de modèle pour les courtes instructions qu'on adressait chaque dimanche aux fidèles, pendant l'office divin. On en trouve, en effet, de nombreuses copies qui appartiennent au treizième et au quatorzième siècles. Les autres recueils du même genre qui datent des mêmes époques n'ont ni caractère nouveau, ni grand intérêt. Il faudrait, si l'on voulait tracer l'histoire de la prédication durant cette période, recourir aux manuscrits latins qui seuls offrent une suite de documents nombreux et importants à différents points de vue, autres que celui auquel nous nous sommes placé.

L'éloquence française attend, pour se réveiller, les troubles qui agitent la seconde moitié du quatorzième siècle. La parole devient alors toute-puissante. On la voit déjà à l'œuvre aux états généraux de 1357. On sait que le roi de Navarre, Charles le Mauvais, et le Dauphin, qui allait être le roi Charles le Sage, se disputant la faveur populaire, haranguaient tour à tour la multitude, l'un à Saint-Germain, l'autre aux Halles, pendant que le prévôt Marcel pérorait à Saint-Jacques. Charles le Mauvais, le plus élégant de ces orateurs, commençait en latin, puis, s'animant, il se débarrassait de l'idiome de l'école et continuait en langue vulgaire, séduisant les assistants et les retenant hors des murailles jusqu'à une heure avancée du soir. Spectacle inouï et singulier que cette rivalité des princes se traduisant en discours sur la place publique! Mais de nouvelles circonstances éclatent bientôt, plus menaçantes encore, telles que le monde n'en avait vues depuis longtemps.

Des luttes nouvelles viennent donner à la parole un rôle principal et une autorité presque souveraine dans l'Église et dans l'État. Nous étudierons cette curieuse époque révolutionnaire qui embrasse les dernières années du quatorzième et les premières années du quinzième siècle, et nous verrons s'y développer un mouvement religieux et politique tout moderne, que l'histoire n'a jamais peint sous d'assez vives couleurs.

## CHAPITRE II

### LE GRAND SCHISME EN FRANCE.

### I

Certaines périodes de l'histoire se présentent avec un caractère particulier de désordre, de confusion et de souffrance; l'autorité est chancelante ou méconnue; la souveraineté se déplace; la société, révoltée contre elle-même, est menacée de dissolution. Ces époques troublées et passionnées, pleines de désastres et de crimes, mais qui ont aussi leurs nobles spectacles et leurs grandeurs, ont été nommées, dans la langue de notre siècle, des temps révolutionnaires. La société temporelle, les pouvoirs politiques n'ont pas été seuls agités par ces orages; la société ecclésiastique, le pouvoir spirituel ont été soumis également à de redoutables épreuves, et parfois l'édifice éternel de l'Église a paru près de s'écrouler. Une des crises les plus funestes qu'ait traversées notre civilisation, parce qu'elle éclate à la fois dans l'ordre politique et dans l'ordre religieux, parce que la société spirituelle et la société temporelle sont ébranlées en même temps, est placée à la limite du moyen âge et de l'âge moderne. Cette crise s'appelle dans l'Église le grand schisme d'Occident; dans l'État, le règne ou plutôt l'interrègne de Charles VI.

Déjà, depuis plus d'un siècle, l'organisation théocratique et féodale du moyen âge était battue en brèche, pendant que l'ordre moderne se constituait lentement avec des incertitudes, des fautes et des combats. La décomposition était d'un côté trop rapide; d'un autre côté la réédification était insuffisante. Dans l'intervalle, dans la rupture, pour ainsi dire, la France et l'Europe chrétienne courent un immense péril. De toutes parts surgissent des difficultés sans solution apparente, s'engagent des luttes qui semblent sans issue. La papauté disparaît, la royauté s'efface; les deux grandes magistratures du monde font également défaut à l'heure du danger. La chrétienté et la nation, trahies ou abandonnées par leurs chefs, cherchent tumultueusement leur voie au milieu des ténèbres. Des hommes hardis, sortis de la foule, s'efforcent de les guider. Ils s'imposent à l'opinion publique par la puissance de la parole. Une double révolution déroule ses tableaux ordinaires de controverses tumultueuses, de tragiques événements, de fanatisme et de violence.

Nous voulons tracer un aperçu des luttes qui éclatent au sein de l'Église de France. L'histoire des dissensions religieuses, moins généralement connue que celle des désastres politiques, offre un caractère singulier, une physionomie originale que nous nous efforcerons de faire ressortir dans le cadre étroit que nous nous sommes imposé.

On connaît l'origine du grand schisme d'Occident. La dangereuse situation de l'Église avait été préparée de loin : elle datait de l'élection de Clément VI au souverain pontificat. Ce pape, créature du roi Philippe le Bel, avait établi sa résidence à Avignon; ses successeurs l'avaient imité. Le séjour des papes dans cette enclave de la France, le népotisme qui s'introduisit dans le gouvernement de l'Église, avaient opéré peu à peu une scission dans l'Europe chrétienne. Espérant sauver l'unité catholique gravement menacée, Grégoire XI avait repris le chemin de l'Italie; il était mort au Vatican le 27 mars 1378. Les cardinaux, au nombre de seize, entrèrent au conclave. Le peuple entoura le conclave en criant avec fureur : « Nous voulons un pape romain ou au moins italien! » Les cardinaux élurent l'archevêque de Bari, qui prit le nom d'Urbain VI. Cinq mois après, quinze cardinaux, protestant que l'élection d'Urbain, faite sous l'influence des clameurs et des menaces populaires, était nulle, élurent un nouveau pape, Robert de Genève, qui prit le nom de Clément VII. Urbain fut reconnu par l'Italie septentrionale, l'Allemagne, la Hongrie, l'Angleterre, les Pays-Bas, presque tous les peuples du nord; Clément VII fut reconnu par la France, l'Espagne, l'Écosse, le royaume de Naples. La scission était consommée; l'unité religieuse de l'Europe était à jamais compromise.

La séparation s'accepta, le schisme s'invétéra avec une facilité surprenante, tant l'autorité et le prestige de la papauté étaient affaiblis, tant la distance était grande

et la différence profonde, d'Innocent III à Grégoire XI !
Les pontifes rivaux lancèrent l'un contre l'autre l'anathème, excommunièrent réciproquement leurs partisans, et prêchèrent une croisade, Urbain contre la France, Clément contre l'Italie. Personne ne s'en émut. Le clergé tomba dans la vénalité et le désordre; les dignités de l'Église appartinrent aux plus dévoués, c'est-à-dire aux plus serviles; ses biens furent employés à gagner les princes et à acheter les courtisans. Le peuple chansonnait les deux pontifes et désapprenait le respect. A la suite de ce grand événement, qui semblerait avoir dû ébranler le monde, on est frappé du plus triste spectacle d'indifférence.

Le schisme ne devait pas cependant s'accomplir ainsi, sans résistance, sans opposition. Qui réveillerait le zèle dans les âmes religieuses? qui prendrait en main la cause de l'unité chrétienne? qui réunirait assez d'autorité et d'indépendance pour se charger d'une telle mission? où se trouverait un foyer de forces vives qui suffît à cette entreprise laborieuse, qui ne devait pas durer moins de quarante années? Ce foyer existait; il existait une société qu'on eût dit organisée tout exprès pour cette grande lutte, et qui reconnut aussitôt que d'elle seule l'Église pouvait attendre du secours : cette société, c'était l'Université de Paris. Rappelons ce qu'était l'Université de Paris au commencement du quinzième siècle.

L'Université de Paris, c'était simplement une corporation de maîtres et de professeurs, établie sur le territoire de l'église de Notre-Dame et de l'abbaye de Sainte-Geneviève. Cette corporation se régissait elle-même, en vertu des priviléges que lui avaient accordés le pouvoir spirituel et le pouvoir temporel. Elle avait, dans l'Église et dans l'État, une existence tout exceptionnelle; il n'était pas même bien sûr qu'elle fût ecclésiastique, moins encore qu'elle fût française. Mais c'était le centre d'étude et de savoir le plus renommé qu'il y eût alors au monde; et, par l'ascendant moral, elle exerçait, dans l'Église et dans l'État, une puissance extraordinaire. Dans l'Église elle était devenue l'autorité, une sorte de concile permanent, comme s'exprimaient ses apologistes. Elle avait condamné, en 1332, une opinion du pape Jean XXII sur la vision béatifique. Le roi Philippe VI, se portant aussitôt pour exécuteur de la sentence, avait signifié au pape que, s'il ne se rétractait pas, il le ferait arrêter à Avignon et brûler comme hérétique. Le pape se rétracta [1]. — Dans l'État, son influence n'était pas moins irrésistible. Les prévôts de Paris, représentants de la justice royale, avec qui elle était sans cesse en lutte, pliaient toujours devant ses réclamations. Guillaume de Tignonville, obligé de faire amende honorable pour avoir fait juger et pendre deux voleurs qui étaient suppôts de la vénérable congrégation, disait au recteur et aux docteurs à qui il était venu présenter ses excuses : « Messeigneurs, outre le pardon que vous venez de m'ac-

---

[1] « Et s'il ne se fût révocqué, disait le patriarche d'Alexandrie au synode de 1406, il l'eût fait ardoir; il ne lui promettoit pas prunes meures. »

corder, je vous ai une grande obligation. Lorsque vous m'avez attaqué, je n'ai pas espéré un instant conserver mes fonctions; mais je craignais qu'il vous vînt à l'esprit de demander aussi que je fusse marié, et je suis bien certain que si vous aviez pris cette conclusion, il aurait fallu, bon gré, mal gré, me marier. Par votre grâce, vous avez bien voulu m'exempter de cette rigueur; je vous en remercie très-humblement. » La raillerie du prévôt destitué peignait bien cette puissance singulière, capricieuse et indéfinissable.

Comment cette société, constituée dans un but d'enseignement, pouvait-elle sortir de ses attributions et intervenir dans les affaires? par quels moyens passait-elle de la doctrine à l'action, et à une action si efficace? Voici comment elle s'y prenait d'ordinaire : le recteur, précédé des bedeaux, suivi d'un certain nombre de maîtres délégués, tous revêtus de leurs chapes et de leurs épitoges, se rendaient au palais du roi; un orateur était chargé d'exposer au monarque les conseils, les requêtes, les plaintes de l'Université. S'il arrivait parfois qu'on fermât la porte aux docteurs, ils se retiraient et revenaient un autre jour. Si l'on persistait à leur interdire l'audience royale, ou si le roi refusait d'accéder à leurs réclamations, l'Université suspendait les prédications et les leçons des écoles. Quoique les exigences de la docte corporation fussent souvent bien exorbitantes, la mesure était infaillible; le roi reculait toujours devant cette suppression de l'instruction aux écoles et de la nourriture spirituelle au peuple, devant ce silence qui était une calamité et un deuil publics. « En effet, dit Gerson [1], quelle responsabilité redoutable c'était prendre sur son âme! que de mauvaises actions, par l'heureuse influence de la sainte parole, n'auraient pas été commises! que de bonnes actions se seraient accomplies! combien auraient profité les vivants et les morts! combien d'âmes du purgatoire auraient quitté plus tôt le lieu d'expiation! que de bien empêché, perdu, faute d'exhortations salutaires! L'honneur du roi et du royaume était atteint d'une blessure profonde; leur renommée en souffrait dans la chrétienté tout entière; on publiait partout qu'il n'y avait plus à Paris ni sainte parole, ni sainte doctrine, et cela, parce qu'on n'y pouvait obtenir justice. »

L'Université s'adressait toujours au roi directement et personnellement, comme la fille à son père; c'était son titre : la fille aînée du roi, et c'est par ce titre qu'elle cherchait à définir sa situation politique et à déterminer son état civil.

Elle ne pouvait toutefois recourir en toutes circonstances à cette menace de la cessation des cours et du silence de la chaire sacrée. Quand ce moyen n'était pas praticable, elle procédait différemment, par l'agitation et le bruit. Elle donnait le mot d'ordre à tous ses prédicateurs, au clergé, qui lui était affilié et qui sortait presque tout entier de son sein, et aussitôt l'idée qu'elle voulait faire prévaloir retentissait d'une extrémité du royaume à l'autre. Elle faisait, en même temps, des

---

[1] Gerson, harangue *Veniat pax*.

processions solennelles à travers Paris et entraînait dans ces démonstrations toute la population de la ville. Au besoin, ses députés allaient remuer et soulever l'opinion de l'Europe. C'est ce qu'elle appelait « tourner sa querelle et sa parole aux hommes, grands et petits, princes et peuples, en plusieurs et diverses manières et diligences sans nombre[1]. »

Donnons une idée sommaire de l'organisation intérieure de l'Université de Paris à cette époque. Elle se composait de quatre grandes compagnies : la faculté de théologie, la faculté de droit, la faculté de médecine, la faculté des arts. Les trois premières facultés étaient formées de la réunion des docteurs dans chaque spécialité et présidées par des doyens. La quatrième, la faculté des arts, était subdivisée en quatre nations, les nations de France, Picardie, Normandie, Angleterre, qui, malgré leurs désignations restreintes, se partageaient toute l'Europe. Dans chacune des nations étaient répartis, selon le lieu de leur naissance, les maîtres ès arts, régents ou non régents, les licenciés et bacheliers en théologie, en droit, en médecine, tous les gradués enfin qui n'étaient pas docteurs. Les procureurs des quatre nations nommaient tous les trois mois le recteur, qui était le président de la faculté des arts et en même temps le représentant et le chef de l'Université entière. Dans les délibérations générales de l'Université, chaque nation avait un suffrage. Les autres facultés n'avaient

---

[1] Gerson, harangue *Veniat pax*.

qu'une voix chacune, ce qui faisait sept suffrages en tout. Tel était le corps universitaire, se recrutant par la voie des thèses et des examens, et se gouvernant démocratiquement par l'élection à tous les degrés.

Au-dessous de cette vaste congrégration de professeurs et de gradués était la masse des écoliers, dont le nombre était immense; il s'éleva, dit-on, jusqu'à quarante mille. Ces écoliers étaient répandus dans la ville ou réunis dans des maisons hospitalières qu'on nommait des colléges. Les colléges étaient des fondations libérales des rois, des prélats, des seigneurs de tous les pays ; on compte trente-cinq de ces fondations dans le courant du quatorzième siècle. Une de ces maisons mérite d'être particulièrement signalée, c'est le collége de Navarre, doté par Jeanne de Navarre, femme de Philippe le Bel. Le collége de Navarre fournit à la période que nous parcourons la plupart de ses hommes éminents : Pierre d'Ailly, Gilles Descamps, Nicolas Clémengis, Jean Gerson, Jean Courtecuisse, etc. ; il est la tête de l'Université. Trois noms résument l'histoire de l'Université de Paris : l'abbaye de Saint-Victor, le collége de Navarre, la Sorbonne; l'abbaye de Saint-Victor, qui représente le grand mouvement philosophique du douzième siècle; la Sorbonne, qui devint au seizième siècle le tribunal de l'orthodoxie; le collége de Navarre, dans lequel peut se personnifier une phase intermédiaire et particulièrement curieuse de l'existence de la grande compagnie. Le collége de Navarre, c'est l'Université militante qui passe de la spéculation à l'action, qui entreprend de diriger et de gouverner l'Église et l'État.

Lorsque le schisme eut éclaté, le roi Charles V obtint, par intimidation et par surprise, que l'Université, à la majorité de cinq voix contre deux, se prononçât en faveur de Clément VII. Aucune contradiction ne s'éleva aussi longtemps que vécut cet habile monarque, qui avait donné au pouvoir royal une vigueur extraordinaire. Mais aussitôt qu'il fut mort, en 1380, la pensée qu'il fallait remédier au schisme fit explosion dans l'Université. Les tuteurs du jeune roi Charles VI s'efforcent vainement de lui imposer silence. Dès 1381, maître Jean Rousse d'Abbeville porte, au nom de l'Université, devant le conseil royal un appel au concile général de l'Église. Le régent fait jeter l'orateur en prison, contraint le recteur et un certain nombre de professeurs à émigrer de France, et menace de sa colère quiconque oserait faire entendre une parole sur le même sujet. L'Université ne se décourage pas; elle continue ses délibérations et ne tarde pas à tenter de nouvelles démarches. Toutefois elle procède avec plus de prudence et se borne cette fois à demander qu'on autorise des prières et des jeûnes publics pour l'extinction de l'horrible schisme. L'audience royale lui est longtemps refusée. Les prédicateurs s'adressent à la piété des fidèles; ils plaignent l'Église misérablement déchirée, ils déplorent « la tunique du Christ, la tunique sans couture, mise en lambeaux. » La grande calamité religieuse, peinte avec les couleurs d'une éloquence apocalyptique, devient le thème de tous les sermons. Enfin, si l'Université ne peut « plaider la cause de la foi » devant le roi assis sur son trône, elle sait bien lui faire entendre ses exhortations du haut de la chaire sacrée. Un document caractéristique de cette première période des efforts de l'Université, c'est le sermon prononcé le jour de l'Épiphanie, en 1390, par Jean Gerson. Gerson n'avait que vingt-sept ans et n'était encore que bachelier en théologie ; mais, sociétaire du collége de Navarre, il était déjà appelé à prêcher devant la cour et avait même obtenu de brillants succès oratoires. Les paroles qu'il prononça ce jour-là devant Charles VI, les princes du sang et les plus grands seigneurs du royaume, sont aussi pathétiques que courageuses ; il termina ainsi son remarquable discours :

« Vous voyez quels maux incalculables proviennent de cette funeste division de la chrétienté : maux temporels, guerres et haines de rois contre rois, de princes contre princes, de peuples contre peuples ; maux spirituels, mauvais gouvernement de l'Église, dégradation du clergé, mépris des sacrements, fausses doctrines qui se propageront de jour en jour, persécution de ceux qui disent et prêchent vérité. Ah ! sire, quand les prêcheurs de vérité seront réduits au silence, alors il n'y aura plus de remède : l'Église, la chrétienté, la foi, seront perdues ! Je ne doute pas, sire, que si vous aviez été, l'autre jour, bien informé de ce que votre très-humble et dévouée fille, l'Université de Paris, voulait vous exposer et déclarer touchant cette haute matière, vous qui avez ardente affection à Dieu, inclination à tous biens et à toutes vertus, vous l'eussiez reçue et écoutée volontiers; et peut-être grand profit en serait-il venu. Cette horrible plaie n'est pas si difficile, si impossible à à guérir que le croient ou feignent de le croire beaucoup de gens, parmi lesquels il y en a sans doute à qui il importe peu comment tout aille, pourvu qu'ils soient gros et gras et que le temps se passe, et qu'ils aient, eux et leurs amis, les grands bénéfices en sainte église. Ceux-là, s'il en est, ne sauraient être précipités trop profondément en enfer! On doit chercher le remède à ce malheureux schisme, on peut le trouver : ni loi, ni décrétale, ne sauraient nous interdire de travailler à l'union. Rien de ce qui a été institué pour le bien de l'Église ne saurait tourner si cruellement à son préjudice. Quand donc, ô Dieu tout-puissant! verrons-nous la paix entre les chrétiens, la concorde au sein de cette Église pour laquelle tu as souffert la mort? cela s'accomplira-t-il de notre temps? verrons-nous ce bienheureux jour? personne ne se dévouera-t-il à ce grand dessein? Ah! si Charlemagne, si Olivier et Roland, Judas Machabée et Éléazar; si saint Louis étaient maintenant en vie, ils aimeraient mieux cent fois périr que de laisser se prolonger une telle division et tout se perdre si misérablement. Roi très-chrétien, roi miraculeusement consacré, ne souffrez pas que cette sainte pacification n'ait point lieu sous votre règne, n'en laissez pas à un autre le mérite et l'honneur. L'œuvre que vous accompliriez serait plus agréable à Dieu, plus digne de perpétuelle mémoire que de vaincre en bataille un peuple de Sarrasins; et votre louange durerait éternellement comme la foi chrétienne. Nobles princes et fils de rois, messeigneurs d'Orléans, de Berri, de Bourgogne, de Touraine, prenez à cœur cette pieuse entreprise, et non-seulement vous rendrez souverain service à Dieu, mais vous maintiendrez votre peuple en plus grande union et obéissance qu'il ne pourra vraisemblablement se faire, si ce schisme funeste n'est pas apaisé[1]. »

Pendant que les prédicateurs s'efforçaient de réchauffer ainsi la tiédeur des princes, les théologiens écrivaient de nombreux traités sur la solution du grand problème. Ils traçaient, dès cette époque, la ligne de conduite dont l'Université ne se départira plus. Ils écartaient résolûment les deux compétiteurs « qui s'arrachaient, comme des ravisseurs, l'épouse du Christ. » Il n'y avait pas à rechercher ni à discuter lequel avait droit, décision impossible, sentence inexécutable; il n'y avait qu'une question à résoudre, c'était de donner à la chrétienté, par les moyens le plus prompts et les plus efficaces, un souverain pontife dont la légitimité et l'autorité ne fussent pas contestées. Pour atteindre ce but, la bonne volonté et le concours des prétendants étaient désirables. A défaut de cette bonne volonté, l'Église, réunie en concile et éclairée par l'Esprit saint, jugerait souverainement et se choisirait un chef. Ces principes supérieurs dirigent désormais la marche de l'Université; elle prend hardiment pour levier l'initiative et la vo-

---

[1] Sermon *Adorabunt eum reges terræ*. V. *Textes et documents*, VI.

lonté générales, elle veut reconquérir l'unité par un spontané et vigoureux mouvement de la société spirituelle; et c'est ainsi qu'elle nous déroule l'étrange spectacle d'une véritable révolution ecclésiastique.

## II

Les énergiques sollicitations, les actives et persistantes démarches de l'Université de Paris, furent enfin couronnées d'un premier succès en 1393 : elle fut invitée officiellement à rechercher et exposer le meilleur moyen de remédier au schisme. Pour donner son opinion dans une matière si importante, l'Université ne voulut pas suivre la forme de ses délibérations ordinaires. Elle procéda comme il suit : un grand coffre ouvert par le haut en manière de tronc, ce qu'on appellerait aujourd'hui une urne électorale, fut placé dans le cloître des Mathurins. Tous ceux qui avaient voix élective ou délibérative dans les facultés et les nations, maîtres ès arts, bacheliers, licenciés, docteurs en théologie, en droit, en médecine, ayant écrit leur avis avec les raisons à l'appui sur un bulletin, *in cedulâ*, le déposèrent dans la boîte. Le scrutin demeura ouvert pendant un certain nombre de jours. Ceci est bien une scène du quatorzième siècle, et c'était le destin de la papauté qui s'agitait dans l'urne.

Le scrutin fermé, une commission, composée de quatorze professeurs de théologie, dix-huit professeurs de droit canon et vingt-deux maîtres ès arts, fut chargée de lire et analyser toutes les cédules et de prendre note de tous les moyens proposés. « Les suffrages, dit la chronique du religieux de Saint-Denis, s'élevèrent au nombre de plus de dix mille. » Les moyens proposés se réduisirent à trois : la cession, le compromis, le concile. La voie de cession, que l'Université recommandait en premier lieu comme le moyen le plus convenable, le plus efficace, le plus prompt, consistait dans le renoncement pur et simple des deux prétendants au pontificat. Ce renoncement se ferait devant les deux colléges ou les délégués des deux colléges de cardinaux ; après quoi, tous les cardinaux réunis procéderaient à une nouvelle élection. Nicolas Clémengis fut chargé de rédiger les conclusions de l'Université.

Les légats de Clément VII réussirent à changer, dans l'intervalle, les dispositions des princes ; lorsque les docteurs demandèrent à présenter au roi le factum de Clémengis, le duc de Berri leur déclara que leur conduite était présomptueuse et que, s'ils persistaient dans leur projet, il ferait jeter à l'eau tous les promoteurs de cette affaire. Les docteurs ne furent pas intimidés ; repoussés par le duc de Berri, ils s'adressèrent au duc de Bourgogne, qui leur obtint une audience royale. Là, ils reçurent de nouveau de la bouche du chancelier de France l'ordre formel de ne plus agiter cette question. L'Université ne s'avoua pas vaincue ; elle envoya son factum au pape et aux cardinaux. Clément VII, à la lecture de ces pages audacieuses, fut saisi d'une violente indignation : « C'est un libelle diffamatoire contre le saint-siége apostolique ! » s'écria-t-il. Les cardinaux accueillirent tout différemment le message ; ils le prirent en sérieuse considération ; ils s'assemblèrent, malgré les ordres de Clément, pour en délibérer, et ils exprimèrent l'opinion que les moyens proposés par l'Université de Paris étaient réellement ceux qu'il fallait adopter si l'on avait à cœur l'union de l'Église. Clément VII mourut au bout de trois jours, de dépit, dit-on, et de colère.

A la nouvelle de sa mort, la cour de France avait écrit au sacré collége de surseoir à l'élection. Mais les cardinaux s'étaient hâtés d'entrer au conclave. Toutefois, avant d'arrêter leur choix, ils s'engagèrent tous à travailler à l'extinction du schisme ; chacun d'eux signa et scella un acte par lequel il promettait d'adopter, pour atteindre ce but, tous les moyens que la majorité des cardinaux jugerait utiles, y compris la voie de cession. Cette précaution prise, ils donnèrent pour successeur à Clément VII le cardinal aragonais Pierre de Luna. Intronisé sous le nom de Benoît XIII, le nouveau pontife écrivit aussitôt au roi de France pour l'exhorter à travailler diligemment au rétablissement de l'unité chrétienne, de concert avec le clergé du royaume, et surtout avec la vénérable Université de Paris. Il se disait prêt, quant à lui, à accepter la voie qu'on estimerait la plus commode et la plus praticable. Le pape romain Boniface IX envoya des protestations dans le même sens. Ces témoignages de bonne volonté donnèrent aux Parisiens les meilleures espérances ; ils crurent toucher à la fin de la crise religieuse. Gerson se fait l'interprète de ces fausses joies dans le sermon : *Vade in pace.*

> Allons, allons sans atargier,
> Allons de paix le droict sentier.

Les prédicateurs de cette époque avaient coutume de traduire en vers le texte de l'Écriture qu'ils appliquaient à leurs discours, afin de le fixer plus facilement dans la mémoire des auditeurs. Gerson, en cette circonstance, emporté par l'allégresse, redouble ses rimes :

> Grâces à Dieu, louange et gloire,
> Quand il nous donne la victoire !

Hélas ! c'était trop tôt. Il fallut bientôt rabattre de cet enthousiasme.

Afin de répondre aux exhortations de Benoît XIII, l'Église de France se réunit en synode en 1395. Ce synode se prononça en faveur du moyen proposé par l'Université de Paris : la voie de cession. Une solennelle ambassade, qui avait à sa tête les ducs de Berri, de Bourgogne, d'Orléans, les évêques de Senlis, de Poitiers, d'Arras, etc., se rendit à Avignon pour communiquer au pontife la décision du concile national. Benoît écarta la proposition et en fit une autre qui lui semblait meilleure et plus canonique : c'était qu'on lui ménageât une entrevue avec son adversaire romain dans un endroit sûr près des frontières de France, afin qu'ils pussent débattre contradictoirement, en présence de leurs cardinaux, leurs droits respectifs. L'ambassade insista pour qu'il adoptât la voie de cession. Benoît demanda alors qu'elle lui fût expliquée par écrit avec la théorie et la pratique. Maître Gilles Descamps, l'orateur de l'ambassade, répliqua que c'était soulever des difficultés inutiles, qu'un mot disait tout : *cession*. Le pape se plaignit alors amèrement qu'on voulût user de contrainte à son égard. Il parla de son autorité suprême et rappela qu'il était au-dessus de tous les mortels, et qu'il n'avait de compte à rendre qu'à Dieu. Les cardinaux, à l'exception d'un seul, approuvèrent la décision de l'Église de France, et se joignirent aux ambassadeurs pour supplier le pape d'accepter, comme il s'y était engagé, la voie de cession. Benoît persista à offrir ce qu'il appelait la voie de conférence. Cette négociation dura six semaines. Le camp des princes était établi à Villeneuve, de l'autre côté du Rhône. Une nuit, le pont fut incendié et les communications avec le palais pontifical furent interrompues. Il fallait traverser le fleuve en barque ; le passage était difficile et dangereux. Les ambassadeurs réclamèrent une réponse définitive, qu'ils n'obtinrent pas, et s'en revinrent à Paris.

La déception, l'irritation, furent grandes, surtout dans l'Université. Elle écrivit aux cardinaux : — « Puisque notre saint-père le pape ne veut pas imiter la conduite de l'apôtre saint Pierre, qui abandonna tout pour l'amour de Jésus-Christ, il ne nous reste qu'à lui résister en face parce qu'il est répréhensible et condamnable. En conséquence, nous avons résolu de démontrer sa culpabilité, d'en publier les preuves et les témoignages, de les notifier aux rois, aux princes, aux grands, au clergé, aux gens d'étude, à tous ceux qui composent la société des fidèles. Pour cela, nous avons prié notre sire le roi de France d'envoyer ses ambassadeurs chez toutes les nations. Nous-mêmes, nous envoyons nos députés non-seulement en Angleterre et en Allemagne, mais en Espagne, en Aragon, en Navarre, d'une part, et, de l'autre, dans la Hongrie et dans la Bohême. Et nous ne cesserons de proclamer tout ce qui appartient à cette cause dans des discours, dans des discussions publiques, par toutes les manières que nous jugerons convenables. »

C'était, comme on voit, une sorte de déclaration de guerre; l'Université entra immédiatement en campagne. Elle se mit sur les grands chemins; ses docteurs, Gilles Descamps, Jean Courtecuisse, Pierre Plaoul, Jean Luquet, etc., parcoururent l'Europe, chevauchant comme ils n'avaient pas appris à le faire, ainsi que le chroniqueur Monstrelet nous peint l'un d'eux, maître Pierre Plaoul, dans sa robe doctorale, assis sur son palefroi tout d'un côté, à la manière des nobles femmes. Ils s'en allèrent, au nom de leur congrégation partout respectée, prêcher à la cour des princes, dans toutes les capitales, dans toutes les universités, l'indépendance vis-à-vis des prétendants au pontificat, et le rétablissement de l'unité par le concours de tous les fidèles. Cette croisade d'un nouveau genre avait un premier résultat, c'était d'affaiblir réellement la division, de renouer les relations religieuses, de répandre des idées communes et de former une opinion dominante dans le monde catholique.

Mais le parti adopté par l'Université présentait aussi, d'autre part, de graves inconvénients : il augmentait le désordre en achevant de relâcher les liens de la subordination et de la discipline. Les docteurs ne se bornaient pas à prêcher ces libres doctrines aux grands, aux puissances ecclésiastiques et laïques; quelques-uns s'en faisaient les missionnaires auprès du peuple. Parmi les personnages éminents de l'Université, on remarquait, en 1393, un docteur en décret nommé Jean de Varennes, originaire de la Champagne. Il avait le titre d'auditeur de rote et de chapelain de la chapelle apostolique. Il avait été investi de riches bénéfices dont les revenus s'élevaient à plus de quinze cents écus d'or. Tout à coup il renonça à tous ces avantages, et, quittant Paris, vint s'établir sur le mont Saint-Lié, à quatre milles de Reims, où il se construisit une cellule. Jean de Varennes était un homme de mœurs austères, d'un esprit ascétique, mais orgueilleux, violent, insubordonné. Il vécut là, au hameau de Saint-Lié, comme un ermite des anciens jours, dans la pauvreté évangélique, dans les jeûnes, les prières, les veilles, et prêchant au peuple. Sa renommée grandit en peu de temps et se répandit au loin. On ne l'appelait partout que le saint homme; pour écouter sa parole, il se rassemblait des multitudes innombrables, à qui il faisait entendre ce langage familier, hardi, plein de mouvements dramatiques, qui a un pouvoir souverain sur les masses populaires.

Jean de Varennes commença par faire appel à la conscience de Benoît XIII, qu'il avait connu autrefois à Paris, du temps que le cardinal aragonais était légat de Clément VII, son prédécesseur. Il adressa successivement au pontife cinq lettres d'un ton de plus en plus rude pour le sommer de rendre l'union à l'Église. Dans la quatrième lettre, datée de 1595, il s'exprime ainsi : « Le temps s'écoule, qu'ai-je fait encore ? J'aimerais mieux mourir dans la lutte que de languir ainsi ayant sous les yeux la perdition du peuple et les souffrances des saints! Vous et votre adversaire, vous méditez vos desseins funestes au fond de vos chambres chaudes, et vous ne voyez pas ce qui se passe dans le monde. J'adjure Dieu que si vous étiez tels que vous devriez être, vous n'oseriez dormir une seule nuit d'un sommeil calme avant d'avoir donné la paix à la chrétienté. Comment des hommes osent-ils jeter tant de désolation et de désastres dans l'univers ? Comment osent-ils croasser : Paix ! paix ! comme des corbeaux, en public ; et en cachette ourdir des trames pour empêcher que la paix ne s'accomplisse !... » Il signait avec une humilité qui semble bien affectée après de telles paroles : *Sanctitatis vestræ supplex creatura, pauper peccator Sancti Leti.*

Renonçant bientôt à ces vaines exhortations, il prêcha au peuple l'opinion qui prévalait peu à peu dans l'Université de Paris : la vacance du siége apostolique par suite de la suspicion légitime dont était entaché le droit de l'un et l'autre prétendant. Il disait à la foule : — « Bonnes gens, ne vous déconfortez pas, car de pape nous ne pouvons manquer : le doux Jésus est notre vrai pape et chef de l'Église. Et la très-douce vierge Marie non plus ne nous manquera pas ; elle sera toujours dame et maîtresse de tout le monde, reine du ciel et de la terre, et papesse de l'Église. » Tout le peuple des diocèses de Reims, Soissons, Laon, Châlons, croyait qu'il n'y avait plus de pape, et on refusait d'écouter les prédicateurs qui soutenaient l'opinion contraire. L'archevêque de Reims lui-même, ayant nommé en chaire monseigneur Benoît comme souverain pontife, fut interrompu par des rumeurs et des bruits injurieux.

Maître Jean de Varennes ne cessait pas de proclamer cette défaillance de l'autorité suprême; suivant encore les idées et les tendances de sa mère l'Université, il prenait en même temps le rôle de réformateur. Il déclarait une guerre à outrance aux abus et aux corruptions du clergé; il poursuivait de ses plus ardentes invectives les prêtres concubinaires, les prêtres *mariés*, qui se multipliaient dans les campagnes; il accusait les moines mendiants de propager des doctrines erronées et superstitieuses; il attaquait surtout avec fougue les prélats concussionnaires, simoniaques, usuriers, parmi lesquels son propre archevêque, l'archevêque de Reims, était digne, disait-il, de porter la bannière. Il entreprenait de s'opposer, avec les seules forces de la parole, aux extorsions de la justice épiscopale. — « Bonnes gens, disait-il, réconfortez-vous en Dieu; ceux de Reims m'ont promis par un chevalier, c'est le bailli de Vermandois, par un docteur, c'est le doyen de Reims, et par trois échevins, que dorénavant on vous fera justice, que les curés seront démariés et que les mendiants prêcheront vérité; et s'ils ne le font, venez à moi, je crierai si haut, que le ciel et la terre l'entendront. »

Il allait plus loin, il ajoutait : — « Si les abus ne cessent pas, je vous conseillerai alors moi-même de ne plus comparaître devant l'official; si on vous envoie des appariteurs, de leur fermer votre porte; et, s'ils la brisent... vous êtes plus nombreux qu'eux, vous saurez que faire. Contre ces loups dévorants, il faut crier : Au loup! au loup! *hahay! aus leus, mes bonnes gens, aus leus!* Quand on crie aux loups, ils s'enfuient, et ainsi ils laissent leur proie. » La multitude répétait après lui : *Aus leus! aus leus!* et, quand la clameur avait cessé, il reprenait son discours; il leur recommandait d'être prudents, toutefois, de ne pas se laisser entraîner aux rébellions, car, disait-il, vos ennemis ne demanderaient pas mieux; ils vous y excitent, au contraire, afin d'avoir l'occasion de vous écraser[1].

Le clergé de Reims nommait les immenses rassemblements qui se formaient pour écouter cet enseignement séditieux : les *jaqueries de Saint-Lié*. Une telle prédication ne pouvait durer longtemps sans mettre en feu ces provinces. L'archevêque de Reims, Guy de Roie, que Jean de Varennes traitait ouvertement d'ennemi de Dieu et du peuple, n'osa pas agir cependant avant d'avoir obtenu l'autorisation royale; elle lui fut accordée, et le bailli de Vermandois reçut l'ordre d'arrêter le curé de Saint-Lié.

[1] « Comment s'étonner que j'aime le peuple, dit-il à ce propos, étant du peuple et l'un des derniers ! »

Il le prit dans son ermitage et le conduisit, au milieu d'une nombreuse troupe d'hommes d'armes, au château de Porte-Mars (1396). Jean de Varennes, prévoyant son arrestation, avait recommandé lui-même qu'on demeurât immobile et silencieux, parce que tout était préparé pour une répression sanguinaire; il traversa une population désolée qui versait des larmes, mais qui ne fit aucun mouvement pour le délivrer. Le prisonnier fut transféré du château de Reims dans les cachots de Saint-Maur : il ne fut réclamé et défendu, ni par l'Université, ni par personne; il avait sans doute outre-passé les justes bornes. On ne sait ce qu'il devint : il est probable qu'il périt dans sa prison [1].

D'autres docteurs de Paris entreprenaient à la même époque des missions analogues dans les provinces. L'un d'eux, maître Jean Petit, dont le nom est devenu célèbre, parcourut la Normandie, dont il était originaire. Les prêtres *mariés*, qu'il attaquait avec non moins d'énergie que Jean de Varennes, se liguèrent contre lui, l'assaillirent, le poursuivirent et vinrent jusqu'à Paris l'accuser d'hérésie devant le tribunal ecclésiastique. Là, bien entendu, maître Jean Petit fut acquitté [2].

L'Université de Paris était agitatrice; elle aggravait

---

[1] V. *Opera Gersonii*, ed. Ellies Dupin, tomes I et II. La réponse de Jean de Varennes aux chefs d'accusation portés contre lui, est datée du dernier jour de juillet 1396 : « Istas responsiones correxi, et Deus scit cum quâ pœnâ, semper timens quod sicuti aliæ tyrannice mihi auferentur. »

[2] Lui-même s'exprime ainsi au synode de 1406 : « Autrefois en l'archevesquié de Rouen, je fis aucuns sermons contre les prestres concubinaires, mais Dieu scet comment il me assalirent, tant qu'il vindrent jusques à ceste ville en fere estudier les docteurs contre moy. »

certainement la confusion et le scandale même. Cela ne valait-il pas mieux encore que l'indifférence et le lâche abandon dans lequel s'endormaient les prélats, renonçant, dit le religieux de Saint-Denis, à combattre le mal, fermant les yeux, laissant la barque de saint Pierre aller à la dérive et abandonnant à Dieu le soin de la sauver! L'Université donnait la fièvre à l'Église, plutôt que de la laisser périr dans l'apathie et la torpeur.

## III

Quand l'Université posait des principes, elle savait en tirer toutes les conséquences; elle conseilla de supprimer tous les droits pécuniaires que le pape percevait dans le royaume, de lui enlever la collation des bénéfices, en un mot, de se soustraire à son obéissance. Le duc de Bourgogne, Philippe le Hardi, l'ami des universitaires, était alors prépondérant dans le gouvernement; il consentit à soumettre la proposition à l'Église gallicane. Un concile national s'assembla en 1398. A ce concile assistaient sept archevêques, trente-deux évêques, les abbés des grandes abbayes, les doyens des principaux chapitres, les représentants des universités du royaume. La question fut débattue comme un procès devant un tribunal. Six orateurs plaidèrent pour la soustraction d'obéissance, six autres parlèrent contre. Après ces débats solennels, on vota par écrit. Il y avait trois cents opinants, chaque université ne comptant que pour une voix. Deux cent quarante-sept votes se prononcèrent pour la soustraction totale et immédiate. Le chancelier, toutes portes ouvertes, en présence d'une foule innombrable, proclama la décision du concile. Une ordonnance royale la confirma et déclara Benoît XIII privé, non-seulement de la nomination aux bénéfices, mais de toute autorité en France, jusqu'à ce qu'il acceptât la voie de cession.

L'ordonnance fut signifiée au pape; Benoît XIII répondit simplement que « le roi ferait ce qu'il voudrait dans son royaume, que, pour lui, il savait ce qu'il avait à faire dans le sien. » Dix-sept cardinaux approuvèrent la décision du concile; deux, le cardinal de Pampelune et celui de Tarragone, restèrent attachés au pontife, leur compatriote. Benoît XIII, caractère d'une opiniâtreté inflexible, s'était préparé à la résistance; il s'enferma dans le château d'Avignon muni d'armes, de vivres et de soldats comme une forteresse, et déclara qu'il saurait défendre et garder son nom et la papauté jusqu'à la mort. Un spectacle inouï fut alors donné au monde catholique. Le maréchal Boucicaut reçut l'ordre de réduire Benoît par la force des armes. Les cardinaux et les habitants d'Avignon se joignirent aux Français pour assiéger la citadelle pontificale. Le cardinal de Neufchâtel, dans sa robe rouge, l'épée à la ceinture, fit pointer les canons contre les murailles du palais. Après quelques mois d'efforts actifs, de sape, de mines et d'assauts qui furent repoussés, on convint de transformer le siége en une sorte d'emprisonnement, de garder vigilamment les issues et d'empêcher que le pape ni aucun des siens ne s'échappassent. Benoît, n'ayant plus autour de lui que des hommes d'armes, étroitement cerné dans une forteresse qui tombait en ruines, ne se laissa pas abattre. Cette captivité se prolongea pendant près de cinq années.

Pendant ce temps, un revirement s'opéra peu à peu dans l'opinion. L'exemple de la France n'avait été imité en Europe que par la Bavière. Les autres princes avaient répondu aux ambassadeurs de l'Université de Paris que mieux valait encore avoir un pape douteux que ne pas en avoir du tout. En France, les conséquences inattendues de la déclaration d'inobédience avaient effrayé beaucoup de consciences et tourné contre cette mesure les meilleurs esprits. L'Université de Toulouse, fidèle au pape d'Avignon, fut la première à élever la voix. Elle attaqua violemment, dans une lettre adressée au roi, « ce mauvais arbre qui avait porté de si mauvais fruits. » Elle s'emporta presque avec fureur contre les promoteurs de cette mesure criminelle, « grammairiens imbéciles, sophistes astucieux, dialecticiens bavards, » comme elle appelait ses confrères de Paris, et lança contre eux de véritables imprécations : « Qu'ils soient excommuniés, maudits, condamnés à l'exil! que leurs biens soient confisqués, leurs maisons détruites! que l'infamie reste à jamais attachée à leur nom, et que leurs descendants soient à perpétuité privés de leurs droits civiques, incapables de témoigner en justice, inhabiles à tout acte légal! » L'Université de Paris répliqua en se moquant de l'éloquence ampoulée des docteurs de Toulouse et en amoindrissant d'autant la puissance papale que les autres l'exaltaient davantage : — « La puissance papale, disaient-ils, existe pour l'édification de l'Église, non pour sa ruine; elle est subordonnée à sa propre fin. Comment la partie serait-elle au-dessus du tout, le pécheur au-dessus de l'impeccable, le faillible au-dessus de l'infaillible, le membre plus que le corps entier, le moyen plus que le but? Benoît est schismatique obstiné, hérétique contumace; il est par conséquent non le chef, mais l'ennemi et le fléau de l'Église; c'est donc accomplir un devoir, c'est donc obéir à la loi divine, que de lui désobéir et de se séparer de lui. »

Cependant, au sein même de l'Université de Paris, les hommes les plus distingués se détachaient de la cause commune. Nicolas Clémengis écrivit vigoureusement contre la soustraction. Pierre d'Ailly, Jean Gerson, n'en étaient pas ou n'en étaient plus partisans. L'appel à la force, l'intervention des gens d'armes dans les affaires religieuses, l'invasion brutale du canon dans le royaume de l'esprit, les avaient révoltés. Ils se sentaient précipités en dehors de toutes les règles. Ils ne pouvaient admettre que l'Université déclarât de sa propre autorité et sans autre information le pape convaincu de schisme et d'hérésie; ils pouvaient moins admettre encore qu'elle fît exécuter la sentence par le bras séculier. Ils protestaient qu'en poursuivant ce grand procès devant l'Église, ils n'avaient entendu le faire trancher absolument et rigoureusement que par un concile œcuménique, que jusque-là on pouvait obtenir de Benoît XIII une abdication volontaire, mais non l'y contraindre par la force, non le juger et le déposer. Il se formait ainsi dans l'Université, particulièrement dans le collége de Navarre, un parti modéré qui regrettait de voir le mouvement dépasser ses intentions et ses prévisions, et refusait de s'engager dans les voies violentes.

Dans l'épiscopat et les hautes régions du clergé, on était généralement hostile à un état de choses qui jetait la plus grande perturbation dans la discipline. Les cardinaux, fatigués d'une position anormale, n'avaient pas été les derniers à se repentir. Une lettre adressée au roi par Benoît XIII et dans laquelle il dépeignait pathétiquement sa détresse, produisit une grande sensation; Benoît XIII avait eu le bon esprit de ne faire aucun usage de ses armes spirituelles; il s'exprimait avec une indulgence qui était presque de la magnanimité et qui mettait tous les torts du côté de ses persécuteurs. Son parti se fortifiait de jour en jour. Le duc d'Orléans déclara en plein conseil que si l'on n'envoyait pas aux troupes l'ordre de se retirer, il irait en personne délivrer le souverain pontife.

On a présente à l'esprit la situation politique de la France à cette époque. Le roi Charles VI était en démence; l'autorité royale, qui lui était nominalement conservée, était exercée par un conseil des princes du sang. Deux rivaux se trouvaient en présence dans ce conseil, dans Paris, dans la France : le duc de Bourgogne, oncle du roi; le duc d'Orléans, frère du roi. L'un et l'autre cherchaient un point d'appui dans les intérêts contraires, dans les passions jalouses qui partageaient la société. La lutte était alors plus ardente, plus acharnée entre la bourgeoisie et la noblesse qu'elle ne l'a été à aucune époque ; elles formaient véritablement comme deux nations distinctes, comme deux peuples ennemis sur le même territoire. Le duc de Bourgogne flattait, exploitait l'influence de la bourgeoisie pour l'opposer dans le gouvernement à l'influence de la noblesse, que représentait le duc d'Orléans. De même le conflit religieux s'était personnifié dans les deux princes : le duc de Bourgogne favorisait l'Université, le duc d'Orléans soutenait le pape. La révolution ecclésiastique et la révolution politique s'enlaçaient, se compliquaient et se précipitaient l'une par l'autre. L'influence du vieux duc de Bourgogne, Philippe le Hardi, avait prévalu jusqu'ici. Mais le duc d'Orléans avançait en âge, il eut trente ans en 1401, et son rôle se dessinait ; allié à la reine Isabeau de Bavière, il contre-balançait maintenant le pouvoir du duc de Bourgogne et tendait à se faire attribuer la direction exclusive des affaires.

Le 12 mars 1403, Benoît XIII, aidé par Robert de Braquemont, chevalier attaché au duc d'Orléans, s'échappa sous un déguisement du château d'Avignon. Dès qu'il fut libre, la face des choses changea tout à coup ; les esprits tournèrent, dit le religieux de Saint-Denis, comme les roseaux s'inclinent d'un autre côté quand varie le vent. Il y eut un mouvement général de retour vers la suprématie pontificale.

Le duc d'Orléans, profitant d'un instant où un peu

de raison, « une résipiscence telle quelle, » comme parle Monstrelet, était revenue au roi, se présenta à son frère, lui montra les attestations d'un grand nombre de prélats qui demandaient que le royaume fût replacé sous l'autorité du souverain pontife, lui communiqua des promesses très-satisfaisantes faites par Benoît XIII, et le supplia de prendre une résolution immédiate. Le roi se dit heureux de rentrer sous l'obéissance du saint-père. Un secrétaire était prêt, qui dressa les actes. L'ordonnance fut promulguée : on expédia à toutes les églises l'ordre de chanter le *Te Deum*. Pierre d'Ailly, évêque de Cambrai, proclama et prêcha dans la chaire de Notre-Dame de Paris la « restitution d'obéissance. » Toutefois la restitution d'obéissance n'avait pas lieu sans conditions. Le duc d'Orléans déclarait que Benoît XIII s'était engagé à accepter la voie de cession en trois cas : si son adversaire le pontife romain cédait lui-même, mourait ou était renversé de son siége; que de plus il s'était engagé, en tout état de cause, à assembler, dans le délai d'un an, un concile des nations qui lui étaient soumises, et à exécuter sans retard tout ce qui aurait été décidé dans ce concile.

En présence de semblables promesses, l'Université n'avait pas fait de résistance, bien qu'elle les jugeât mensongères et illusoires. Ses défiances furent promptement justifiées. La restitution accomplie, Benoît parut n'avoir aucun souvenir des engagements dont le duc d'Orléans s'était porté garant vis-à-vis du roi et de la nation. Les ambassades se succédèrent sans pouvoir obtenir la confirmation de ces engagements. Deux, trois années se succédèrent. Non-seulement le pape ne songeait aucunement à convoquer un concile, mais il était moins conciliant, plus intraitable que jamais. L'Université n'avait pas attendu si longtemps pour recommencer la lutte ; elle avait dû toutefois la transporter sur un autre terrain : elle attaquait Benoît XIII indirectement dans son soutien et dans son protecteur ; elle entrait avec toutes ses forces, avec tous ses moyens d'agitation, dans l'opposition au duc d'Orléans.

L'Université, unissant sa cause à celle de la bourgeoisie, donna aux plaintes, aux récriminations, aux ressentiments de cette dernière, une grave autorité en même temps qu'un immense retentissement. Les docteurs descendirent dans l'arène politique avec tout le pesant arsenal de la science scolastique. La rhétorique artificielle de l'École servit d'interprète aux passions populaires. De là l'étrange caractère des nombreux documents de l'ardente polémique de l'époque, tout hérissés de textes de l'Écriture, divisés et subdivisés à l'infini, et associant l'inoffensive et puérile allégorie aux invectives des carrefours. Les docteurs prenaient contre le gouvernement des conclusions dogmatiques comme en matière de foi. La plainte contre l'impôt, la grande clameur du temps, le mot d'ordre commun de la bourgeoisie, devenait le thème ordinaire des prédications. Les orateurs de l'Université ne manquaient pas de porter aux oreilles du roi lui-même les gémissements de son peuple, toutes les fois que le malheureux monarque pouvait les entendre, soit au conseil, soit à l'église. C'était un cri, une dénonciation universelle contre l'oppression que le duc d'Orléans faisait peser sur le royaume, dénonciation menaçante : les docteurs proclamaient les doctrines les plus dangereuses avec la hardiesse d'hommes étrangers à la pratique des affaires ; ils invoquaient contre les princes les maximes tyrannicides de l'antiquité, et réclamaient le droit naturel des peuples à la sédition.

Il y eut, pendant ces premières années du quinzième siècle, un déchaînement incroyable de la parole. Le duc d'Orléans n'avait rien à opposer à cette insaisissable puissance ; il se formait contre lui, de toutes les excitations, de toutes les diffamations, une immense, une implacable colère, la plus formidable impopularité dont il y ait peut-être exemple dans l'histoire.

A la faveur de ce violent mouvement d'opposition, le duc de Bourgogne revint à Paris. Le duc de Bourgogne n'était plus Philippe le Hardi, mort en 1404, mais son fils Jean sans Peur. Les deux rivaux s'attaquèrent d'abord avec vivacité et donnèrent le signal de la guerre civile, puis ils conclurent une trêve. Pendant cet armistice, les deux princes quittèrent Paris d'un commun accord ; ils s'en allèrent, l'un dans le Midi, l'autre dans le Nord, guerroyer les Anglais, afin d'acquérir quelque prestige militaire. Ils se tinrent ainsi éloignés des conseils du roi pendant presque toute l'année 1406. Le théâtre était libre, l'Université s'en empara ; elle n'attendait qu'un moment favorable pour poursuivre la grande affaire du schisme; l'absence du duc d'Orléans lui rendait sa liberté d'action; elle se mit aussitôt à l'œuvre.

## IV

L'Université décida en assemblée générale que la restitution d'obéissance ayant été conditionnelle, et les conditions n'ayant pas été exécutées dans le délai fixé, on se retrouvait actuellement et de plein droit sous le régime de la soustraction. Elle porta d'abord la question devant le parlement, en ce qui concernait la perception des dîmes et des finances pontificales[1]. Le parlement donna arrêt en faveur de l'Université, et prononça que toutes les subventions accordées à la cour de Rome devaient être dès à présent suspendues.

L'Université, pour faire juger la question au spirituel, provoqua la convocation d'un nouveau concile de l'Église gallicane. Elle-même paya de ses deniers, comme le fera remarquer Jean Petit dans le cours des débats,

[1] Le lundi 6 sept. 1406, les registres du parlement portent la mention suivante : « Cedit jour a esté proposé par un maistre en théologie appelé M. Jean Petit et puis par le procureur du roy et par un advocat contre le pape Benedict présent, à fin de soubstraction des finances que ledit Benedict exige et lève en ce royaume, présens les deux chambres, plusieurs prélats de ce royaume, comme l'archevesque de Tours, l'évesque de Paris, etc., l'Université de Paris, et plusieurs autres, publiquement en la grand chambre du parlement. » — Arrêt du parlement, du 11 sept., donnant droit à l'Université.

les courriers qui furent expédiés aux prélats. Le concile se réunit à Paris le jour de la Toussaint de l'an 1406. Les partis sont, à cette époque, plus tranchés qu'en 1398. L'Université et ceux qui suivent son impulsion se montrent plus résolus ; le mouvement n'a fait que croître en audace et en violence. Mais la résistance est aussi moins timide. Beaucoup de prélats, tels que l'archevêque de Reims, l'évêque de Gap, l'évêque de Périgord, s'opposent ouvertement à la faction universitaire. Le parti de l'obéissance est nombreux, puissant, appuyé par des hommes éminents. La lutte doit être vive; nous nous trouvons en présence d'une véritable assemblée révolutionnaire. Il entre dans notre plan de décrire et de représenter un de ces conciles de l'Église de France pendant le grand schisme. Celui-ci, au point de vue de l'ardeur et de l'âpreté de la discussion, est le plus curieux. Nous possédons une sorte de procès-verbal des séances, une sténographie, si l'on nous permet d'employer cette expression, des discours qui y furent prononcés[1]. A l'aide de ce document, nous voulons non pas reproduire l'ensemble des débats, mais en relever les traits les plus saillants et en dessiner la physionomie générale.

Le synode fut présidé par le Dauphin, duc de Guyenne, en l'absence du roi; c'était un enfant d'une dizaine d'années. Il était entouré des seigneurs du conseil, les ducs de Berri, de Bourbon, les rois de Sicile et de Navarre,

---

[1] Mst. f. de Saint-Victor, n° 266. Bibl. imp.

le comte d'Alençon, etc. Les évêques étaient au nombre de trente-cinq à quarante, auxquels on doit ajouter les abbés, les doyens, et les délégués des universités, au nombre de trois à quatre cents. Les séances eurent lieu dans la petite salle du Palais, sur la Seine. Le premier jour, maître Pierre aux Bœufs, docteur en théologie, de l'ordre des Frères mineurs, exposa la requête de l'Université de Paris, en restant dans les termes généraux. Le lendemain, maître Jean Petit fut chargé de préciser les faits et de développer les motifs. Le chancelier ouvrait la séance par ces mots : « Allez quand vous pourrez! » L'orateur commence ainsi :

« *Protestor primo* : que je n'entends rien dire contre la sainte Écriture, contre les saints docteurs, contre la doctrine de l'Église ; *secundo*, que je n'entends rien dire en injure de quelque personne que ce soit ; si j'en dis aucune chose, je ne le dis pas *animo injuriandi*, Dieu en est témoin ! Si je ne parle pas toujours avec l'humilité qui appartient à la matière, qu'on me le pardonne, car si je ne montre humilité *ore, habeo tum in corde. Tertio*, que rien de ce que je dirai, je ne le dirai pour faveur ou pour haine. Je vous jure en ma conscience que lorsque j'appris que Pierre de la Lune, qui est maintenant Bénédic, était élu pape, j'en eus singulière joie, parce que je l'avais entendu approuver et prêcher la voie de cession au temps où il était légat en France. Aucuns pourront gloser sur ma façon de parler et seront sans doute d'avis que je m'exprime avec trop de chaleur et de colère ; mais, pour Dieu ! ayez-moi pour excusé, car chacun a sa manière, et, quant à moi, je suis rude et parle hâtivement et chaudement. »

Maître Jean Petit, après avoir averti ainsi son auditoire, raconte tout ce qui s'est passé depuis l'élection de Benoît XIII. Ce récit est plein d'anecdotes curieuses, de traits piquants. L'orateur rapporte qu'après la mort de Clément VII, au moment de l'élection, un des cardinaux disait dans le conclave : « Je suis trop fragile; peut-être ne pourrais-je me résigner à céder; je ne veux pas m'exposer à cette épreuve. — Quoi! répliqua Pierre de la Lune, cela n'est rien; si c'était de moi, j'abdiquerais aussi aisément que je me défais de ma chape. » Dans ce même conclave, on mit en avant le prieur de la Grande Chartreuse. « Ces gens solitaires, objecta Pierre de la Lune, sont sujets à être obstinés et entêtés dans leurs opinions. »

Ainsi encore, en parlant de la fameuse ambassade des princes et de l'incendie du pont d'Avignon, Jean Petit ajoute :

« C'est lui, Bénédic, et non un autre, qui avait fait mettre le feu au pont, afin d'empêcher les ducs de venir vers lui. Et que fit-il? Il excommunia ceux qui étaient les auteurs de cet incendie, à moins qu'ils ne l'avouassent à lui ou à son pénitencier. Il fit comme le prêtre qui avait mangé l'oie de son paroissien et qui disait : « J'excom-
« munie celui qui a mangé l'oie d'un tel, s'il ne dit : Je
« l'ai mangée. »

Il rappelle toutes les feintes, toutes les ruses, tous les bons tours de Benoît. Cela est dit avec plus de vivacité et de brutalité que d'élégance : « Regardez s'il ne se parjure pas à chaque coup; il ne faut pas tourner autour du pot, il est tout clair qu'il se parjure à chaque coup [1]. » Il justifie la soustraction d'obéissance, décrétée en 1398, par la comparaison suivante : « Supposons qu'il y ait deux maîtres sur un vaisseau, qui ne fassent que contester ensemble et s'entre-battre, les autres mariniers laisseront-ils tout périr? Non pas, ils leur feront soustraction; ils les jetteront à l'eau s'ils ne peuvent autrement les mettre d'accord. » Mais, plus tard, « Bénédic, considérant que ce n'était pas jeu d'enfants et que l'eau ne venait plus au moulin, » consentit à céder *altero cedente, mortuo, vel ejecto*. On lui fit alors restitution sous quatre conditions. Jean Petit démontre que ces conditions, Benoît les a toutes violées, et il conclut qu'on doit proclamer de nouveau l'indépendance du royaume. Tel est le discours par lequel le député de l'Université ouvrit les débats, discours qui ne semble pas en harmonie avec la gravité du sujet et la solennité de l'auditoire, mais du reste brusque, énergique, franc du collier et salé, comme aurait dit Saint-Simon [2].

---

[1] « Or regardés s'il samble point qu'il se parjure à chacun cop; il ne faut point aler environ le pot : il est tout cler qu'il se parjure à chacun cop. » — « Les lois, ajoute-t-il, veulent que qui se parjure, qu'il soit réputé infâme, et ne le croit-on plus de rien qu'il die. Se un homme s'estoit parjuré en la court de l'official, il seroit mis en l'eschelle, il seroit infâme. »

[2] Citons encore cette singulière réminiscence classique : « Par le moien du desir qu'il se faindoit avoir à a voie de cession, et que il ne approuvoit autre voie, fut-il elleu pape, mais je croy que l'en puet bien dire de luy comme de celi qui se associa avoecq Médéa, qui estoit

Le chancelier de France, Arnaud de Corbie, fit alors la proposition de désigner un certain nombre d'orateurs qui seraient chargés de la défense des droits du pape. Cette demande, à laquelle on eût acquiescé sans peine, comme le remarque le religieux de Saint-Denis, s'il se fût agi d'un simple paysan, fut combattue par les universitaires qui alléguaient la mauvaise foi et l'endurcissement de Benoît XIII. La proposition fut toutefois adoptée. On confia la cause de Benoît à Guillaume Fillastre, doyen de Reims, à Pierre d'Ailly, évêque de Cambrai, et à l'archevêque de Tours, Aimel du Breuil. Les avocats de l'Université furent Simon Cramaud, patriarche d'Alexandrie, administrateur perpétuel du diocèse de Carcassonne, Pierre Leroy, abbé du Mont-Saint-Michel, maître Pierre Plaoul et maître Jean Petit, docteurs en théologie.

Le samedi du premier dimanche de l'Avent, la parole fut au patriarche d'Alexandrie, dont le discours est un véritable réquisitoire contre Benoît XIII [1].

fille d'un roy, pour ce et affin que il peust avoir *vellus aureum*, de quoy celle avoit la garde. Il se faignoit amer tant Médée qu'il sambloit qu'il ne amast autre coze. Mais quant il eut tant fait qu'il eust eu devers luy *vellus aureum*, il ne estoit riens que il haïst tant comme Médée. Ainsi pareillement Benedic looit tant cession, affin qu'il peust avoir *vellus aureum*, ceste cappe rouge. »

[1] Voici comment Simon Cramaud, dans sa péroraison, s'exprime relativement à l'Université de Paris : « Je croy qu'il n'y a ci prince, ne en tout ce royaume, ne prélat, s'il avoit aucune grosse besongne à faire, et il eust l'oppinion de l'Université, qu'il ne labourast après seurement à exécuter celle oppinion. Et quant est de moy, j'ay esté ou conseil des papes, des roys, des ducs et des princes, et especialment de monsigneur de Berri qui cy est, et ay esté son chancellier par l'espace

Le chancelier demanda ensuite aux orateurs du pape s'ils seraient prêts pour le lundi suivant; ils réclamèrent un délai d'un mois, mais il ne leur fut accordé que jusqu'au mercredi. Ce jour-là, maître Guillaume Fillastre, doyen de Reims, se leva pour combattre la requête de l'Université. Il prit pour thème le mot de l'évangile de saint Jean : *Manete in dilectione meâ*.

« Jésus-Christ mon sauveur, dit-il, ayant compassion des grandes tribulations de l'Église qu'il prévoyait à venir, préméditant aussi les souffrances de son amère passion, songeant que ses apôtres le délaisseraient, leur dit les paroles que je viens de prononcer : *Manete in dilectione meâ*, comme s'il disoit : Je vous ai aimés et je vous aime tendrement et fidèlement; demeurez donc fermement dans mon amour. Ma très belle dame l'Université, je ne l'appelle pas ma mère, car je ne suis pas digne d'être son fils, mais je me répute son serviteur, a fait proposer plusieurs choses contre notre saint-père le pape, tendant et concluant finalement à ce qu'il lui soit fait soustraction d'obéissance. Il a été ordonné qu'un certain nombre d'orateurs seraient choisis pour discuter et éclairer la matière, et malgré mon insuffisance, j'ai été appelé à parler en faveur du souverain pontife. Il faut donc que je prenne conclusion contraire à l'Université; ils disent *recedite*, et je dis *manete*. »

de dix ans; mais je ne fu onques en lieu où je trouvaisse meilleur ne plus sainne conclusion que j'ay fait en l'Université de Paris bien assamblée. Et ce n'est pas cose de quoy l'en se doibt esmerveiller, car quant ils sont bien assamblés, ils se treuvent plus de mille maistres et docteurs. »

Le doyen de Reims, après cet exorde plus modeste que celui de Jean Petit, commence par discuter la voie de cession. Elle est impertinente, inefficace, inacceptable et rejetée en effet par la plupart des princes de la chrétienté. Quant à la soustraction d'obéissance, c'est bien pis encore, c'est une mesure inique, impossible, contre le droit divin; elle excède le pouvoir du roi et du synode actuel.

« Je ne trouve pas, dit Guillaume Fillastre, que toutes les nations assemblées puissent juger ni condamner le pape; comment donc, dans une réunion qui est bien peu nombreuse en comparaison de l'Église entière, le jugerez-vous? Je m'étonne que des gens instruits proposent de pareilles choses au roi : n'ont-ils pas lu dans l'Écriture que le roi Osias, ayant osé entreprendre les sacrifices qui n'appartenaient qu'aux prêtres, eut, par la punition divine, le visage couvert de lèpre? »

La soustraction d'obéissance est périlleuse pour ceux qui la font : si notre saint-père nous excommunie, nous demeurerons excommuniés, comme le larron demeure pendu, car il n'est pas en nous de lui enlever la puissance des clefs. La soustraction d'obéissance est scandaleuse : obéir au pape, puis désobéir, lui obéir de nouveau, et de nouveau lui refuser obéissance, on dirait que c'est la *chanson de Ricochet* [1]. La soustraction d'obéissance ferme la voie à toute espérance de conciliation, à tout moyen de pacifier l'Église. Enfin, elle constituerait pour le roi de France la violation de sa foi, de

---

[1] « L'en diroit tantost que ce seroit la chanson de Ricochet. »

ses engagements, de ses traités avec le pape. Telles sont les diverses considérations que développe le doyen de Reims. Guillaume Fillastre se plaçait, comme on voit, à l'extrémité opposée de l'Université de Paris. Ce discours, du reste, fit esclandre. Le duc de Berri se montra offensé des assertions de l'orateur sur les limites de la puissance royale, et particulièrement du passage relatif au roi Osias, qui semblait une allusion à la maladie de Charles VI. L'orateur excita à plusieurs reprises des murmures de mécontentement; et quand il eut terminé, une grande agitation régna dans l'assemblée. « Qui eût cru quelques-uns des plus jeunes seigneurs, dit Juvénal des Ursins, on eût fait au doyen très-mauvaise compagnie. »

Dans le discours de l'archevêque de Tours, qui parla le lendemain, nous ne remarquons qu'un trait, relatif au caractère de Benoît XIII : « Il est du pays des bonnes mules, dit monseigneur du Breuil; quand elles ont pris un chemin, on les écorcherait plutôt que de les faire retourner. De même, puisque notre saint-père a adopté la voie de convention ou de conférence, ne lui en présentez pas d'autre, si vous le voulez avoir [1]. » La comparaison pouvait être juste, mais nous semble peu révérencieuse dans la bouche d'un des défenseurs du pape. Le prélat

---

[1] « Vous avés veü que par cinq ans en prison a esté qu'il n'a onques volu faire autre cose. Cuidiés-vous maintenant, quant il a le clef des cans, qu'il en faice riens? Je cuide que nenni. Il est du pays des bonnes mulles; quant elles ont prins un chemin, l'en les escorcheroit plus tost que l'en les feroit retourner, que elles ne facent à leur teste. Aussi, puisqu'il a entreprins la voie de convention, ne ly présentés aultre voie, se vous le volés avoir. »

est, d'ailleurs, un esprit timide et modéré et un orateur traînant.

A la séance suivante, ce fut au tour de Pierre d'Ailly, aumônier du roi, évêque de Cambrai, de défendre la même cause. Charles VI, se trouvant en meilleure santé, était venu présider lui-même le concile.

« Je proteste premièrement, dit l'illustre docteur[1], que je parle, sire, de votre commandement non pas général, mais spécial; vous m'y avez invité par vos lettres expresses. Non pas que j'eusse craint, sans cela, de ne pas oser dire la vérité, mais afin d'excuser l'insuffisance que j'aperçois en moi; je me vois tout indisposé de rhume, je n'ai pas faconde à mon plaisir. Je proteste aussi que je n'entends pas volontiers discuter ici ces hautes questions; il m'eût paru plus convenable que l'affaire fût débattue en comité entre personnes choisies, afin qu'elle ne fût pas jetée ainsi à tous les vents. Je proteste que je n'entends rien dire contre la voie de cession que je crois bonne et sainte, et que j'ai toujours approuvée. Je proteste enfin que je n'ai l'intention d'offenser personne et moins que personne ma mère l'Université de Paris. C'est une société digne de louange et d'honneur : elle mérite surtout des éloges pour le zèle qu'elle continue à déployer dans la cause de l'Église. Toutefois, une bonne modération serait en tout ceci bien nécessaire. Je dis qu'il me semble abominable qu'on use en cette matière de paroles injurieuses, particulièrement envers la

---

[1] V. *Textes et documents*, VII.

personne du pape, avant qu'il ait été jugé et convaincu de ce dont on l'accuse. J'ai lu et étudié les livres des conciles généraux, j'y ai vu des papes poursuivis pour divers crimes et condamnés; mais je n'y ai pas trouvé d'injures, surtout de ces injures que l'on dit ici, que l'on dit dans les prédications, que l'on écrit dans les libelles diffamatoires, et qui rejaillissent jusques à vous, sire. Au nom de Dieu! fuyons-les et traitons notre matière honnêtement. Benoît ne saurait être considéré comme schismatique et suspect d'hérésie. On a tort de hasarder légèrement de pareilles assertions. Monseigneur le patriarche d'Alexandrie a été plus loin, il a affirmé que notre saint-père est hérésiarque, comme prince des hérétiques. Il a dit trop, ce me semble. »

Le patriarche se lève :

« Sire, dit-il, vous m'ordonnâtes, à moi et à d'autres, de démontrer et soutenir que la requête de l'Université est bonne et juste, et qu'elle doit être accomplie. En soutenant cette opinion, j'ai dit que nos saints docteurs catholiques prononcent qu'obstination et contumace dans la personne du pape est hérésie. J'ai montré que ceux qui, au mépris des saints canons, négligent de travailler à l'union de l'Église, *heretici sunt et peccant contra articulum unitatis.* Ce sont les paroles des saints docteurs, ce ne sont pas des opinions que j'ai forgées de ma tête. J'ai ajouté que, bien plus, ceux qui damnablement tiennent l'Église en schisme sont réputés hérésiarques. Je ne l'ai pas dit de ma propre autorité : ce sont les saints docteurs qui le décident ainsi. »

L'évêque de Cambrai :

« La parole des docteurs a souvent besoin de bon entendement; il ne faut pas toujours la prendre à la lettre. »

Le patriarche :

« Monseigneur de Cambrai, quand nous serons au concile général, vous soutiendrez votre proposition et je soutiendrai la mienne, et là nous aurons bon juge, s'il plaît à Dieu. »

L'évêque de Cambrai :

« J'ai cité ses paroles et il les avoue, cela me suffit. Je le répète : il y a dans les docteurs beaucoup de choses qui ont besoin d'interprétation. Mais, en supposant même qu'ils disent ce qu'il prétend, son argument n'aurait point de mineure. Je m'étonne que l'on ose avancer des affirmations aussi graves, comme de déclarer que le pape est hérétique et hérésiarque, surtout en son absence. »

L'Université tressaillit sous cette censure que lui infligeait avec une telle autorité l'ancien écolier du collège de Navarre, devenu aumônier du roi.

L'orateur développe son système; il conseille, afin de reconstituer l'unité de l'Église, une sorte de hiérarchie de conciles. Il voudrait que des synodes provinciaux fussent réunis par les évêques et les archevêques; on y préparerait les opinions, on y tracerait à l'avance les règles que devrait suivre l'Église de France dans les assemblées supérieures. On convoquerait dans le plus bref délai un concile de toutes les nations qui reconnaissent Benoît XIII ; là seulement pourrait être jugé le litige actuel ; on y déterminerait la conduite à tenir d'un commun accord jusqu'à ce qu'il fût possible de célébrer un concile œcuménique ; c'est ce concile qui serait arbitre souverain. « Voilà le grand et commun chemin, ajoute-t-il ; dans la faculté de théologie où j'ai exposé mes principes, il y eut vingt-sept docteurs qui partagèrent ma manière de voir, et de ce nombre fut le chancelier de Notre-Dame, maître Jean Gerson, qui est tel homme et tel clerc comme chacun sait. » L'évêque de Cambrai repousse la soustraction d'obéissance ; on a pu constater les funestes effets de cette mesure pendant le temps où elle a été en vigueur. « Les Anglais nous la reprochaient avec dérision ; quand on leur disait qu'ils avaient destitué leur roi (Richard II), ils répondaient que nous avions fait pis, que nous avions destitué notre pape. » Tout ce discours est net, sensé, élevé, et digne de la réputation de Pierre d'Ailly. Il finit en demandant que l'on mette un terme à ces discussions qui n'aboutissent à rien :

« Il serait bon que l'on ne disputât plus ; on a assez parlé. Nous faisons comme ces avocats qui, après avoir crié furieusement l'un contre l'autre, s'en vont dîner ensemble. Il vaudrait mieux délibérer tranquillement en bon et prudent conseil. »

Lorsque l'évêque de Cambrai eut terminé, le doyen de Reims se leva : Guillaume Fillastre était sous le coup de poursuites criminelles pour allégations injurieuses à l'autorité et à l'honneur du roi et de l'Église de France.

Il demande à s'excuser, et il le fait dans les termes les plus humbles :

« Sire, j'ai parlé de ma langue seulement, puisqu'il vous déplaît, j'ai parlé de certaines choses étourdiment ; sire, j'ai recours à votre clémence. Je suis un pauvre homme qui ai été nourri aux champs, et je suis rude de ma nature ; je n'ai pas habité avec les seigneurs ; aussi ne sais-je pas le style ni la manière de s'exprimer en leur présence. Si j'ai parlé trop simplement, j'en ai de grands regrets. Je sais bien que votre couronne n'est pas comme les autres, qu'elle est héréditaire, que vous ne la tenez de personne : vous êtes empereur en votre royaume, vous ne connaissez sur terre aucun souverain *in temporalibus*. Je vous supplie, sire, de me pardonner si j'ai dit quelque chose de contraire. Je serai plus avisé à l'avenir, s'il vous plaît d'avoir merci de moi. »

Le chancelier de France accueillit au nom du roi les excuses du doyen, qui fut reçu en grâce. « S'il n'eût demandé pardon, dit à quelques jours de là l'avocat-général Juvénal des Ursins, j'aurais pris contre lui telles conclusions, et la punition aurait été si sévère qu'il eût servi d'exemple aux autres. »

Pierre Leroy, abbé du Mont-Saint-Michel, qui passait pour le plus grand canoniste du royaume, dirigea principalement son discours contre ce qu'il nommait les usurpations des pontifes romains, et démontra que la collation des bénéfices, les vacances, les réserves, les expectatives, devaient être abolies, non-seulement pour la circonstance présente, mais à perpétuité. Le docteur liégeois Pierre Plaoul, chanoine du chapitre de Notre-Dame, théologien d'une grande renommée, défendit et justifia dogmatiquement la soustraction d'obéissance[1]. Son discours, remarquable par la hardiesse des doctrines, mais subtil et ardu, fut interrompu un peu brutalement par le chancelier :

« Il ennuie à nosseigneurs, maître Pierre, à demain pour le demeurant[2]. »

Le lendemain, Pierre Plaoul acheva à loisir sa démonstration. Quand il eut fini, l'évêque de Cambrai demanda la parole[3] :

« J'ai été averti qu'hier l'Université s'est assemblée pour procéder contre moi. C'est maître Jean Petit qui a été chargé de m'accuser. Ils ont résolu de me poursuivre. Mes compagnons qui soutiennent la cause du pape n'oseront plus parler. Je vous supplie que vous

---

[1] « L'Église est une royne si conjointe à Jhésucrist que elle n'a autre seigneur ne espoux. Dire doncques que home humain soit seigneur du corps mistique de ceste Église qui est si eslevée, il ne se puet joindre, *absit*. Le pape puet errer, le pape puet péchier. L'Église est si pleine de charité que elle ne puet errer, elle ne puet devier ne commettre péchié. C'est grande détraction dire de Jhésucrist, que de ly faire home humain equal ne pareil.

« Nous sommes vrais obéissans au siége apostolique; nous ne obéissons pas à luy en tant que il est homme sensuel, mais nous obéissons au siége apostolique, qui est perpétuel. »

[2] « Il anuie à nos signeurs, maistre Pierre, avés-vous guerres à dire?

« Plaoul :

« Je ne auray pas si tost fait, je ay encore biaucop de matere. S'il vous plest, je fineray demain.

« Le chancelier :

« Or soit doncques à demain le demourant. »

[3] V. *Textes et documents*, VIII.

leur défendiez de procéder contre moi, sinon devant le roi en personne. Dans le cas où ils voudraient intenter le procès autre part, je fais protestation d'en appeler. »

Maître Jean Petit :

« Mon très-cher seigneur (il s'adresse au Dauphin, qui présidait), il y eut hier, en effet, assemblée de l'Université, et il est vrai qu'elle décida que son honneur avait été blessé, et que certaines paroles avaient été dites qui ne pouvaient passer sans être excusées, non pas excusées, mais justifiées. C'est pourquoi, sire, votre sœur et chambrière, ma mère l'Université : je l'appelle votre sœur parce que vous êtes fils du roi, votre chambrière parce qu'elle est votre sujette, vous prie de lui accorder audience afin qu'elle puisse se justifier. Vous ne lui refuserez pas, car jamais votre père ne lui a refusé, et aussi elle ne demande pas volontiers chose déraisonnable. Votre père l'a toujours aimée et l'aime singulièrement, et vous ferez de même, s'il plaît à Dieu. Il a dit vrai, Monsieur de Cambrai, qu'il en soit référé devant le roi. L'Université ne réclame pas autre chose. »

« S'il en est ainsi, je suis content, » dit Pierre d'Ailly.

La séance suivante fut présidée par le roi. La parole fut à Guillaume Fillastre pour répliquer à l'abbé du Mont-Saint-Michel[1]. En traitant de la nomination aux

---

[1] Guillaume Fillastre commença son discours de la manière suivante : « Voilà cinq semaines que les prélats sont rassemblés, et trois semaines que la discussion est ouverte, et la discussion n'avance pas; on fait sans cesse des questions nouvelles; on devroit se rappeler la fable du bon homme tombé dans un puits : « Un bon homme cheut dedens un puis; passa par « enprès un sien voisin qui le oït se plaindre, et se approcha. Il regarda

bénéfices, le doyen de Reims cherche à démontrer qu'il y est mieux pourvu par le pape que par l'élection, et il raconte à ce propos une anecdote que nous reproduisons à peu près textuellement :

« Dans ces élections, dit-il, il y a tant de *hocques* qu'une mouche y perdrait pied. On a dit que les expectatives donnaient occasion de machiner la mort d'autrui; dans les élections, c'est pis encore. Dans une abbaye, vous trouverez toujours un archimoine qui gouverne tout, qui se fera élire forcément. Dans les monastères des dames, des nonnains, Dieu sait quelles factions elles font ! Je vous dirai un bon trait qui est arrivé du temps de la dernière soustraction. Il y avait ainsi dans une abbaye un archimoine qui voulait toujours être le maître; il désirait plus être abbé que moine. Il fit tant, *per fas et nefas*, qu'il s'assura des voix de tous les religieux, au cas où l'abbaye deviendrait vacante. L'abbé avait un neveu, jeune religieux, qui habitait avec lui. L'archimoine vint à l'enfant et lui dit : « Monsieur ne te fait plus
« si bon visage qu'autrefois, qu'y a-t-il donc? je te dirai
« bien, si tu veux, le moyen qu'il te fasse encore autant
« d'amitié. — Comment? demanda le neveu qui avait
« hâte de le savoir. — Il ne faut qu'avoir certaine poudre
« et la mettre dans son potage; il t'aimera ensuite plus
« que jamais, mais prends bien garde que personne ne

« dedens et ly fist plus d'un cent de demandes : comment il y estoit cheu
« et que ce estoit très mal à point. Celui qui estoit en bas, qui n'estoit
« pas à son aise, li dist : Tu ne deusses mie enquerir comment je suy
« cheu, mais comment tu m'en pourras traire et mectre dehors. »

« le sache. » Il lui donna la poudre. L'abbé ne tarda pas à mourir. L'archimoine, devenu abbé, prit le neveu avec lui, afin qu'il ne bavardât point, et aussi pour faire preuve d'affection envers le défunt, son prédécesseur. Il traita fort amicalement le petit moine pendant quelque temps, puis, quand son autorité fut bien établie, il n'en tint plus compte et le négligea. Le friand pensa en lui-même : « Monsieur ne m'aime plus tant qu'autre-« fois, j'y pourvoirai. » Il avait encore de la poudre, il en mit dans le potage de son protecteur. L'abbé en mangea et aussitôt ressentit des douleurs d'entrailles. Soupçonnant tout de suite le petit moine, il l'appela et lui demanda en secret s'il avait encore de la poudre. L'autre répondit que non, qu'il lui avait tout mis au dîner dans sa soupe. Il n'y eut point de remède, l'abbé mourut. Si on voulait raconter des histoires de ce genre, on n'en manquerait pas[1]. »

Guillaume Fillastre, malgré sa précédente palinodie, est très-loin de mitiger ses doctrines. Soit qu'il se sentît appuyé, soit qu'il se fiât en la présence du roi, qui apportait dans toute cette affaire une grande sincérité et une grande droiture, il exprime, avec autant de franchise au moins que la première fois, les principes les plus absolus : le pape est au-dessus des conciles généraux; sa puissance descend de Dieu directement[2]. Il y a deux pouvoirs distincts, par lesquels le monde entier est gou-

---

[1] V. *Textes et documents*, IX.
[2] « Le pape est sur les conseaux generaulx...; et sa puissance descent de Dieu sans moyen. »

verné : l'autorité du pape et celle des princes temporels, toutes deux découlant d'une même source, à savoir de Dieu. Mais le pouvoir spirituel resplendit de soi comme le soleil, tandis que le pouvoir temporel est comme la lune, qui emprunte au soleil sa lumière. Le pape a autorité sur les princes temporels, *et non contrâ*[1]. C'est toute la théorie de Grégoire VII et d'Innocent III. A la fin de ce discours, d'ailleurs très-spirituel, de vives interpellations s'échangent entre l'orateur et le patriarche d'Alexandrie; le doyen, ramené à la question précise, semble faiblir et s'esquiver :

« J'ai dit l'autre jour qu'il y a certaines maladies que les médecins appellent héréditaires ou invétérées ; à ces maladies, médecine profite peu ; il faut attendre le remède de la nature. Ainsi, disais-je, paraît-il être de ce présent schisme ; il se peut que ce soit une punition que Dieu nous envoie pour nos péchés. Je ne puis, du reste, réfuter toutes leurs raisons. »

L'archevêque de Reims, Guy de Roye, le chef de l'aristocratie du clergé, se lève de son banc et demande impatiemment qu'on en finisse avec ces controverses :

« Il a plu à Notre-Seigneur que je sois archevêque de Reims ; écoutez deux mots. J'ai pitié des prélats de ma

---

[1] « Il y a deux puissances distinguées et séparées l'une d'aveucques l'autre, et par lesquelles tout le monde est gouverné : l'autorité du pape et la puissance des princes temporels... et viennent ces deux puissances d'un meismes prince, c'est assavoir de Dieu... La puissance spirituelle resplendit comme le soleil, la temporelle comme la lune, et ainsi il appert clerement que le pape a puissance sur la puissance temporelle, *et non contrâ*... »

province que vous retenez si longtemps; ils sont sur mes épaules; ils n'osent parler, je m'en plains pour quatre. Ceux de Paris, eux, ne s'en soucient guères. Je supplie mes frères et amis qu'on en reste là, et que nous soyons appelés à conclure. On touche le pape, on touche le roi, on discute les principes de la foi catholique; il vaudrait mieux en parler à l'école. Je pense que ce qui est fait pourrait suffire, s'il plaisait au roi. Il n'est si mauvaise cause pour laquelle on ne puisse ergoter indéfiniment. »

Les vœux du prélat ne furent pas exaucés; les débats continuèrent. A la séance suivante, l'orateur fut le patriarche d'Alexandrie; Simon Cramaud appartenait au parti le plus avancé, son langage est d'une violence extrême : « Un pape qui, par convoitise, par ambition, pour garder sa chape rouge, perpétue la division au sein de l'Église, mérite d'être condamné, comme Lucifer, sans miséricorde... Plût à Dieu qu'au commencement de ce schisme on eût suivi le conseil de Brut : qu'on eût fait, à son exemple, jouter ensemble les deux prétendants, que le vaincu eût été noyé et le vainqueur brûlé. On dira : nous serons sans chef. C'est mal parler : Jésus-Christ est le vrai chef de l'Église, et celui-là ne manque jamais. » C'était le mot de Jean de Varennes, que celui-ci expiait encore peut-être en ce moment-là au fond d'un cachot.

Le lundi, l'archevêque de Tours répliqua. Le digne prélat récita au synode l'apologue que Ménénius conta au peuple de Rome, retiré sur le mont Aventin : la fable de la tête et des membres qui voulurent « faire soustraction [1]. »

Enfin, le samedi avant Noël, pour clore la discussion, la parole fut à Jean Petit. Jean Petit entreprend de répliquer à Pierre d'Ailly : — Je suivrai monseigneur de Cambrai, dit-il, du moins je le suivrai selon ma petite puissance, comme un bœuf suit un coursier de Calabre ; car j'étais encore bien jeune que monseigneur de Cambrai était déjà un grand et illustre clerc. Jean Petit fait clairement ressortir le dissentiment qui existe entre les deux principaux adversaires de l'Université, Pierre d'Ailly et Guillaume Fillastre :

« Il se contredisent l'un l'autre : l'un dit que nous ne devons pas juger le pape, et que nous devons le renvoyer devant le concile général. L'autre prétend que le concile général ne saurait ni juger ni contraindre le pape. Il faut leur donner des arbitres pour les mettre d'accord. »

Relevant le mot de d'Ailly : Leur argument n'a point

[1] « Je vous dirai une fable et bien brief : Il estoit une fois un homme qui avoit si très malle teste que merveilles. Ceste teste travailloit tous les menbres du corps où elle estoit. Ces menbres eurent délibéracion ensamble qu'il en pourroient faire ad ce que leur teste ne leur donnast plus de vexation, et conclurent finellement qu'ilz li feront subtraxion et que nul des menbres ne li obéiroit plus, et que quant elle voudroit aler, les piés ne s'i assentiroient point et ainssi des aultres menbres. Cest bon homme fut ainssi illuecques par trois jours sans se mouvoir. Les menbres demandèrent l'un à l'autre comment il ly aloit. L'un dist : Il me va très mal ; l'autre : Il me va très-mauvaisement. Il advisèrent qu'ilz ne faisoient riens, celle sustraxion durante, et dirent qu'il avoient faite très grant folie, et li firent restitution. Aussi au propos, si vous faites sustraxion, vous empescherés toutes voies de procéder à l'union de l'Église. »

de mineure, l'orateur en prend texte pour revenir sur l'obstination, l'endurcissement, l'orgueil de Benoît.

« Dans l'ambassade de 1395, Bénédic répondit aux députés de l'Université : Comment ? Qu'est-ce à dire ? Ne suis-je pas votre seigneur *et omnium mortalium* ? J'étais là, dit Jean Petit, je murmurai entre mes dents : Par saint Maur ! les cerfs du bois ne te reconnaissent pas pour seigneur !

« Mais on me dira qu'il est maintenant prêt à faire tout ce que l'on voudra. Je réponds, par saint Maur ! qu'il est trop tard !

« Laissons tout cela, laissons ; et nous en allons à ce beau concile général de l'une et l'autre obéissance, où, s'il plaît à Dieu, l'Église sera réformée. Nous devrions plutôt mourir que de lui obéir davantage. »

Maître Jean Petit est évidemment l'orateur du mouvement ; on sent qu'il est l'organe des passions qui dominent l'assemblée. Il est soufflé par les seigneurs, par les docteurs qui se pressent derrière lui. A chaque instant il indique cette intervention des assistants : « Un de messeigneurs me dit un mot, il a grand peur que je ne l'oublie. J'avais intention de le dire ailleurs, mais pour lui complaire je le dirai maintenant. » La facilité avec laquelle le docteur plie son improvisation à tous ces incidents dénote un homme rompu aux luttes de la parole[1]. Jean Petit défend en dernier lieu contre l'é-

---

[1] Il est d'autre part fréquemment interrompu, par le doyen de Reims, par l'évêque du Périgord, par l'archevêque de Tours.

A celui-ci, maître Jehan lance cette pointe : « Vous ne parlés mie

vêque de Cambrai l'accord et la presque unanimité de l'Université dans cette poursuite : — « Dans la dernière délibération nous fûmes tous d'un même avis, dit-il; un seul maître en théologie fut dissident, et je recommandai au notaire de consigner sa contradiction unique dans le procès-verbal, parce qu'il me sembla que cela valait mieux que s'il n'y eût eu aucune opposition. » Il s'étonne que Pierre d'Ailly ait contesté la compétence de la faculté de médecine et de la faculté des arts[1].

« Quant à la faculté des arts, il s'y trouve bien mille maîtres, quelqu'un derrière moi dit deux mille, au moins y en a-t-il mille sans exagération, parmi lesquels deux ou trois cents sont gradués en théologie, en médecine, en droit civil et canon. Un théologien est de la faculté des arts jusqu'à ce qu'il ait le bonnet sur la tête : le bonnet ne lui apporte pas de science. On me parle ici derrière : on me dit, et l'on dit vrai, qu'il y en a de si subtillement en ceste matere que l'en ne entende bien ce que vous dites. »

« L'évesque de Pierregort, qui est du costé du pape :

« *Penes quos est dubitatus Benedictus quin sit verus Papa? Vos dicitis injuriam regno et vobismet; dicite penes quos?*

« Parvi :

« *Sed dicite penes quos est indubitatus?*

« Pierregort :

« *Saltem penes me, penes omnes.*

« Johannes Parvi :

« *Certe non est indubitatus penes me.* Lessiés-me dire; ne me impeschiés point : je me garderai, se Dieu plest, aussi bien que vous feriés, de dire injure au roy ne au royaume. Comment pourroit l'en dire mieux que une cose soit doubteuse que quant une partie est d'une oppinion et l'autre d'autre. »

[1] V. *Textes et documents*, X.

fort crottés qui sont très-bons et notables clercs. En pauvreté croît la science plutôt qu'en richesse. Il y a des bacheliers cursoires que je vais consulter quand j'ai quelque affaire et qui y voient souvent plus clair que d'autres qui ont une grande renommée. Guignecourt, qui était réputé l'homme le plus savant du monde, ne fut jamais que bachelier cursoire. »

Il défend de même la faculté de médecine et justifie les recteurs qui ont été à la tête de l'Université en ces derniers temps. L'évêque de Cambrai se lève et proteste qu'il ne veut avoir aucune querelle avec sa mère l'Université :

« J'ai dit seulement que l'on allât en toute cette affaire paisiblement et avec circonspection. Je n'ai jamais eu l'intention de rabaisser ma mère l'Université, ni les médecins, ni les artiens. S'il sont contents de moi, je suis content d'eux. »

Le lundi 20 décembre, les procureurs et avocats du roi exprimèrent leur opinion par l'organe de Jean Juvénal des Ursins, premier avocat du roi en parlement. Il appuie la requête de l'Université [1] :

« On a, dit-il en terminant, comparé ce schisme à une maladie invétérée à laquelle il ne faut pas toucher de crainte qu'elle n'empire. Il me semble que c'est très-mal dit. Il n'est pas de maladie à laquelle il ne soit bon

---

[1] Il revendique surtout les droits de la puissance royale. Il émet cette opinion singulière : « Et s'il povoit faire que la céphalité et le siége apostolique peust estre remis et reducé en son premier lieu, en Jhérusalem, je croy que ce seroit bien. »

de chercher quelque remède, au moins pour l'empêcher de croître. Et si on ne peut la guérir, encore est-il louable d'y essayer. Le roi, les prélats, les universités doivent prendre conseil sur les difficultés de la situation, ils en ont le droit et la puissance. Nous ne sommes pas ici pour juger le pape, comme on l'a dit, nous sommes réunis pour aviser le roi sur la conduite qu'il doit tenir et examiner les termes dans lesquels nous sommes et dans lesquels nous devons nous placer vis-à-vis des compétiteurs au pontificat. Si l'on prétend que nous donnerons de la sorte, par le fait, une dure et grande sentence contre le pape, je réponds que nous ne traitons pas sa cause, mais la nôtre. »

Le chancelier de France déclara la discussion fermée. Cette joute oratoire avait eu beaucoup d'éclat : « C'était belle et solennelle chose, dit le chroniqueur Juvénal des Ursins, le fils de l'avocat général, d'entendre les raisons des opinants; aussi n'aurait-on pas trouvé de plus notables clercs dans toute la chrétienté. » Le religieux de Saint-Denis apporte une restriction à ses éloges : « Je dirai seulement, en me conformant à l'avis des gens sages, que cette mémorable discussion aurait mérité à jamais les louanges de la postérité, si quelques orateurs ne s'étaient emportés à de grossières injures contre le pape. Ils l'accusèrent, sans respect pour son grand âge, d'une incontinence coupable et d'une insatiable cupidité; ils lui reprochèrent de s'être parjuré après son exaltation et imputèrent la longue durée du schisme à son opiniâtreté et à sa négligence, le traitant de schismatique, d'hérétique et d'hérésiarque. Les présidents entendirent avec un vif déplaisir ces infâmes accusations portées contre le chef de l'Église, parce que la honte et le blâme en rejaillissaient sur tout le clergé. »

Dans le court résumé que nous avons tracé des débats, on a pu se rendre compte des divers partis qui divisaient en ce moment l'Église de France et même l'Université de Paris. Un parti absolutiste, si l'on nous permet d'employer ce mot, voulait la soumission pleine et entière à Benoît XIII et déniait même à un concile général le droit de contester sa légitimité. Ce parti était celui de la haute aristocratie ecclésiastique et faisait cause commune avec l'aristocratie féodale. Un parti modéré, après avoir provoqué la voie de cession, désapprouvait les moyens de contrainte et la soustraction d'obéissance. Il s'opposait à ces témérités, et en dehors des arrangements pacifiques et volontaires ne mettait son espoir que dans une assemblée de l'Église universelle, à laquelle il reconnaissait des pouvoirs illimités. C'est ce parti qui s'exprimait par la bouche de Pierre d'Ailly; il était composé des hommes les plus distingués de l'époque, peu nombreux toutefois, une élite, comme tous les partis modérés. Leur opinion était celle qui régnait dans l'Université de Paris en l'an 1390; elle était dépassée maintenant par de plus jeunes et de plus ardents. Un troisième parti affirmait que Benoît XIII était notoirement parjure, qu'il persistait et s'obstinait dans le schisme, crime équivalent au crime d'hérésie; il voulait en conséquence le faire déclarer séparé de la communion des fidèles, traître à Dieu et aux hommes et déchu de la papauté, qu'il y eût droit ou non dans le principe. Ce parti en appelait également, d'ailleurs, pour rétablir l'unité chrétienne, à un concile œcuménique. Au fond, il n'était pas en dissidence réelle avec le parti modéré; il n'y avait entre eux que la différence de l'impatience et de la colère d'un côté, et de l'autre de la prudence et de la mesure. Le parti extrême était représenté au concile de 1406 par les Simon Cramaud, Jean Petit, Pierre Plaoul, Pierre Leroy, Pierre aux Bœufs; il avait son foyer dans l'Université de Paris, qu'il dominait principalement par la faculté de droit et les juristes et par la populeuse et tumultueuse faculté des arts. Il faisait cause commune, en politique, avec la bourgeoisie.

Ce dernier parti, si bruyant, si déterminé, si agressif qu'il fût, ne réussit pas à s'imposer sans difficulté au concile. Le patriarche d'Alexandrie, qui se chargea de recueillir les votes, constata une majorité favorable à la soustraction d'obéissance; mais la sincérité de ce résultat fut contestée. On ne parvenait pas à obtenir une solution; les paroles injurieuses, les calomnies, les pamphlets, les satires éclataient contre le haut clergé et surtout contre les modérés. Un événement imprévu ouvrit une nouvelle voie aux délibérations : le pape romain Innocent VII venait de mourir. Grégoire XII, qui lui succédait, à la condition expresse jurée dans le conclave de pratiquer la cession, écrivait au roi de France, aux prélats, à l'Université de Paris qu'il était prêt à tenir son serment aussitôt que Benoît XIII serait disposé lui-même à résigner la papauté. Benoît XIII répondait à cette invitation que c'était là son plus ardent désir et qu'il suppliait son adversaire de se hâter. La solution à tous ces périlleux problèmes semblait envoyée tout à coup par la Providence. Il y eut cette fois encore, comme en 1396, des transports de joie et des actions de grâces. Seuls, les plus aigres et les plus rigoureux des universitaires, comme dit Jean Juvénal, prétendaient qu'il fallait se défier, que tout cela pouvait bien n'être que duplicité et fourberie; ils auraient volontiers répété le mot de Jean Petit : Il est trop tard!

Le concile différa de se prononcer sur la requête de l'Université, et décida qu'une ambassade irait s'assurer de la bonne foi des deux pontifes. Cette ambassade, ce fut presque tout le concile en masse, défenseurs et accusateurs, le patriarche d'Alexandrie, l'archevêque de Tours, l'évêque de Cambrai, Guillaume Fillastre, Gerson, Gilles Descamps, Jean Petit, Courtecuisse, Pierre Plaoul, plus de quarante docteurs. Les ambassadeurs devaient obtenir de Benoît XIII une lettre explicite par laquelle il confirmerait son intention de pratiquer purement et simplement la voie de cession. En cas de refus, ils devaient lui signifier que le roi et l'Église gallicane renonçaient complètement et définitivement à l'obéissance.

Pendant que l'ambassade se mettait en chemin, les délégués de Grégoire XII et les mandataires de Benoît XIII réglaient les conditions d'une entrevue des deux pontifes à Savone, ville de l'État de Gênes. Les ambassadeurs du roi et de l'Église de France furent parfaitement accueillis à Marseille par Benoît XIII. Le pape répondit à leur requête qu'on avait besoin d'avoir une confiance mutuelle, qu'il était inutile de s'engager dans le labyrinthe des explications, que l'on voulût bien compter sur son ferme désir de procurer la paix à la chrétienté. Prenant à part le patriarche d'Alexandrie, il protesta qu'il était bon catholique, exempt de toute tache d'hérésie, cela avec tant d'indulgence et tant de douceur, que les assistants émus fondaient en larmes. Simon Cramaud, touché de repentir, se jeta aux pieds du saint-père, qu'il avait calomnié, et implora son pardon. Benoît lui accorda sa bénédiction paternelle, ainsi qu'à tous ceux qui s'étaient rendus coupables des mêmes torts envers lui.

Cependant leurs instructions enjoignaient aux ambassadeurs d'exiger une réponse positive dans un délai déterminé. Le délai s'écoulait; il ne restait plus que deux jours. Ils sollicitèrent du pape le témoignage écrit qu'ils avaient mission d'obtenir. Le pape se récria : il avait montré assez clairement son désir de l'union; il ne livrerait pas une bulle qu'on pourrait croire extorquée par la menace; il prouverait sa sincérité par des actions, non par des paroles. Le patriarche insista, au nom des instructions qu'il ne leur était pas permis d'enfreindre. Le pape répliqua sèchement que tout bon chrétien devait se trouver satisfait.

Le délai était expiré. Fallait-il, après de semblables protestations, en présence surtout du projet de conférence arrangé entre les pontifes, proclamer la soustraction d'obéissance ? On prit le parti de surseoir et d'attendre l'entrevue. L'ambassade se partagea en trois corps : l'un resta à Marseille, l'autre se rendit à Rome, le troisième revint à Paris. Le rapport de ces derniers fut très-mal accueilli dans l'Université ; on déclara qu'ils avaient été joués ; on menaça, si la soustraction d'obéissance n'était pas publiée conformément aux prescriptions du concile, de suspendre les prédications et les actes des écoles.

Les ambassadeurs qui s'étaient rendus à Rome purent se convaincre que le but qu'on avait paru si près d'atteindre s'éloignait de nouveau. Grégoire XII ne voulait même plus aller à Savone ; il cherchait des échappatoires de toute sorte : il était trop pauvre pour faire le voyage, il désirait des galères vénitiennes qu'il n'avait pas et refusait les galères génoises qu'on lui offrait ; il trouvait que l'endroit n'était pas sûr et demandait qu'il fût changé. C'était annuler le traité et recommencer la négociation sur de nouveaux frais. Des rapports secrets, de faux avis excitaient les défiances du vieillard. Dans une dernière audience, où le patriarche d'Alexandrie le pressa de tenir ses engagements, il éclata en sanglots, promettant la paix de l'Église et refusant de s'expliquer davantage. Benoît XIII, à cette nouvelle, triompha : il proclama que pour lui il exécuterait de point en point le traité de Marseille, et se rendrait à Savone au jour convenu pour y attendre son compétiteur. Pendant que la diplomatie était ainsi en pleine déroute, une grande catastrophe politique détourna un instant l'attention des esprits.

## V

Le duc Louis d'Orléans fut tué dans un guet-apens, par des assassins aux gages du duc de Bourgogne. On connaît les horribles circonstances de ce meurtre. Jean sans Peur, appuyé par les âpres rancunes de la bourgeoisie, par l'animosité sectaire de la faction violente de l'Université, par l'aveuglement de l'opinion publique, dès longtemps égarée et pervertie, insulta à la justice, brava l'autorité royale et se glorifia de son action. Le docteur normand Jean Petit, que nous avons vu jouer un rôle important au synode de 1406, prononça une solennelle apologie du meurtre, dans une assemblée de seigneurs, de bourgeois et d'artisans, convoquée à l'hôtel royal de Saint-Pol, et présidée par le jeune Dauphin. Cette harangue[1], trop fameuse, fut la dernière de l'orateur de l'Université ; Jean Petit, qui avait brillé dans les conciles, dans les ambassades, aux audiences royales, disparait tout à coup de la scène, après cet éclatant outrage à la morale et à la conscience humaine. On ne se relève pas de certains services qu'on rend aux partis. Tout ce qu'on sait de Jean Petit désormais, c'est qu'il

---

[1] On la trouve tout au long dans la *Chronique de Monstrelet*. V. *Textes et documents*, XI.

meurt à trois ans de là, réfugié à Hesdin, dans les domaines de son protecteur.

Jean sans Peur était maître du pouvoir. Toutefois, de cette tombe qu'il avait voulu déshonorer allait s'élever contre le meurtrier une opposition implacable, une haine acharnée, une vengeance qui ne serait satisfaite qu'à douze ans de là, au pont de Montereau. La bourgeoisie paraissait triompher avec le duc de Bourgogne, mais elle devait expier durement ce triomphe. Il n'y avait plus à présent de transaction ni de frein possible. Le gouvernement achevait de s'annuler, pour laisser la place libre aux factions ennemies. La guerre allait s'établir en permanence sur toute la face du royaume, les courses sous un drapeau ou sous un autre, le droit du plus fort, le règne de l'homme armé. Or, à ce régime, c'était la bourgeoisie qui avait tout à perdre. Les conséquences sont dès lors fatales, irrésistibles, insurmontables. La bourgeoisie a beau se débattre : plus elle s'irrite et s'exaspère, plus le mal s'aggrave, plus le désordre augmente, plus la guerre se déchaîne et la resserre, affamée, dans ses villes.

L'Université ne vit dans le tragique événement que le moyen de poursuivre sans opposition sa lutte contre le pontificat. Elle rentra aussitôt dans la voie dont l'avaient détournée un moment les négociations avec les papes. Ces négociations continuaient, du reste, mais toujours et de plus en plus dérisoires. Grégoire XII s'était avancé jusqu'à Lucques, Benoît XIII était venu jusqu'à Porto-Venere. Une faible distance les séparait, il fut impossible de la leur faire franchir. Benoît XIII avait une nombreuse escorte de gens d'armes, presque une armée, qui effrayait son compétiteur; et il n'entendait pas renvoyer un seul de ses soldats. Grégoire demandait que l'entrevue eût lieu sur la terre ferme; Benoît exigeait qu'elle eût lieu sur mer ou tout au moins sur le rivage : il refusait de s'éloigner de ses galères et voulait, disait-il, avoir toujours un pied sur l'eau. Aucune combinaison ne pouvait réussir. L'Université n'attendait rien de ces projets de conférence; elle prétendait que les deux rivaux étaient secrètement d'accord de perpétuer la division de l'Église plutôt que de se résigner à une abdication mutuelle. Au mois de janvier 1408, elle obtint des lettres royales qui abrogaient entièrement l'autorité de Benoît XIII en France, si l'union n'était pas accomplie avant le jour de l'Ascension. A l'expiration du terme, les lettres furent publiées. Benoît XIII envoya en réponse un paquet à l'adresse du roi et du duc de Berri. Ce paquet contenait, à l'ouverture, des lettres vagues, mais bienveillantes; au fond était une bulle d'un caractère très-différent. Le message avait été apporté par un Espagnol, nommé maître Sanche Lopez, et un écuyer pontifical; avant qu'on eût pris connaissance de la bulle, ils avaient eu le temps de disparaître. La bulle excommuniait le roi et tous ses sujets, plaçait les villes, les campagnes, les camps, les congrégations, les universités, tout le royaume sous l'interdit, anathématisait tous ceux qui approuvaient la soustraction d'obéissance et, s'ils étaient ecclésiastiques, les privait et dépouillait de leurs dignités, titres et bénéfices. On peut imaginer si la rumeur fut grande, surtout dans l'Université de Paris. L'Université demanda aussitôt que la bulle fût déclarée inique, et lacérée, et que tous ceux qui l'avaient conseillée, rédigée, apportée, fussent poursuivis comme criminels de lèse-majesté.

A son inspiration, on arrangea une imposante cérémonie. Elle eut lieu le 21 mai 1408. On avait construit dans le grand préau du Palais, sur la Seine, plusieurs échafauds ou estrades richement pavoisés. Au centre du préau, sur l'estrade la plus élevée, on avait dressé un trône; le roi y prit place. A partir de la droite du roi, une autre estrade avec un trône plus bas pour le roi Louis de Sicile, une autre pour les ducs de Berri, de Bar, de Brabant, les comtes de Nevers, de Mortagne, de Saint-Pol, de Tancarville, Pierre de Navarre, Louis de Bavière, le comte anglais Warwick, les ambassadeurs d'Écosse et de Galles; une quatrième pour le chancelier de France avec les membres du parlement et les maîtres des requêtes. C'était la puissance séculière. A gauche du trône se développait pareillement une estrade où prirent place l'évêque de Paris, les prélats, le clergé, le recteur et les docteurs de l'Université : l'autorité ecclésiastique. Au milieu s'élevait une haute chaire ou tribune, dans laquelle monta maître Jean Courtecuisse. Autour de la chaire et au pied des échafauds se pressait une multitude de peuple de toutes conditions.

L'orateur prit pour texte les paroles du psalmiste : *Convertetur dolor ejus in caput ejus!* Il démontra que

Benoît XIII était déchu de la papauté et indigne du nom de chrétien, qu'il était l'ennemi de l'Église et particulièrement l'ennemi de la France : « Il a dit publiquement que, si la France répudiait son autorité, il la mettrait dans une telle confusion, qu'on n'y pourrait remédier dans cent ans ; ce sont ses propres paroles, et c'est dans ce dessein que cette bulle a été lancée ; mais elle est nulle et de nulle valeur, elle n'est rien de plus qu'un injurieux libelle qui ne saurait nuire qu'à Pierre de Luna lui-même, et c'est en effet sur sa tête qu'en retombera la douleur. »

A la suite de ce discours, un autre docteur se lève pour lire les conclusions de l'Université : 1° que la bulle soit proclamée criminelle, injurieuse, séditieuse, offensant la majesté royale, et comme telle, déchirée et mise en pièces ; 2° que le roi cesse d'entretenir aucune relation avec Pierre de Luna ; 3° que le roi ordonne à sa fille l'Université de prêcher contre cette prétendue bulle et son auteur par tout le royaume ; 4° qu'on informe contre ceux qui l'ont suggérée, qui en ont eu connaissance et qui n'ont pas prévenu le roi et son conseil, qu'ils soient arrêtés, emprisonnés et jugés ; l'Université dénonce notamment l'évêque de Saint-Flour et le doyen de Saint-Germain ; enfin, que les messagers soient poursuivis et châtiés.

On fit droit immédiatement à ces requêtes. Les officiers royaux allèrent arrêter, séance tenante, le doyen de Saint-Germain, qui était là présent parmi les membres du parlement dont il faisait partie ; et ils le conduisirent en prison. Puis un chevalier apporta, de la part du roi, la bulle pontificale au chancelier. Le chancelier commanda au chevalier de la diviser en deux parties, et d'en présenter une partie au roi de Sicile et aux seigneurs du conseil à droite du roi, l'autre partie au recteur et au clergé qui étaient à gauche. Puis il leur dit : « Faites ce qui est de droit. » Et, des deux côtés, on déchira la bulle en mille morceaux.

Ordre fut envoyé au maréchal Boucicaut de s'emparer de la personne de Pierre de Luna, et de le tenir sous bonne garde. Benoît XIII avait prévenu cet ordre, il avait pris le large avec ses galères armées; il croisa pendant deux mois le long de la côte génoise, et finit par se réfugier à Perpignan, qui appartenait alors au roi d'Aragon. Ses cardinaux l'avaient désavoué et abandonné.

A Paris, une commission fut instituée pour punir tous ceux qui avaient participé ou étaient suspects d'avoir participé à l'attentat du pape. Elle fit arrêter l'évêque de Gap, l'abbé de Saint-Denis, Jean de Sains, secrétaire du roi, plusieurs chanoines de Notre-Dame. Elle somma l'archevêque de Reims et l'évêque de Cambrai de venir se justifier devant elle ; Guy de Roye s'abstint de comparaître ; Pierre d'Ailly fut contraint et amené à Paris par le comte de Saint-Pol. Maître Sanche Lopez et l'écuyer pontifical furent rattrapés dans leur fuite et emprisonnés. La commission procédait rigoureusement ; elle était composée, à nombre égal, de membres du parlement et d'universitaires ; ces derniers, théologiens, maîtres ès arts, ignorants et peu soucieux des règles juridiques, incarcéraient au hasard une foule de gens, ne tenaient aucun compte des observations des jurisconsultes leurs collègues, abusaient de la théorie de la complicité morale, et n'épargnaient pas leurs ennemis.

On proclama la neutralité, c'est-à-dire l'indépendance de l'Église de France vis-à-vis des deux prétendants au pontificat; la proclamation se fit à Paris à la Culture Sainte-Catherine, l'orateur fut maître Pierre aux Bœufs. Il lut au peuple assemblé l'acte scellé du sceau royal; certains passages ne manquaient pas d'éloquence : « Que le peuple tout entier, disait-il, se lève comme un seul homme pour extirper de son sein cet exécrable schisme qui le rend l'opprobre et la dérision des infidèles, et qui expose les âmes chrétiennes à la damnation! Que l'un ou l'autre des compétiteurs, que tous les deux s'il le faut, soient renversés du siége de saint Pierre qu'ils ont envahi! Lorsque le peuple n'obéira ni à l'un ni à l'autre, ils se disputeront en vain la souveraine puissance, et au lieu de ces paroles de la fausse mère : Ni à vous ni à moi, qu'on se le partage! on n'entendra plus que celles de la bonne mère : Donnez-lui l'enfant tout entier! »

Des ambassadeurs partirent immédiatement pour aller proposer la même conduite aux princes de l'Europe; au bout de trois mois, les ambassadeurs revinrent annoncer que les Allemands, les Hongrois et les Bohémiens avaient également adopté la neutralité jusqu'à ce qu'un seul et légitime pontife eût été régulièrement élu.

Les Parisiens infligèrent à maître Sanche Lopez et à l'écuyer Gonzalve une punition ignominieuse. On mit les messagers de Benoît dans deux tombereaux de boueux; ils étaient vêtus de dalmatiques de toiles noires sur lesquelles on avait peint les armes de Pierre de Luna renversées; ils étaient coiffés de mitres de papier portant l'inscription : « Ceux-ci sont déloyaux à l'Église et au roi. » En cet équipage, ils furent conduits de la prison du Louvre à la cour du Palais avec un cortége nombreux de gens qui sonnaient de la trompette. Dans la cour du Palais, ils furent placés sur un échafaud et exposés longtemps aux huées d'un peuple innombrable. Le dimanche suivant, la même mascarade se renouvela : ils furent exposés cette fois au parvis Notre-Dame, et là prêchés et chapitrés par le ministre des Mathurins, maître Jean Halbaud; celui-ci leur fit un discours dans le langage des halles, plein de grotesques invectives et de facéties ordurières; le religieux de Saint-Denis en cite un trait qu'on hésite à reproduire, même en latin[1]. La licence populacière prenait ses ébats au milieu de tout ce mouvement et de tout ce bruit; et c'était encore l'Université qui lui fournissait des interprètes, car elle avait des docteurs pour tous les rôles. Maître Sanche Lopez et l'écuyer furent en outre condamnés, le premier

---

[1] « *Inter cetera verba recitatione indigna et que vilissimi homines abhorruissent : quod anum sordidissime omasarie* (tripière) *osculari mallet quam os Petri, tam turpi eloquio expressit...* »

Beaucoup de gens s'éloignèrent avec indignation, en répétant que de telles paroles étaient une honte et un déshonneur non-seulement pour la profession de théologien, mais encore pour l'Université tout entière.

à la détention perpétuelle, le deuxième à trois ans de prison.

Les prélats du royaume se réunirent en synode afin de pourvoir au gouvernement de l'Église gallicane pendant l'intérim de la papauté. Ce synode rencontra beaucoup de difficultés et d'obstacles dans l'accomplissement de sa tâche. Les partisans du pape refusaient d'en reconnaître les décrets. Les modérés étaient déconcertés, divisés par ces violences et ces scandales qui éclataient des deux parts; pendant que Pierre d'Ailly était en prison, soupçonné d'avoir eu connaissance des intentions de Benoît, pendant que Nicolas Clémengis était accusé d'avoir rédigé la mauvaise bulle, Jean Gerson la blâmait hautement : « Qui eût pensé, dit-il dans son discours *Veniat pax*, prononcé cette année-là, 1408, qui eût pensé qu'un dessein si funeste, une témérité si détestable, se fût logé dans le cœur de monseigneur Benoît? n'est-ce pas une suggestion de l'Ennemi d'enfer? J'ai trouvé dans cette bulle, par compte fait, douze erreurs et vices intolérables, et on pourrait en trouver plus encore. » Le synode, troublé par les dissensions qui se manifestaient jusque dans son sein, par les complications qui surgissaient sans cesse, était souvent bien près du découragement. Mais l'Université venait, en nombreuses députations, réchauffer son zèle, raffermir sa conviction, stimuler sa hardiesse et au besoin lui dicter des résolutions énergiques : il en sortit tout un code qui réglait l'administration de l'Église de France par elle-même.

Sans doute, après le tableau de ces agitations religieuses de l'époque du grand schisme, les scènes de la réforme luthérienne, qui lui est postérieure de cent ans, paraissent moins extraordinaires et moins imprévues; il ne faudrait pas, cependant, exagérer l'analogie. Au quinzième siècle, l'orthodoxie demeure intacte, à part quelques emportements tout circonstanciels : le mouvement a lieu, non pour renverser l'autorité, mais pour la réorganiser. Ce qui exalte les esprits, ce n'est pas une œuvre de séparation, c'est au contraire une œuvre de réparation et d'union, ce n'est pas une négation, c'est une affirmation plus ardente de la constitution de l'Église. L'Université est, si l'on veut, une puissance des temps anciens et non des temps nouveaux, mais il est vrai de dire qu'entre les temps anciens et les temps nouveaux, il n'existe pas cette ligne de démarcation profonde qu'ont essayé de tracer les théoriciens de l'histoire moderne.

## VI

A dater de l'année 1408, le grand rôle de l'Université n'est plus en France; il est dans les conciles où se continue le mouvement religieux. Mais là son histoire, jusqu'ici distincte, se confond avec l'histoire générale de l'Église; nous sommes forcé de nous borner à un aperçu rapide.

Les colléges de cardinaux, ayant abandonné l'un et

l'autre pontife, se réunirent et convoquèrent à Pise un concile œcuménique. Ce concile s'ouvrit le 20 mars 1409. Il réunissait vingt-deux cardinaux, cent soixante archevêques, évêques et abbés mitrés, cent vingt-trois docteurs en théologie, dont quatre-vingts appartenaient à l'université de Paris, trois cents docteurs en droit canon. L'Église de France, qui dominait dans cette assemblée, était d'accord pour les mesures décisives. Les universités d'Orléans, de Montpellier, d'Angers, de Toulouse même, se ralliaient à l'opinion de Paris. Les violents et les modérés se retrouvaient sur un terrain commun. Pierre d'Ailly et Gerson étaient les premiers à proclamer les droits souverains du concile.

Les deux pontifes furent sommés de comparaître. Puis on dressa contre eux un acte d'accusation. L'esprit qui règne dans l'imposante assemblée que contenait à peine la grande nef de la cathédrale de Pise, est peu différent de celui qui animait le synode gallican de 1406. C'est la même hardiesse dans les doctrines, la même âpreté dans les paroles. Le réquisitoire dressé contre les soi-disant papes ressemble sous plus d'un rapport aux plaidoyers des Jean Petit et des Simon Cramaud. L'humeur facétieuse, qui est un des caractères de l'époque, s'y donne plus d'une fois carrière ; un des avocats, racontant les subterfuges des deux prétendants, nommait l'un *Beneficus* au lieu de *Benedictus*, l'autre *Errorius* au lieu de *Gregorius*. L'indignation s'exprime également avec une véhémence extrême : les pontifes rebelles furent comparés à Anne et à Caïphe, les persécuteurs du Christ; un orateur affirma même qu'ils étaient l'un et l'autre des démons sortis de l'enfer.

L'une des premières décisions du concile fut de décréter qu'il avait été licite de répudier l'autorité de Pierre de Luna qui se faisait appeler Benoit XIII et celle d'Ange Corrario qui prenait le titre de Grégoire XII, depuis qu'ils avaient damnablement refusé, malgré leurs serments solennels, de pratiquer la voie de cession. C'était, comme on le voit, la justification la plus complète de la conduite de l'université de Paris.

Le concile condamna ensuite les prétendants, les déclara indignes et déchus de tous honneurs et dignités, principalement de la dignité papale, séparés et retranchés de la communion des fidèles par les saints canons. Il frappa également d'excommunication quiconque leur resterait soumis à l'avenir. Après cette sentence, le 26 juin, les cardinaux entrèrent au conclave afin de procéder, en vertu des pouvoirs que leur avait conférés le saint synode, à l'élection d'un seul et unique vicaire de Jésus-Christ. Ils élurent le cardinal de Milan, Pierre de Candie, de l'ordre des Frères mineurs, qui était docteur gradué en l'université de Paris et qui y avait autrefois enseigné la théologie avec éclat. Il fut intronisé, le 7 juillet, sous le nom d'Alexandre V. Alexandre V promit et jura de rassembler, dans le délai de trois ans, un nouveau concile général pour travailler à la réforme de l'Église.

Cette élection fut accueillie en France avec des transports de joie. A Paris, des démonstrations, des acclamations extraordinaires célébrèrent la fin du schisme. Les Parisiens, disent les chroniqueurs, ne cessaient de crier nuit et jour parmi les places et les rues : *Vive Alexandre V, notre pape!* buvant et mangeant au seuil de leurs portes, comme il était d'usage dans les réjouissances publiques. L'Université était triomphante. Après un tel succès, rien ne lui parut plus impossible; elle avait vaincu le schisme d'Occident; elle songea à vaincre celui d'Orient, le schisme des Latins et des Grecs. Elle ouvrit des délibérations sur ce vaste projet. Elle se présenta au roi dans un moment où Charles VI se trouvait en état de lui accorder audience, pour l'entretenir de cette haute matière de la paix universelle. Ce fut Gerson qui porta la parole[1] :

« Maintes fois, et pour plusieurs causes, est venue féalement par devers votre royale Majesté, ô roi très-chrétien, plus beau titre ne vous puis-je donner, et notre souverain seigneur, roi sacerdotal, divinement consacré, est venue, dis-je, votre très-humble et très-dévouée fille l'université de Paris, mère des études, défenseresse de la foi, lumière de sainte Église; mais jamais elle ne vint pour plus haute, jamais même pour si haute et si générale matière comme à présent, car nous voulons parler de la paix universelle de la chrétienté, tant des Latins entre eux que des Grecs avec les Latins. »

Gerson fait valoir la circonstance favorable d'un pon-

---

[1] Discours *Pax hominibus bonæ voluntatis.* V. *Textes et documents.* XII.

tife qui est Grec d'origine et théologien excellent. Il examine les principaux points de la question ; il établit l'unité nécessaire du chef spirituel en opposition avec la diversité des chefs temporels, mais réserve aux peuples une large indépendance :

« Les hommes, dit-il, ne doivent pas être uniformément astreints par les décrets du souverain pontife à pratiquer une même règle et un même usage dans les choses qui ne touchent pas directement et immédiatement la vérité de la loi évangélique. C'est cette considération qui permet de procéder à la réforme de l'Église de France et à la restauration de ses libertés, malgré l'opposition qu'y voudraient peut-être faire quelques-uns de la cour romaine. Les hommes de bonne volonté, pour parvenir à la paix générale des Grecs et des Latins, comme pour accomplir les réformes particulières, doivent prendre pour guides d'abord la Sainte Écriture où est contenu le droit divin, en second lieu la philosophie morale, enfin les décrets canoniques et les lois civiles[1]. »

---

[1] « Les hommes ne doivent mie estre generalement tojours astrains par les determinacions positives des papes à tenir et à croire une mesme maniere de gouvernement ès chozes, qui ne regardent mie prouchainement ou sans moyen la verité de nostre foy et de la loy evangelique... Par ceste consideracion bien prise on ha entrée de proceder en la reformacion de l'Église de France et de ses libertés, nonobstant la contradiction que vauroient faire par aventure aucuns de la court de Rome. Les hommes de bonne volonté, pour avoir pais en saincte Église tant en general des Grés et des Latins que ès particulieres reformacions doivent estre adréciés et endoctrinés principaument par la saincte Escripture où est baillié le droit divin et consequemment par philosophie morelle, en après par les sains decrés et decretales et puiz par les loys civiles. »

L'orateur offre, comme toujours, au nom de l'Université, les processions, les oraisons publiques, les prédications, les ambassades. On célébrera un concile général dans trois ans; les Grecs pourront y assister. C'étaient là de généreuses aspirations, sans doute, mais bien promptes et bien aventureuses. L'enchantement fut de courte durée. Une nouvelle et plus cruelle déception vint renverser toutes ces espérances; on s'aperçut bientôt qu'on était plus loin que jamais de la paix universelle, que la division semblait au contraire compliquée et aggravée. Au lieu d'un pape, il y en avait trois. Alexandre V et son successeur Jean XXIII étaient bien reconnus par la France, l'Angleterre et la majeure partie de l'Europe; mais les maisons électorales d'Allemagne et plusieurs provinces d'Italie restaient attachées à Grégoire XII, et l'Espagne demeurait sous l'obéissance de Benoît XIII. Une autorité suffisante avait manqué au concile de Pise; cette assemblée avait été, pour ainsi dire, trop républicaine; réunie malgré les papes et contre les papes, elle n'avait pas eu l'appui de l'empereur. L'empereur Robert avait même contesté sa légitimité. Or le nom du saint empire romain, quoique bien abaissé, exerçait encore un grand prestige. Cet isolement, cette absence des chefs traditionnels du catholicisme, avaient compromis les résultats du concile. L'œuvre était à recommencer.

Il y eut alors pour les âmes religieuses un moment de profonde désolation, d'amer découragement. En France surtout, où tant de calamités publiques ajoutaient leurs angoisses à la détresse des consciences, on dut croire, et ce fut en effet une croyance universelle, que le monde allait finir, que les derniers temps prédits par l'Apocalypse étaient venus. Le grand prédicateur populaire, saint Vincent Ferrier, se faisait l'apôtre de la terrible nouvelle; il parcourait les provinces en prêchant aux multitudes, qui se rassemblaient pour l'entendre, la pénitence finale, la suprême conversion. Nul tableau plus sombre, en effet, que celui du royaume à cette époque. La nation était en pleine révolte contre elle-même : tous les liens étaient brisés. La noblesse du centre, de l'ouest et du midi formait une vaste coalition dont le comte d'Armagnac, beau-père du jeune Charles d'Orléans, était le chef. Chaque année, vers le mois de juillet, à l'époque où les moissons mûrissent, Paris et les villes du nord voyaient accourir sous leurs murailles les Aquitains, les Gascons, les Bretons, les Normands. On eût dit une invasion de barbares; ils passaient et ravageaient. Le duc de Bourgogne, peu sûr de la haute bourgeoisie, qui inclinait toujours aux transactions, remit le pouvoir aux classes inférieures, plus dévouées et plus énergiques. Ce fut une lutte impitoyable et désespérée : dans les campagnes, des dévastations, des brigandages, des cruautés inouïes; dans Paris, le gouvernement des bouchers et des écorcheurs, le règne des *cabochiens*, ce qu'on a appelé avec raison la Terreur de 1415. L'histoire n'offre peut-être pas de plus redoutable exemple de ce que peut devenir un peuple livré aux divisions et aux haines intestines. L'université de Paris se jette avec ardeur dans la révolution populaire; ses plus intrépides orateurs essayent de diriger le mouvement politique, comme ses grands théologiens dirigeaient le mouvement religieux. Nous ne décrirons pas maintenant la bruyante intervention de l'École dans les troubles civils du quinzième siècle; nous suivrons l'active et remuante congrégation sur l'autre ligne, dans l'autre voie, où son énergie est plus féconde, et où ses efforts vont être enfin couronnés de succès.

Le successeur d'Alexandre V, Jean XXIII, assiégé dans Rome par Ladislas, roi de Sicile, s'échappa des mains de l'ennemi, gagna de ville en ville la Lombardie, et se mit sous la protection de Sigismond, empereur d'Allemagne et roi des Romains. Sigismond, récemment arrivé à l'empire, avait conçu le grand dessein d'être le pacificateur de l'Église. A l'invitation de ce prince, Jean XXIII indiqua un nouveau concile œcuménique dans la ville de Constance, en Souabe. Le concile fut inauguré le 5 novembre 1414. Toute la chrétienté avait répondu à l'appel du Pape et de l'empereur. Depuis bien des siècles on n'avait vu une plus complète représentation du monde catholique; l'assemblée compta jusqu'à dix-huit mille ecclésiastiques qui se partagèrent en cinq nations : allemande, italienne, française, anglaise et espagnole; immense congrès des peuples de l'Europe, comices universels de la religion, dans lesquels la communauté de croyances réunissait les hommes de tant de pays divers, de tant de races ennemies! Que sont nos assemblées modernes auprès d'un concile comme celui de Constance ?

L'université de Paris domina à Constance comme à Pise, par son ascendant, par la fermeté de ses principes, par sa hardiesse et son courage. Elle y était représentée par deux cents de ses docteurs. Ses grands hommes, d'Ailly, Gerson, Gentien, Plaoul[1], furent les véritables meneurs du concile; ils donnèrent tout d'abord l'impulsion à la vaste assemblée. Aussi le pape Jean XXIII, qui ne l'avait convoquée que pour lui faire consacrer ses droits, s'aperçut bientôt que des intentions différentes l'animaient, qu'un autre esprit la dirigeait. Se plaçant au-dessus des compétiteurs au pontificat et de Jean XXIII lui-même, elle revendiqua son entière liberté d'action, sa souveraineté absolue. Dans la séance du 1er mars 1415, le patriarche d'Antioche, prélat français, vint plier les genoux devant le Saint-Père et lui présenta une formule de renonciation à la papauté. Le concile s'en tenait à la voie de cession, à ce moyen décisif proposé par l'université de Paris dès l'origine du schisme; il demandait à Jean XXIII la promesse d'abdiquer si son abdication pouvait, au jugement de la majorité, assurer l'union de l'Église. Le Pape promit et jura, mais quelques jours plus tard, dans la nuit du 20 au 21 mars, déguisé en palefrenier et l'arbalète à l'arçon de la selle, il s'enfuit de Constance et se réfugia à Schaffouse sous la protection de Frédéric, duc d'Autriche. Ce départ jeta la plus

---

[1] Pierre Plaoul avait été nommé évêque de Senlis en 1408.

grande perturbation parmi les pères du concile. Ce furent les docteurs parisiens qui raffermirent les esprits. Gerson prononça le célèbre discours : *Ambulate dum lumen habetis...* « Marchez pendant que vous avez la lumière, afin que les ténèbres ne vous surprennent pas. » C'est le cri : En avant! de ces États généraux de l'Église. « Messieurs, disait l'abbé Sieyès le 23 juin 1789, vous êtes aujourd'hui ce que vous étiez hier. » Époques bien éloignées, temps bien divers sans doute, mais que rapproche cependant l'éternelle analogie qui règne au fond des choses humaines. Le saint synode proclama son intégrité ; il déclara : « Qu'étant légitimement assemblé au nom du Saint-Esprit, représentant l'Église catholique militante, il tenait immédiatement de Jésus-Christ une puissance à laquelle chacun était tenu d'obéir, de quelque qualité qu'il fût, *même papale*. »

On entama contre le Pape réfractaire de vigoureuses poursuites qui aboutirent à une sentence de déposition. Cette sentence privait Jean XXIII de la papauté comme indigne et dangereux, et exhortait tous les fidèles à ne lui prêter dorénavant aucune soumission sous peine d'être tenus pour fauteurs du schisme. L'empereur Sigismond, se portant exécuteur de l'arrêt, déclara la guerre à Frédéric d'Autriche. Ce dernier ramena le Pape captif, et Jean XXIII souscrivit à sa déchéance et à sa condamnation. Grégoire XII abdiqua spontanément. On essaya d'obtenir la renonciation de Benoît XIII. Sigismond se rendit lui-même, avec les députés du concile, à Perpignan où Benoît avait été mandé d'autre part par le roi d'Aragon. Les négociations furent infructueuses. Dans la dernière entrevue, Benoît XIII, plus qu'octogénaire, lutta pendant sept heures de discussion avec les princes et les ambassadeurs, s'esquivant sans cesse par des subtilités et des faux-fuyants, se retranchant dans des généralités, proposant toujours son système à lui pour l'extinction du schisme, fatiguant ses adversaires, insaisissable et invincible. Pendant la nuit, il se sauva de la ville, gagna le rivage, monta sur les galères qui l'attendaient, et retourna à son château de Peniscola, dans le royaume de Valence. Il ne voulut plus entendre parler d'abdication ni de concile. Condamné et déposé à Constance, abandonné de l'Espagne et de tout le monde, enfermé dans son inabordable forteresse, l'inflexible Pierre de Luna vécut encore sept ans, et de son rocher continua jusqu'à la fin d'excommunier la ville et l'univers.

Pierre de Luna est certainement un des plus remarquables caractères que nous offre l'histoire. Son indomptable opiniâtreté finit par nous séduire comme de l'héroïsme. Soit qu'il réponde fièrement à la France, lui signifiant la neutralité : « Qu'importe ! saint Pierre n'avait pas ce royaume dans son obéissance; » soit qu'obligé de fuir d'Avignon à Marseille, et de quitter même cette ville, la terre lui manquant, il installe le siége apostolique sur ses vaisseaux ou l'abrite dans son unique château-fort; soit que mourant à quatre-vingt-dix ans passés, il fasse jurer à ses deux cardinaux de lui donner un successeur, on ne peut s'empêcher d'admirer l'extraordinaire énergie de cet homme que rien n'abat, ni l'isolement, ni la persécution, ni l'âge, ni la mort elle-même. Il expira debout, défiant encore son adversaire, l'université de Paris, qui, cependant, l'emportait. Unissant à une volonté de fer un esprit souple et astucieux, Benoît XIII, dans une situation régulière et non contestée, eût égalé peut-être les Grégoire VII et les Sixte-Quint. Revenons au concile de Constance.

Lorsqu'il eut évincé les trois prétendants, le concile jugea que le moment était venu de donner un chef unique et légitime à l'Église. Le 8 novembre 1417, vingt-trois cardinaux et trente délégués, six de chaque nation, entrèrent au conclave. Le 11, fête de saint Martin, toutes les voix se trouvèrent réunies sur Otto Colonna, cardinal diacre au titre de Saint-Georges-au-Voile-d'Or. Il fut intronisé le soir du même jour, en grande solennité, dans la cathédrale de Constance, et prit le non de Martin V. Martin V fut reconnu par toute l'Europe chrétienne. Cette élection mit fin à l'anarchie ecclésiastique qui durait depuis quarante ans. Notre mère Sainte Église, comme on disait alors, échappait au naufrage ; elle élevait de nouveau au-dessus de l'abîme son front couronné de lumière. Le grand schisme d'Occident était terminé.

En même temps finissait le rôle exceptionnel qu'avait joué, pendant cette longue et redoutable crise, l'université de Paris. Elle avait rempli une haute mission ; elle avait résolûment marché à la tête de la société religieuse ; elle lui avait imprimé le mouvement ; elle avait été la puissance agissante et dirigeante au milieu des difficultés et des périls, et elle pouvait, à coup sûr, revendiquer une part de mérite et d'honneur dans l'œuvre de restauration enfin accomplie. Un groupe de docteurs, d'orateurs, d'écrivains, se substituant ainsi à l'autorité suprême défaillante, se faisant les chefs du monde chrétien, et introduisant une sorte de démocratie dans le gouvernement du catholicisme; c'est là un fait étrange et sans exemple, que nous aurions voulu mettre bien en lumière dans le tableau d'histoire que nous avons tracé.

# QUATRIÈME PARTIE

## L'ANTIQUITÉ ET LE MOYEN AGE

LITTÉRATURE COMPARÉE.

---

Nous quittons le domaine de l'histoire où le premier exercice du pouvoir de la parole nous a conduit, et nous revenons à la littérature. Le meilleur moyen de faire comprendre et apprécier le génie littéraire de la vieille France, c'est de mettre en regard ses productions et celles des autres temps et des autres pays. Nous voulons essayer de cette méthode, toutefois dans des limites très-restreintes et seulement pour donner une idée des résultats qu'on pourrait en obtenir. L'antiquité nous fournira les termes de comparaison dont nous avons besoin. Elle est la règle et la loi : elle nous offrira par conséquent les modèles les plus autorisés et les plus sûrs.

Les traditions héroïques et fabuleuses de la littérature gréco-latine n'attendirent pas, comme on s'était accoutumé à le croire, la renaissance classique du seizième siècle pour reparaître dans le monde. Le moyen âge les avait dès longtemps recueillies ; on les retrouve partout dans ses romans et dans ses poëmes, de sorte que bien souvent nous pouvons mettre en présence des récits, des fables appartenant aux deux époques. Rien n'est plus instructif que ce rapprochement et que le contraste qui en résulte. Rien ne fait mieux voir combien la puissance inventive, le goût, l'esprit du moyen âge diffèrent de l'art antique et comment ils en diffèrent. Les tendances et les facultés particulières qui distinguent notre littérature primitive ressortent plus vivement peut-être de la manière dont elle s'est approprié ces éléments étrangers, que de ses propres créations.

Pour confronter utilement ici les œuvres des deux époques, il convient d'écarter d'abord les grandes compositions qui nous obligeraient à demeurer uniquement dans les considérations générales. Nous avons au moyen âge beaucoup de vastes poëmes qui renouvellent avec une originalité curieuse les épopées de la Grèce et de Rome : le *roman de Troie* raconte le fameux siége d'Ilion à l'aide de la chronique attribuée à Darès de Phrygie ; le *roman d'Énéas* imite l'*Énéide* de Virgile ; le *roman de Thèbes* transporte dans le monde chevaleresque la lutte d'Étéocle et Polynice que Stace a chantée. Nous laissons de côté ces productions qui, de part et d'autre, ont trop d'étendue. Nous choisissons de préférence des fictions plus courtes qui nous permettront d'entrer dans les détails, de saisir facilement les oppositions de sentiment et de forme, et de les caractériser.

# CHAPITRE PREMIER

### ORPHÉE ET EURYDICE.

Boetius, *De Consolatione Philosophiæ*, sixième siècle. — Paraphrase française du quatorzième siècle.

Virgile, au livre IV des *Géorgiques*[1], et Ovide, au livre X des *Métamorphoses*[2], ont chanté la fable d'Orphée et d'Eurydice et la descente aux enfers du poëte de Thrace. Cinq siècles plus tard, Boëce la versifiait dans son traité *De Consolatione Philosophiæ*, ouvrage composé par le célèbre ministre de Théodoric, alors que, persécuté par ce roi arien à cause de son orthodoxie catholique, il avait été jeté dans les prisons de Pavie, et peu de temps sans doute avant sa décapitation, qui eut lieu vers 525. Ce traité introduit constamment la mythologie paienne dans la théologie et la morale chrétienne, non sans violence quelquefois; et c'est ainsi qu'à la fin de son troisième livre, il transforme l'histoire d'Orphée et d'Eurydice en une sorte de parabole, et la fait servir à prouver qu'il faut attacher entièrement son âme au

---
[1] Vers 450 à 500.
[2] Vers 1 à 85.

souverain bien, c'est-à-dire à Dieu, et être indifférent aux choses de ce monde. Quant à l'esprit, nous sommes comme on le voit, bien loin de Virgile et d'Ovide; la forme, au contraire, est peu changée, et c'est un phénomène étrange de la décadence romaine, que cette révolution complète des idées s'emprisonnant dans les mêmes données poétiques et les mêmes traditions littéraires. Comme le traité *De Consolatione Philosophiæ* est moins répandu et moins connu que les *Métamorphoses* et les *Géorgiques*, on nous permettra de citer en partie les vers de Boèce [1] :

>    Felix qui potuit boni
>    Fontem visere lucidum;
>    Felix qui potuit gravis
>    Terræ solvere vincula.
>    Quondam funera conjugis
>    Vates Threicius gemens
>    Infernas adiit domos;
>    Illic blanda sonantibus
>    Chordis carmina temperans,
>    Quidquid præcipuis deæ
>    Matris [2] fontibus hauserat,
>    Quod luctus dabat impotens,
>    Quod luctum geminans amor,

[1] Anicii Manlii Severini Boetii Consolationis Philosophiæ libros quinque... Interpretatione et notis illustravit Petrus Callyus. Lutetiæ Parisiorum apud Lambertum Roulland. MDCLXXX. In-4°. Liber III, metrum XII :

« Quamprimum habes summi boni notitiam felix, inquit Philosophia, hanc infelix amittis inspectâ terrâ : sicut Orpheus, conversis ad Inferos luminibus, conjugem carmine emtam perdidit. »

[2] Calliopes, mater Orphei, cui fontes Castallii sunt sacri. (Ex P. Callyo.)

Deflet, Tænara commovens,
Et dulci veniam prece
Umbrarum dominos rogat.
Stupet tergeminus novo
Captus carmine Janitor[1].
Quæ sontes agitant metu
Ultrices scelerum deæ[2]
Jam mœstæ lacrymis madent.
Non Ixionium caput
Velox præcipitat rota ;
Et longâ site perditus
Spernit flumina Tantalus.
Vultur, dum satur est modis,
Non traxit Tityi jecur.
Tandem vincimur ! Arbiter
Umbrarum miserans ait :
Donamus comitem viro
Emtam carmine conjugem :
Sed lex dona coërceat
Ne dum Tartara liquerit
Fas sit lumina flectere.
Quis legem det amantibus ?
Major lex amor est sibi.
Heu ! noctis propè terminos
Orpheus Eurydicem suam
Vidit, perdidit, occidit.
Vos hæc fabula respicit
Quicumque in superum diem
Mentem ducere quæritis,
Nam qui Tartareum in specus
Victus lumina flexerit,
Quidquid præcipuum trahit
Perdit, dum vidit inferos.

Si nous connaissons beaucoup mieux aujourd'hui

---

[1] Cerberus.
[2] Eumenides.

Ovide et Virgile que Boèce, il en était tout différemment au moyen âge, où le traité *De Consolatione Philosophiæ* était bien plus renommé que les poëmes des deux grands contemporains d'Auguste. Cela tenait précisément au caractère de cette œuvre toute chrétienne dont l'auteur était placé au rang des martyrs et des saints. Les traductions en vers d'abord, puis en prose, sont très-nombreuses[1]; et c'est une de celles-ci qui nous fournira le terme de comparaison que nous voulons opposer à la pièce latine qu'on vient de lire.

Cette traduction, ou plutôt cette paraphrase (on verra que ce mot est même insuffisant à exprimer les licences de l'auteur), intitulée : — La Complainte de la tribulation del memorable philosophe qui fu appelez Boeces, et de la Consolation de la philosophie quel confortoit en scemblance d'une dame[2], — est du quatorzième siècle. Elle paraît être l'ouvrage d'un Italien et est

---

[1] Outre la pièce publiée par l'abbé Lebœuf et M. Renouard, qui est un des plus anciens monuments de la langue romane, signalons : une traduction du treizième siècle conservée dans le mst. 7071, fonds français de la Bibliothèque impériale. — Une autre faite pour le roi Philippe le Bel par Jean de Meun, le célèbre auteur du *Roman de la Rose* (que l'abbé de Cériziers, dont il sera question plus loin, appelle : « Le premier de nos François qui a tâché de n'être pas barbare. »), prose et vers, mst. 7201², même fonds, même Bibliothèque.— Une autre de Regnaud de Louens, mss. 7209³, 7072⁵ ⁵· — Une autre, enfin, attribuée légitimement (v. M. Buchon, choix d'ouvrages mystiques, *Panthéon littéraire*) à l'illustre prisonnier de la bataille d'Azincourt, le poëte Charles d'Orléans, mss. 7072, 7204, 7204².

[2] Mst. 7209, fonds français de la Bibliothèque impériale. Voir la Notice de ce manuscrit et de cette traduction de Boèce dans le sixième volume de l'ouvrage de M. Paulin Pâris : *Les Manuscrits français de la bibliothèque du roi*.

écrite dans une langue pleine d'incorrections et un dialecte barbare.

Voici, en suivant le texte du manuscrit français le plus près possible, la traduction singulière que l'auteur nous donne de la fable d'*Orphée et Eurydice* telle que nous venons de la transcrire; c'est la Philosophie qui parle :

« Je vous répète ce que je vous ai déjà dit : Heureux l'homme qui sait tellement affermir son cœur qu'il ne s'attache à rien de ce misérable monde, et qui met toute sa pensée, son plaisir et son affection en Dieu. Je vais vous en donner un exemple puisé dans les anciennes autorités : Il fut autrefois un homme qui avait nom Orphée, et cet Orphée avait une femme qu'il n'aimait pas médiocrement; il l'aimait plus que tout le monde et plus que lui-même, et il lui semblait qu'il ne voyait que ténèbres quand il ne la voyait pas. Il lui arriva ce qui advient souvent à ceux qui ont ainsi une chose qu'ils affectionnent par-dessus toutes les autres, c'est que cette chose leur est ravie avant toutes les autres; et ce fut le sort d'Orphée, car sa femme mourut. S'il en fut désolé, il ne le faut pas demander : sa douleur ressemblait à une tempête, et il ne restait pas dans sa chambre à pleurer privément; mais il s'en allait se lamenter sur le tombeau de sa femme. Au moins, direz-vous peut-être, n'y allait-il que pendant le jour? Je vous réponds que vous parlez pour néant, et qu'il y demeurait et jour et nuit[1], et que la peur même

---

[1] « Mais vos direz por aventure : il i demoroit seulement le jor? Et je vos di que de noient parlez, car il i demoroit et nuit et jors. »

des lions, des serpents, des sangliers, ni rien ne pouvait l'arracher de ce lieu. Et là, il fallait entendre les plaintes, les gémissements, les clameurs qu'il poussait! Qui eût ignoré l'occasion de ce deuil en aurait eu grande pitié, mais ceux qui en connaissaient le motif en riaient, et ils n'avaient pas tort [1]. Orphée veilla ainsi au pied du monument funèbre tant, qu'une nuit un des Ennemis d'Enfer vint le trouver. Et quand Orphée le vit, il ne se déconcerta nullement, et lui demanda aussitôt s'il ne pouvait lui donner des nouvelles de sa femme. « Oui, « sans doute, répondit le mauvais esprit, puisque je l'ai « dans mon Enfer. — Ah Dieu! ami, dit Orphée, prends « donc tout ce que je possède, et mène-moi là où elle « est, et permets seulement que je la voie. — Je le ferais « très-volontiers, répondit l'Ennemi, si tu oses m'ac- « compagner. »

« Orphée ne s'effraya point; il se mit à suivre le diable qui s'en allait grands pas vers l'Enfer. Quand ils y furent descendus, il y eut là une telle hilarité, qu'il n'y avait diable si brûlé, qui pût se tenir de rire en voyant la joie forcenée du pauvre Orphée lorsqu'il retrouva sa moitié [2].

« Un des habitants de l'Enfer dit aux autres : « Nous « pouvons, si nous voulons, nous divertir beaucoup de

---

[1] « Mais cil qi la ocheison savoient s'en rioient et si ne avoient mie grant tort. »

[2] « Si commença por là enz la risea si tresgrant que jà n'i estoit diable si brulez qi se peust tenir de rire de la forsenée joie qè fist Olfeus de sa moillier. »

« cette aventure. Rendons à Orphée sa femme à une con-
« dition : que, pour frayeur qu'il ait, quoi qu'il entende,
« qu'il voie ou qu'il sente, il ne se retournera ni ne re-
« gardera en arrière jusqu'à ce qu'il soit en sa maison ;
« sinon, il perdra sa femme sans rémission et s'en ira
« seul comme il est venu. Et je me vante bien de faire
« un si horrible et épouvantable tonnerre derrière ses
« épaules, qu'il ne pourra s'empêcher de détourner la
« tête et les yeux vers l'Enfer. Et alors nous rirons bien
« de la douleur extravagante à laquelle il se livrera en
« perdant une seconde fois sa femme. »

« Tous les démons s'accordèrent à ce jeu, et ce qui
était convenu fut exécuté. Ils laissèrent, moyennant la
condition que je vous ai dite, la femme suivre son mari,
dont la joie n'avait point de bornes. Mais cet Ennemi
fit tout à coup, derrière Orphée, un bruit si effroyable
que ce malheureux, tout prévenu et affermi qu'il était,
jeta involontairement un regard vers ce mortel fracas
qui éclatait sur ses épaules, et de cette manière sa
femme lui fut de nouveau ravie. Et Orphée s'en retourna
au tombeau, se tordant les mains et brayant aussi fort
que si le grand diable l'eût tenu.

« Il en arrive de même à ceux qui s'en vont vers
leur maison, c'est-à-dire vers le Paradis, en compagnie de leur femme, c'est-à-dire de la Vérité, si, pour
quelque crainte ou tristesse vaine, ils détournent leurs
yeux, leur cœur et leur entendement vers ce monde misérable ; et bienheureux, au contraire, comme je vous
ai dit en commençant, ceux qui tiennent fermement et

constamment leur pensée et leur affection élevées vers la lumière divine.

« Et por ce est beez[1] com vos ai dit, ajoute le texte,
« cil qi est si constant qe il tient ses culz et son cuer et
« son entendiment vers la Verité divine, ne ja por sibler[2],
« ne por spaventer mundains, ne por autre chose, ne
« volve ne aerde[3] sa ment[4] ne sa affeccions vers l'eror
« de cist monde. Et si vos di, dist la dame, que, pois que
« l'ome[5] a conoisance de la verité, graciouse chouse i
« est se il à cele se tient, et de sa foillie vient se il d'a-
« celle se part. »

Il faut convenir que la leçon morale, nous ne disons pas seulement l'allégorie, se déduit au moins aussi logiquement de la fable ainsi travestie que de la fable que Boèce imitait d'Ovide. Nous ne donnons pas, bien entendu, la parodie qu'on vient de lire comme un spécimen remarquable de l'intelligence littéraire du moyen âge. C'est plutôt à titre de curiosité que nous la citons, et parce qu'elle montre bien ce que pouvait faire l'esprit persifleur et facétieux du quatorzième siècle des charmantes inventions de la Muse antique. La gaieté ironique qui inspirait les fabliaux s'empara des fables les plus gracieuses, et les accommoda à sa guise. Plus tard, la fade sentimentalité des *Précieuses* brodera d'agréments d'une

---

[1] *Beatus*, bienheureux.
[2] Siffler.
[3] Ne tourne ni attache, *volvere, hærere*.
[4] *Mens*, âme.
[5] Depuis que l'homme.

autre sorte les thèmes immortels que le moyen âge défigurait si plaisamment. L'abbé de Cériziers, qui traduisait Boèce sous Louis XIV, écrit d'un style tout différent de celui du trouvère qui l'avait précédé de quatre siècles; il dit, par exemple :

> Pluton, touché de la pitié
> De cette innocente amitié,
> Voulut aussi rendre des marques
> Qu'il n'estoit pas sans sentiment,
> Et quoiqu'il fust le dieu des Parques,
> Qu'il pouvoit s'adoucir aux plaintes d'un amant[1].

C'était un autre travers. De nos jours, on a vu sur la scène une bouffonnerie qui nous ramenait à la gausserie peu attique du quatorzième siècle. Telles sont les vicissitudes que subissent d'âge en âge les traditions qui se perpétuent dans la littérature. Ces vicissitudes forment une histoire infiniment instructive. Suivez la fable d'Orphée, à partir de la mythologie antique, passant du siècle d'Auguste au siècle de Théodoric, du déclin du moyen âge au temps au florissait l'hôtel de Rambouillet, jusqu'à notre époque, vous verrez chaque période l'assortir à son goût, la marquer à son empreinte et y refléter, pour ainsi dire, sa physionomie aussi distinctement que dans un miroir.

[1] Consolation de la philosophie et Consolation de la théologie..., traduites par le sieur de Cériziers, aumosnier du roy. 12ᵉ édition, In-12. Paris, 1747.

## CHAPITRE II

#### ÉCHO ET NARCISSE.

Ovide, *les Métamorphoses*. — De Narcisus, *conte du treizième siècle.*

Continuons sur un autre sujet la même expérience. L'histoire d'Écho et de Narcisse est l'un des plus célèbres épisodes du livre des *Métamorphoses*[1]. Ovide paraît l'avoir traité avec un soin spécial ; il y a déployé toutes les recherches de son esprit, toutes les grâces de sa versification vive et abondante ; la plupart de nos lecteurs se souviennent sans doute des aventures de la malheureuse Écho et du coupable Narcisse. Il nous paraît utile cependant de donner ici une courte analyse de la fable païenne, afin de faire mieux ressortir les points de comparaison entre cette fable et le récit du moyen âge que nous allons examiner.

Dans le poëte latin, Écho n'est pas encore un son impalpable et immatériel, la répercussion d'une voix, d'un bruit ; c'est une nymphe vivante, mais qui ne sait déjà plus que répéter les derniers mots prononcés par autrui, incapable de parler la première, incapable aussi de garder le silence quand on lui parle. Elle avait autrefois

---

[1] Livre III, vers 339 à 510.

consenti à distraire Junon par son babil, afin de favoriser les infidélités du roi de l'Olympe; et Junon, instruite de la perfidie, lui avait, sinon enlevé complétement, du moins grandement limité cette faculté de la parole dont elle avait fait un mauvais usage. Écho, rencontrant Narcisse dans les bois, s'éprit du jeune chasseur. On sait avec quelle complaisance Ovide se joue dans les artifices de style auxquelles prêtait cette fiction; il suppose que Narcisse égaré appelle ses compagnons; Écho lui répond en lui renvoyant les dernières syllabes qu'il a prononcées, et de la sorte elle trouve moyen de lui faire les aveux les plus tendres :

> Forte puer, comitum seductus ab agmine fido,
> Dixerat : Ecquis adest? et : Adest, responderat Echo.
> Hic stupet; utque aciem partes divisit in omnes,
> Voce : Veni, clamat magnâ. Vocat illa vocantem....

La conversation se prolonge, mais sans succès pour Écho : méprisée par Narcisse, elle dépérit de chagrin; son corps se dessèche, se consume et se dissout; il n'en reste que les os transformés en pierre et la voix qui survit toujours.

Némésis se charge de punir l'insensible et cruel Narcisse; il devient amoureux de sa propre image aperçue dans le miroir d'une fontaine. La description de cette folle et vaine passion est une longue suite de *concetti*, si l'on nous permet d'emprunter ce mot à une littérature plus récente :

> Se cupit imprudens! Et qui probat, ipse probatur,

> Dumque petit, petitur ; pariterque incendit et ardet...
> Perque oculos perit ipse suos....

Plus loin, Narcisse, qui s'aperçoit inutilement de son erreur, s'écrie en avouant sa démence :

> Uror amore mei ; flammas moveoque feroque.
> Quid faciam? roger, anne rogem? quid deinde rogabo?
> Quod cupio mecum est. Inopem me copia fecit....

Narcisse expire dans ces angoisses et dans ces antithèses ; son corps est métamorphosé en cette fleur d'un jaune pourpre qui depuis lors a porté son nom. Toutefois, avant qu'il mourût, Écho avait plaint à sa manière le malheur de celui dont elle se croyait trop vengée :

> ..... Quotiesque puer miserabilis : Eheu !
> Dixerat, hæc resonis iterabat vocibus : Eheu !

Un trouvère anonyme du treizième siècle a raconté à son tour et rimé l'histoire de Narcisse. Ses vers nous sont conservés par plusieurs manuscrits[1] et ont été publiés dans le recueil de Barbazan[2]. C'est le récit que nous allons comparer à celui d'Ovide.

Ici le sens allégorique de la fable antique, assez effacé du reste dans le poëte latin, a complétement disparu. C'est tout simplement une histoire d'amour qui nous enseigne deux choses, selon le trouvère : d'abord, qu'on ne doit pas se laisser entraîner à l'amour, sans bien

---

[1] Nos 7218, 7989², ancien fonds français ; 1830 f. de Saint-Germain, de la Bibliothèque impériale.
[2] Tome II, p. 143.

examiner où cet amour vous conduira, afin de s'y soustraire, s'il est possible, avant d'être tout à fait enlacé, de même que le marin prend garde aux pronostics du temps avant de s'aventurer sur la mer; en second lieu, qu'il ne faut pas se montrer inexorable à ceux qui vous aiment, car cet orgueil a porté malheur à beaucoup de gens et entre autres au beau Narcisus.

Le poëte du moyen âge ne pouvait comprendre ni adopter le personnage d'Écho, trop chimérique, trop vague, trop en dehors de la réalité; aussi il écarte cet être purement imaginaire et lui substitue une vraie femme en chair et en os, parlant comme toutes les femmes, une demoiselle qu'il idéalise à sa façon en la faisant fille de roi. Dane (c'est le nom de Danaé qu'il emprunte sans scrupule à la mythologie) aperçoit d'une fenêtre de son palais Narcisus, un enfant de la ville, qui s'en revient de la chasse, tout animé par la course, le visage ardent et monté sur un cheval qui se cabre,

Et fet fremir toute la voie.

Amour la frappe soudain d'un de ses traits invisibles. Percée de cette blessure, la jeune fille éprouve tous les symptômes accoutumés : elle soupire, elle pleure, elle tremble, elle frissonne et se lasse à force de songer. La nuit vient, mais la princesse espère vainement le sommeil;

Dormir ne puet, amors nel lest[1].

[1] Ne le permet.

Elle accuse ses femmes de n'avoir pas bien fait son lit ni *remué la plume*; et notre conteur s'étend sur cette idée assez prosaïque avec presque autant de complaisance qu'Ovide sur les souffrances de la nymphe Écho. Dane réveille donc sa nourrice et toutes deux se mettent à secouer le lit jusqu'à la paille :

> Ele méisme i mest la main,
> Torne, retorne, fiert et bat;
> Or le veut haut, or le veut plat,
> Or veut haut cief, or veut bas piez...

Enfin elle le trouve bien à son gré; et savez-vous pourquoi? dit le trouvère, parce que cette besogne lui a fait *entr'oublier le jouvenceau*. Aussi, à peine est-elle recouchée qu'elle recommence à se tourner et retourner et du côté droit et du côté gauche. Elle est bien forcée alors de reconnaître le sentiment qui l'agite; elle se livre à une foule de pensées contradictoires, abaissant et louant tour à tour Narcisus, se blâmant et se justifiant elle-même et finissant, comme d'usage, par désirer d'être morte.

Le lendemain, elle épie de nouveau, avec quelle avidité! le passage du jeune chasseur. Tant qu'elle le regarde, son âme est en paix; mais lorsqu'il disparaît à ses yeux, le cœur lui manque et elle tombe évanouie. A son réveil, nouvelles plaintes de la malheureuse Dane; bref, n'osant se confier à un message, elle prend la résolution d'aller elle-même attendre Narcisus dans le chemin; on devine combien de perplexités arrêtent la princesse; le conteur les a longuement et très-bien décrites :

>     Qu'est-ce, Danes, que tu rediz?
>     Est tous tes sens si tost periz?
>     As-tu tote bonté perdue?
>     Ques rage t'a si esméue?
>     Es-tu si fole et si dervée [1]
>     Ke tu iras tote esgarée?
>     Sez-tu que soies fille à roi?
>     De ce prendrai-je bien conroi [2];
>     Amors n'a soing de seignorie :
>     Cil n'aime pas qui bien ne prie.

En effet, aussitôt que le jour éclaire, la vaillante jeune fille sort de son lit, s'échappe par un guichet, et court se cacher au bord d'un bois sur le chemin où passait chaque matin Narcisus. Là elle l'attend, et quand il vient, elle se présente à lui à l'improviste. Narcisus la prend pour une fée ou une déesse, et descend de cheval pour la saluer. Dane se jette à son cou, l'embrasse et lui demande merci. Narcisus répond brutalement qu'elle se conduit comme une folle. En vain Dane s'efforce de l'attendrir; Narcisus la repousse et continue sa route. Dane s'évanouit, puis, quand elle revient à elle, elle se lamente amèrement :

>     Moi a-il escondite, moi!
>     Donc ne sui-jou fille le roi,
>     Et il est fix à un suen home?

---

[1] Insensée.
[2] Souci.

> Hé dix! com ci a pesant some
> Et greveus fais à sostenir!...

L'amour n'est pas étouffé dans le cœur de la princesse dédaignée; cependant elle invoque les dieux et Vénus et leur demande que l'orgueilleux adolescent apprenne ce que c'est que d'aimer sans retour et sans espérance.

> Li Diu ne l'ont pas mesoïe,
> Bien sera fait ce qu'ele prie.

Dane rentre au palais, Narcisus, de son côté, poursuit sa chasse dans la forêt; il arrive au bord d'une claire fontaine, et, comme la chaleur est grande, il se penche pour s'y désaltérer; on sait ce qui en advient. Le conteur du treizième siècle décrit la passion anormale de Narcisus en trois cent cinquante vers, c'est-à-dire très-prolixement; il avait certainement sous les yeux le poëte latin dont il a traduit à peu près tous les détails avec un rare bonheur : mais il a su en adoucir la subtilité, en tempérer l'éclat; il a su répandre dans son récit un charme plus simple et plus doux; il y a exprimé des sentiments d'une vérité touchante; ainsi, Narcisus, s'adressant aux bois qui l'environnent, leur dit :

> Vos, camp, vos, pré de ci entor,
> Por Diu, esgardés ma dolor;
> Plaigniés mon cors et ma biauté,
> Et si dites : mar [1] se vit né

---

[1] On trouverait difficilement quelque équivalent de ce mot énergique

Cist enfes qui tel mal endure
Et muert par grant mesaventure!
Et tu, forés qui ci t'espans,
Qui tant es anciienne et grans,
Piéca¹ que tu ies ci créue,
Et mainte amor as jà véue,
Car me di s'onques à nul jor
Véis si angousceuse amor!

Et plus loin, déplorant son isolement et son abandon, il dit :

Las! ma mere, porqoi nel set?

Et ce cri suffit à payer bien des élégances et bien des antithèses. Enfin Narcisus se souvient de cette jeune fille qu'il a si durement rebutée, il comprend la douleur qu'il a dû lui causer et souhaite sa présence afin de réparer sa *félonie*.

Ce vœu est du moins exaucé. Dane, égarée à la recherche de son amant, éperdue, arrive à la fontaine, au moment où Narcisus va expirer; il peut seulement la reconnaître :

La fontaine li mostre au doit,
Et l'ombre qui si le deçoit;
Les bras li tent, les levres muet²,
Les ex³ ovre si com il puet,

disparu de notre langue; on peut seulement le traduire par l'expression : *à la male heure!* qui, bien qu'inusitée, se comprend encore.

¹ Il y a longtemps que.
² Remue, *movet*.
³ Yeux

> Samblant li fet que se repent ;
> Ele l'esgarde, bien l'entend.

En exprimant ainsi ses tardifs regrets, il rend le dernier soupir. Dane se jette à son cou, l'embrasse et meurt avec lui. Telle est la scène qui, dans le conte du treizième siècle, est substituée aux échos de la nymphe compatissante de la fable latine. Notre conteur conclut en terminant :

> Andui[1] sont mort en itel guise ;
> Or se gardent tuit autre amant
> Qu'il ne muirent en tel samblant[2].

La première observation que suggère la comparaison qui vient d'être faite, c'est que toujours le moyen âge tend à rapprocher la poésie de la réalité ; là où la muse antique chante, comme on disait, il conte, mais il conte à merveille. S'il rencontre parfois la beauté plastique des œuvres de l'antiquité, c'est accidentellement ; il n'y vise point ; il n'a pas l'idée d'une ordonnance savante et d'une juste mesure ; le mot *longueurs* n'a point de sens pour lui ; car c'est dans ces longueurs qu'il déploie toute sa finesse, toute sa sagacité, toute sa verve ; ce qui est à côté du récit est presque toujours, pour le poëte du moyen âge, le principal : il se plaît surtout à analyser longuement les impressions éprouvées par ses personnages, et quand il a retracé la lutte des senti-

---

[1] Tous deux.
[2] D'une manière semblable.

ments contraires, les oscillations du cœur, dans de dramatiques monologues comme ceux de Dane et de Narcisus, le conteur ne manque point de prendre la parole à son tour, d'épiloguer et de moraliser avec une sagesse paradoxale ou une gaieté railleuse. Ces réflexions en manière de proverbes, parfois ingénieuses, souvent banales, occupent une place importante, la place d'honneur, dans les récits de nos trouvères; sur ce point encore, le conte de Narcisus nous offre un modèle assez exact de leur procédé; l'idée fondamentale de l'auteur, celle qui lui a paru dominer et résumer toute cette histoire, c'est l'idée de la puissance de l'amour; aussi il y revient lui-même sans cesse, il en fait comme un perpétuel commentaire à son récit ; et c'est évidemment à ses yeux la partie saillante de son œuvre, car là seulement il laisse percer un peu de prétention et de recherche :

> Ahi ! amors, comme es poissant !
> Comme est ta seignorie grant !
> Tu ne doutes conte ne roi.
> Le plus sage miés en effroi.
> Amors est rage et derverie
> Qui toute gent enserre et lie.
> Amors escaufe, amors esprent;
> Amors deçoit, traïst et ment ;
> Amors angoisse, amors estraint;
> Amors noircist viaire[1] et taint.
> Amors destraint, amors embrace;
> Amors metgent en male trace[2].

[1] Visage.
[2] En mauvais chemin.

> Amors les fet tant cevauchier
> Qu'il n'ont ne voie ne sentier.

Le moyen âge, à qui Orphée et Eurydice n'ont inspiré qu'une si perfide caricature, prend ici sa revanche et lutte avec son modèle. C'est que nous ne sommes plus au quatorzième siècle, mais au treizième. Le treizième siècle conserve de la grâce jusque dans ses plus libres fantaisies ; notre conte, s'il lui manque toujours la rhétorique savante, l'art ingénieux et accompli, n'est pas sans nous fournir des compensations : il nous présente de véritables mérites de fine observation, de passion vraie et franche, de naïveté et de simplicité. Ces qualités suffisent, il nous semble, à racheter de nombreux défauts.

Une remarque qui s'offrira sans doute à quelques esprits, c'est que la littérature actuelle qui s'est presque tout entière absorbée dans le roman et dans le roman analytique et dissertateur à qui l'on demande moins une beauté complète et irréprochable que d'heureuses parties, et dont le but est de frapper l'imagination ou de toucher l'âme plutôt que d'atteindre à une perfection régulière et à une forme achevée, paraît, sous ce rapport, retourner à ses origines.

# CHAPITRE III

### PYRAME ET THISBÉ.

Ovide, les *Métamorphoses*. — *De Pyramus et de Thisbé*, conte du treizième siècle. — Les *Amours tragiques de Pyrame et Thisbé*, tragédie de Théophile, dix-septième siècle.

Deux versions du conte de Pyrame et Thisbé, l'une latine, d'Ovide[1], l'autre française, du treizième siècle[2], permettent de renouveler, par des exemples tout à fait analogues, le parallèle auquel la fable de Narcisse a donné lieu. Toutefois, ces deux récits ne présentent pas un contraste aussi saillant ; celui d'Ovide, gra-

---

[1] Liv. IV des *Métamorphoses*, vers 55 à 166.
[2] V. Manuscrits 7218, anc. fonds français, et 1830 f. de Saint-Germain, de la Bibl. imp. — 885 vers. Ce poëme est imprimé dans le Recueil de Barbazan, tome II, page 326, mais d'une manière défectueuse et incorrecte. Pour montrer jusqu'où est poussée l'incorrection, citons ce vers :

> Lune, fontaine, prés, moriers !

que le trouvère met dans la bouche de Thisbé : « Lune, fontaine, prés, mûriers, quel malheur ! quel trouble ! » Le texte de Barbazan le reproduit ainsi :

> L'une fontaine près moriers,

ce qui n'a aucun sens. Les erreurs de ce genre abondent dans cette pièce, qui serait à rééditer.

cieux comme une idylle, a presque de la simplicité, et nous le préférons de beaucoup à l'épisode de Narcisse; le récit du poëte du moyen âge est, au contraire, travaillé avec une recherche inusitée; tout ce qui est monologue ou dialogue a été écrit, non-seulement pour être déclamé au son d'un instrument à cordes, *vielle* ou *rebec*, comme c'était l'usage à peu près général, mais pour être noté en musique, chanté en chanson; et la poésie perd toujours à cette alliance un peu de sa netteté et de sa franchise. Cela n'empêche pas que les principales observations que nous a suggérées la comparaison précédente ne soient pleinement confirmées par celle que nous allons essayer maintenant.

Nous ne recommencerons point une double analyse; nous nous bornerons à relever quelques détails, à faire ressortir quelques idées, à fortifier enfin de quelques remarques les conclusions critiques que nous avons indiquées dans notre dernier chapitre.

Dans le conte du treizième siècle, Pyrame et Thisbé, séparés et emprisonnés par leurs parents qui s'opposent à leur union, expriment, chacun de leur côté, les agitations de leur cœur. Comme Dane, dans l'histoire de Narcisse, la jeune fille est pleine de trouble, et elle se blâme elle-même de sa passion folle et *desvergondée*.

>     Par le conseil mon père aurai
>     Autressi[1] gent ami, bien sai..
>     Si gent!

[1] Aussi.

Mal vueil[1] se Pyramus l'entent !
Oïl, je tramble, bien le sent :
Mar[2] le dis, or m'en repent bel.
Rose tendre, le lis novel,
Flor sor toz autres jovencel,
  Mercis[3] !
N'aiez cure de quanques di[4] ?
De poor ai le cuer noirci.
Mès vo parent sont envious,
Et li mien sont de moi jalous !

Ces doutes, ces remords, ces luttes intérieures, voilà ce que le poëte du moyen âge aime surtout à décrire, et ce qu'il décrit avec une prolixité même fatigante. Or c'est là un élément tout nouveau : rien de semblable dans le poëte latin; aucune pensée de devoir ne combat la passion qui se plaint seulement de l'obstacle matériel opposé à ses désirs. D'une part, un sentiment unique, sans contradiction et sans réserve; de l'autre, mille sentiments divers, heurtés et confus; on dirait, d'un côté, ces têtes de la sculpture antique qui n'ont qu'une seule expression vigoureusement accusée par les contours; du reste, polies, sans traits et sans rides; tandis que l'art des trouvères rappelle ces physionomies fouillées, creusées, des belles statues de nos cathédrales, où l'artiste s'efforce, au préjudice de la sobriété et de la pureté des lignes, de retracer les mouvements complexes et tumultueux de l'âme humaine.

---

[1] Je me veux mal.
[2] A tort. Se rappeler une note du chapitre précédent.
[3] Pardon !
[4] De tout ce que je dis.

Ainsi encore, lorsque les deux enfants, à travers la fente de la muraille, se sont donné rendez-vous sous le mûrier au bord de la fontaine, Ovide indique d'un seul trait l'impatience qui les tourmente :

> Pacta placent ; et lux tarde discedere visa
> Præcipitatur aquis.

L'état de leur esprit est bien autrement compliqué dans le conte du treizième siècle : ils attendent avec impatience sans doute, mais aussi avec inquiétude, crainte, irrésolution; ils ont le pressentiment du malheur qui les menace,

> Et devinent en lor corage
> Lor duel, lor mort et lor domage.

Nous avons vu que, dans le conte de Narcisus, le côté dramatique est plus développé que dans la fable latine; il en est de même ici. Un mot suffit à Ovide pour peindre Thisbé s'évadant à la faveur de la nuit :

> Audacem faciebat amor.

Le poëte du moyen âge s'empare de cette idée et la dramatise : Thisbé, dit-il,

> De la chambre ist[1] toute seure,
> Seule par nuit et sans paor,

---

[1] Sortit.

> Tel hardement li done amor!...
> S'oï[1] tout le palais fremir,
> Et vit la lune paléir,
> Vit la chancre et la fressaie[2];
> Mais nis un signes ne l'esmaie[3].

Le tableau se dessine et l'action nous apparaît plus vive et plus saisissante. On nous accusera peut-être de partialité pour notre ancienne littérature; on trouvera que nous lui faisons la part trop belle; mais nous n'avons pas besoin de rappeler d'abord que l'écrivain du siècle d'Auguste a le mérite incontestable de la priorité, et que nos trouvères étaient puissamment soutenus par le très-beau récit qu'ils imitaient; et puis, notre but, avons-nous dit, est de faire ressortir les différences qui existent entre le génie du moyen âge et le génie de l'antiquité, et, comme on est apte généralement à comprendre et à goûter les beautés de la poésie latine, nous avons cru que nous n'avions pas à nous étendre sur ce point; que nous devions nous attacher surtout au second terme de la comparaison, et nous porter de préférence du côté d'œuvres qui ne sont ni appréciées ni connues. Poursuivons notre examen.

La catastrophe finale est admirablement décrite dans les deux poëmes. Ovide a l'expression plus sobre, plus noble, plus magistrale; mais il nous semble qu'on trouve chez le conteur plus de sensibilité et d'attendrissement.

---

[1] Elle entendit.
[2] Oiseaux de mauvais augure.
[3] Aucun signe ne l'émeut.

Il nous suffira de citer quelques vers pour que le lecteur soit à même de juger cette double assertion. On sait qu'arrivée la première au lieu du rendez-vous, Thisbé aperçoit une lionne qui, la gueule écumante du carnage des troupeaux, vient apaiser sa soif à la fontaine :

> Quam procul ad lunæ radios Babylonia Thisbe
> Vidit : et obscurum timido pede fugit in antrum.
> Dumque fugit, tergo velamina lapsa relinquit.
> Ut lea sæva sitim multâ compescuit undâ,
> Dum redit in silvas, inventos forte sine ipsâ
> Ore cruentato tenues laniavit amictus.

Le conteur du treizième siècle n'atteint pas à cette magnificence sévère, à ce souffle puissant du rhythme latin; mais, à défaut de ces qualités, son récit ne manque pas de charme :

> La pucele dresse la teste,
> Et vit venir la fière beste.
> Fuit li li sens et la color ;
> N'est merveille s'ele ot paor!
> Va s'en fuiant parmi la voie,
> Et crient que li lyons nel voie.
> Tant fu esbahie, la simple,
> Que souz l'arbre gerpi sa gimple[1] ;
> Va s'en isnelement mucier
> Souz l'ombre d'un alemendier[2].
> Et li lyons à grant effrois[3]
> A la fontaine estint sa sois ;

[1] Laissa sa guimpe.
[2] Amandier.
[3] C'est le sens actif du mot : d'une manière effroyable.

Et quand il est bien saoulé,
Va s'en deduisant¹ par le pré,
Trova la gimple par la sente²,
Defoule la et ensanglante.

On voit, d'ailleurs, que si le ton est moins élevé, la traduction demeure ici à peu près littérale. Voici maintenant des vers qu'on ne trouvera pas dans Ovide.

Pyrame, trompé par les traces de la bête fauve et par la guimpe tachée de sang, croyant Thisbé morte, se perce de son épée. Thisbé revient à la fontaine et aperçoit Pyrame expirant. Après avoir décrit son désespoir, le conteur ajoute :

Adonc s'encline la pucele,
Baise sa bouche, si l'apele :
« Piramus, vez ci vostre amie,
Regardez-la, si ert garie³ ! »
Li jovenceax là où moroit
Entr'uevre les elz⁴ et se voit
Que ce iere⁵ Tysbé s'amie
Quel⁶ apeloit tote esmarie ;
Parler i velt, mais il ne puet,
Qar la mort qui le tient nel lait⁷ ;
Mais tant⁸ a dit : « Tysbé amie,

¹ S'ébattant.
² Dans le sentier.
³ Elle a échappé au danger.
⁴ Entr'ouvre les yeux.
⁵ Que c'était.
⁶ Qui l'appelait.
⁷ Ne le permet.
⁸ Mais enfin il a pu prononcer ces mots.

Por Dieu ! qui vos remist en vie ? »
Puis la regarde, si soupire,
Li cuers li part, si part la vie ;
En est mors, et cele est pasmée.
Diex ! quel amor est ci finée !

Il nous semble qu'il y a là un accent ému, un sentiment touchant exprimé avec grâce et simplicité. Pour mieux rendre compte de ce qui peut distinguer les deux poëtes, il aurait fallu reproduire les monologues de Pyrame et de Thisbé, et l'on serait tombé d'accord avec nous que, s'il y a chez l'un une perfection incomparable, il y a chez l'autre une émotion naïve qui compense bien quelques vulgarités. Aux belles choses, et nous mettons de ce nombre les deux récits que nous venons de comparer, il est utile d'opposer quelquefois la bizarrerie et le mauvais goût, et on ne saurait mieux rencontrer sous ce rapport que de lire comme contraste la tragédie *des Amours tragiques de Pyrame et de Thisbé*, par Théophile de Viaud, un des *poetæ minores* du dix-septième siècle qu'on a cherché à réhabiliter dans ces derniers temps. Les monologues de Pyrame et Thisbé, si courts dans Ovide et dans le trouvère du treizième siècle, et qui sont cependant encore trop longs, composent à eux seuls le cinquième acte de la tragédie, et n'ont pas moins l'un de cent soixante vers alexandrins et l'autre de cent vingt-huit. Jamais gens qui vont se poignarder ne tinrent de plus étranges discours ; qu'on nous permette d'en extraire quelques vers, ne serait-ce qu'à titre de curiosité.

Voici ce que dit Pyrame au lion qu'il accuse d'avoir dévoré Thisbé :

> En toy, lion, mon ame a fait ses funérailles,
> Qui digères déjà mon cœur dans tes entrailles ;
> Reviens et me fais voir au moins mon ennemi.
> Encores tu ne m'as dévoré qu'à demi.
> Achève ton repas, tu seras moins funeste
> Si tu m'es plus cruel ; achève donc ce reste.
> Oste-moi le moyen de te jamais punir.
> Mais ma douleur te parle en vain de revenir ;
> Depuis que ce beau sang passe en ta nourriture,
> Tes sens ont dépouillé leur cruelle nature ;
> Je croy que ton humeur change de qualité,
> Et qu'elle a plus d'amour que de brutalité.
> Depuis que sa belle ame est icy respandue,
> L'horreur de ces forests est à jamais perdue :
> Les Tigres, les Lions, les Panthères, les Ours
> Ne produiront ici que de petits Amours ;
> Et je croy que Vénus verra bientôt escloses
> De ce sang amoureux mille moissons de roses !

Telles sont les jolies choses, et bien d'autres encore, qu'imagine Pyrame au moment où il va *se massacrer le cœur*.

> Aime ce cœur, Thisbé, tout massacré qu'il est ;
> Encore un coup ! Thisbé, par la dernière playe,
> Regarde là dedans si ma douleur est vraye.

Thisbé, à son tour, ne demeure point en arrière de ces déclamations :

> Quoy ! je respire encore, et regardant Pirame
> Trespassé devant moi, je n'ay point perdu l'ame ;

Je vois que ce rocher s'est esclatté de dueil
Pour répandre des pleurs, pour m'ouvrir un cercueil.
Ce ruisseau fuit d'horreur qu'il a de mon injure,
Il en est sans repos, ses rives sans verdure.
Mesme au lieu de donner de la rosée aux fleurs,
L'Aurore à ce matin n'a versé que des pleurs !
Et cet arbre, touché d'un désespoir visible,
A bien trouvé du sang dans son tronc insensible...
Bel arbre, puisqu'au monde après moy tu demeures,
Pour mieux faire paroistre au Ciel tes rouges meures,
Et lui monstrer le tort qu'il a fait à mes vœux,
Fay comme moy de grace arracher tes cheveux,
Ouvre toy l'estomach, et fais couler à force
Cette sanglante humeur par toute ton escorce !...
Que donc ton bras sur moy davantage demeure,
O mort ! Et s'il se peut que plus que luy je meure !
Que je sente à la fois poisons, flâmes et fers !
Sus ! qui me vient ouvrir les portes des enfers ?
Ha ! voicy le poignard qui du sang de son maistre
S'est souillé lachement, il en rougist le traistre !
Exécrable bourreau, si tu te veux laver
Du crime commencé, tu n'as qu'à l'achever !
Enfonce là-dedans, rends-toy plus rude et pousse
Des feux avec ta lame. Hélas ! elle est trop douce.
Je ne pouvois mourir d'un coup plus gracieux
Ny pour un autre objet hayr celuy des cieux.

Toute la pièce est dans ce style; on avouera que ce contemporain de Malherbe et de Corneille aurait bien fait d'aller chercher une leçon de naturel et de véritable poésie chez ses *barbares* aïeux.

## CHAPITRE IV

ULYSSE ET POLYPHÈME.

*Odyssée*, chant ix. — *Roman de Dolopathos*, treizième siècle.

Nous allons mettre l'antiquité et le moyen âge face à face sur un terrain un peu différent, sur le terrain du conte héroïque. Le texte de l'antiquité qui nous servira pour cette confrontation est le chant neuvième de l'*Odyssée* d'Homère, où Ulysse raconte ses aventures dans l'île et dans la caverne du cyclope Polyphème. Tous nos lecteurs ont ce passage dans la mémoire ou sous les yeux; sur ce point il est inutile de rien ajouter. Faisons connaître l'autre document dont nous allons nous servir.

Une des compositions les plus curieuses du treizième siècle, c'est le *Roman de Dolopathos*, rimé par Herbert, et dédié à Louis, fils du roi de France Philippe-Auguste. Ce roman fait partie d'une sorte de cycle composé d'ouvrages en prose et en vers; en prose, ce cycle comprend une série considérable divisée par les titres suivants: le *Roman des Sept Sages*[1]; le *Livre de Marques*

[1] Publié dans l'*Essai sur les fables indiennes*, par MM. Loiseleur Deslongchamps et Leroux de Lincy.—Paris, chez Techener, in-8°.

*de Rome;* le *Livre de l'empereur Fiseus;* le *Livre de Cassidorus, empereur de Constantinople;* le *Livre de Pelyarmenus de Rome;* le *Livre de Kanor ou des fils de Cassidorus*[1]. En vers, il renferme une leçon du *Roman des Sept Sages*[2], et le *Dolopathos.* Ces ouvrages sont des recueils de fables, d'anecdotes, d'histoires puisées aux sources les plus diverses et notamment aux sources orientales, et reliées entre elles par une trame analogue à celle des *Mille et une Nuits.*

Indiquons sommairement d'abord le sujet du poëme d'Herbert[3]. Dolopathos, qui porte cet étrange nom « parce qu'il a eu beaucoup à souffrir de la trahison et de la ruse, » est un roi de Sicile, contemporain de l'empereur Auguste. Il envoie son fils Lucemien à Rome s'instruire auprès de Virgile, le *clerc* le plus renommé de ce temps-là. Ce Virgile est un grand philosophe qui, par son savoir surhumain, a réduit tous les sept arts en un livre si petit qu'il tiendrait dans la paume de la main. Sous un tel maître, Lucemien fait des progrès rapides; il s'adonne, avec une ardeur particulière, à la science par excellence, à l'*astronomie*, qui apprend à lire dans les étoiles le présent et l'avenir. Pendant qu'il achève ses études, la mère de Lucemien meurt, son père se remarie. Déjà vieux, Dolopathos envoie chercher

---

[1] Inédits. — Mss. 6767, anc. fonds français; 15, f. de Lavallière, à la Bibliothèque impériale.

[2] Publiée par M. Adalbert Keller. — Tubingen, 1836, in-8°.

[3] *Li romans de Dolopathos* a été édité par MM. Ch. Brunet et A. de Montaiglon. Paris, P. Jannet, 1856.

Lucemien, à qui il a résolu de confier le gouvernement du royaume. Au moment de se séparer de son élève, Virgile, averti par les constellations menaçantes, exige de lui le serment qu'il ne prononcera pas une parole jusqu'à ce qu'il l'ait revu. On imagine le désespoir du roi lorsque, au retour de son fils, il s'aperçoit qu'il est muet. La jeune reine s'engage à le guérir et à le *rendre bien parlant* au bout de sept jours, pourvu qu'il soit entièrement remis à ses soins. Lucemien, renfermé dans les appartements royaux, est entouré de tous les plaisirs et de toutes les séductions. Mais, tout en cherchant à charmer le jeune prince, c'est la reine qui s'enflamme. Ce qui se passe alors ressemble beaucoup à ce qui arriva dans un temps plus reculé au patriarche Joseph. Repoussée avec énergie, la reine, pour se venger, accuse son beau-fils d'avoir voulu lui faire violence. Lucemien, toujours silencieux, ne la dément pas. Le conseil royal le condamne, conformément aux lois du pays, à être brûlé vif. Au jour fixé pour l'exécution, on se rend dans la plaine qui s'étend aux portes de la cité de Palerme. En présence du peuple assemblé, Lucemien va être précipité dans les flammes, lorsqu'on voit accourir, monté sur une mule, un vieillard à barbe blanche, portant un rameau d'olivier. C'est l'un des sept Sages de Rome. Le Sage obtient un jour de répit et s'offre à raconter une histoire pour l'instruction du roi et du peuple qui l'environne. La même scène se renouvelle sept fois. Pendant sept jours Lucemien est conduit au champ du supplice, et, au moment où l'on s'apprête à le jeter dans le bûcher, survient un vénérable vieillard qui récite une nouvelle parabole. La situation est, comme on voit, plus dramatique que vraisemblable.

Parmi ces histoires que les sept Sages de Rome racontent dans des circonstances si solennelles, nous trouvons précisément le récit de l'aventure d'Ulysse et du cyclope, attribuée par le trouvère à des personnages anonymes. C'est le passage que nous allons mettre en regard du chant homérique et dont nous donnons la traduction un peu abrégée.

« Du temps que j'étais jeune, dit un personnage que le poëte désigne seulement comme un voleur fameux et dont un des sept Sages répète les paroles, nous étions cent compagnons vigoureux et hardis qui vivions de brigandages. Nous ouïmes dire qu'au fond d'une épaisse forêt habitait un géant qui possédait un merveilleux trésor d'or et d'argent. A vingt lieues autour de sa demeure, s'étendait un désert où l'on n'aurait trouvé aucun être humain. Nous voulûmes tenter l'aventure, et tous bien résolus et bien armés, nous marchâmes à travers les bois et les landes jusqu'à la maison du géant. Quand nous y arrivâmes, le géant était absent. Joyeux de cette heureuse fortune, nous prîmes toutes les richesses qui y étaient amassées et nous les emportâmes. Mais, à l'entrée d'un défilé, voilà que dix géants fondirent sur nous, et nous ne pûmes nous défendre contre eux, car ils étaient grands comme des tours, forts et furieux comme des démons. Ils nous lièrent et nous emmenèrent avec des cris de joie. Chacun eut dix de nous pour sa part;

je fus livré à celui dont nous avions dérobé le trésor. Celui-ci, plus irrité que les autres, nous conduisit, en nous accablant de coups, jusqu'à son logis. Nous lui offrîmes de nous racheter moyennant une grosse rançon, mais il se moqua de nous et dit qu'il aimait mieux nous manger tous. En effet, il commença par les plus gras; les dépeçant membre à membre, il les faisait cuire dans une chaudière et les dévorait; et, pour comble d'horreur, il me força à manger de tous mes camarades. Enfin, mon tour était venu. Le géant souffrait beaucoup d'un mal d'yeux; je lui dis que j'étais un habile médecin, et que, s'il voulait m'accorder la vie, je lui promettais de le guérir. Cette promesse le réjouit, car il éprouvait de violentes douleurs, et il m'ordonna d'opérer tout de suite. Je lui dis que j'allais composer un collyre pour lui frotter les yeux; il mit à ma disposition tout ce qui m'était nécessaire. Je pris un setier d'huile, puis du soufre, de l'alun, de la chaux, du sel, tout ce que je connaissais qui put lui faire le plus de mal; je mêlai le tout et le fis bouillir longuement. L'homme qui souffre est crédule; le géant ne me contredit en rien, me priant seulement de me hâter. Je le fis étendre sur le dos, puis je remuai le liquide bouillant, j'en pris plein une grande pelle et, à l'improviste, avant qu'il eût le temps de m'apercevoir, je courus à lui et lui versai toute la pellée sur les yeux et sur la tête. Il se leva, poussant des hurlements et beuglant comme un taureau, et je vous jure que pour un muid d'or je n'aurais pas voulu qu'il me tînt dans ce moment-là. Toute sa tête et son cou étaient affreusement brûlés et pelés, les nerfs étaient tordus, les yeux étaient à jamais éteints. Saisissant une énorme massue suspendue à un poteau, il se mit à frapper çà et là comme un forcené. Je vous laisse à penser si j'étais transi de peur. La maison n'avait qu'une seule porte solidement fermée, les murailles étaient prodigieusement hautes; je n'avais aucun moyen de m'échapper. Je me cachai de coin en coin, retenant mon haleine; enfin, traqué partout, je grimpai à une échelle, je me pendis par les poignets à un échelon et demeurai ainsi un jour et une nuit. Ensuite je descendis et me glissai au milieu de ses brebis dont il avait plus de mille. Sûr que j'étais encore dans sa demeure, le géant surveillait soigneusement sa porte. Il l'entre-bâillait seulement le matin pour faire sortir ses moutons qui allaient paître dans les prairies, et qui, le soir, s'en revenaient sans pasteur; et, grâce à un charme qu'il savait faire, il n'en perdait jamais un seul. Quand il les mettait dehors, il les tâtait un à un, ne retenant que le plus gras pour sa nourriture de la journée. La crainte de la mort me suggéra un expédient : j'écorchai un grand mouton cornu et m'enveloppai dans sa peau, puis je me mêlai au troupeau pour sortir avec les autres. Comme d'habitude, le géant fit passer les bêtes une à une et je me présentai à mon tour; il me souleva par la laine, me trouva grand et lourd et, me repoussant en arrière, dit que je servirais à ses repas de la journée. C'est ainsi que je fus déçu dans mon espérance; mais la sienne aussi fut trompée, car il me chercha inutilement et fut contraint de jeûner ce jour-là. Après plusieurs tentatives infructueuses, car j'étais d'un poids trop beau pour une brebis, le géant reconnut un jour le mouton déloyal qui lui avait fait faire plus d'une fois maigre chère, et il me jeta rudement dehors en souhaitant que les loups me dévorassent. Transporté de joie, je me débarrassai de la toison, et quand je fus à la distance d'un jet de pierre, je le narguai en lui criant que celui qui lui avait crevé les yeux était échappé de ses mains. « Ami, me dit-il, vous m'avez « joué un joli tour; je ne veux pas que vous vous éloigniez « sans emporter de moi un présent. » Et il lança de mon côté son grand anneau d'or qui valait au moins quatre besans. Convoitise me tenta; je ramassai l'anneau et le passai à mon doigt. Mais cet anneau était enchanté : aussitôt qu'il fut à mon doigt, je commençai à crier incessamment : « Je suis ici ! je suis ici ! » sans pouvoir étouffer ma voix ni arracher l'anneau. Le géant aveugle, dirigé par ces cris, se mit alors à ma poursuite; il se heurtait aux chênes et s'embarrassait dans les buissons; toutefois avec sa taille qui était bien de quinze pieds, il marchait vite; déjà il était près de moi et j'allais retomber en son pouvoir, quand, inspiré par la détresse, je plaçai l'anneau dans ma bouche et coupai le doigt avec les dents. Alors les cris cessèrent, le géant ne put me suivre, et je m'éloignai heureusement. »

Nous laisserons à chacun le soin de relever les différences caractéristiques que présente le récit du conteur du treizième siècle avec le récit d'Homère, et nous allons analyser une autre de ces histoires, qui, pour n'appartenir point à la mythologie antique, n'offre pas un moins vif intérêt. Voici la *légende du chevalier au cygne*, que raconte le septième Sage :

« Un jeune seigneur s'égare dans une forêt à la poursuite d'un cerf; il arrive au bord d'une claire fontaine où se baignait une fée. La fée, si belle que nul ne le saurait dire, avait laissé sur la rive, avec ses vêtements, une chaîne d'or dans laquelle résidaient toute sa puissance et toute sa vertu. Aussi ne résiste-t-elle pas au jeune seigneur qui lui fait le serment de l'épouser. Ils passent la nuit sous les ombrages de la fontaine, et, le matin, le jeune homme emmène joyeusement sa nouvelle épouse à son château. La mère de ce seigneur vivait encore. Jalouse de l'autorité qu'elle a eue jusque-là sur son fils, et qu'elle redoute de perdre, elle voue à sa bru une haine implacable. Elle dissimule cependant, et lui prodigue les caresses et les amitiés. La fée, au bout de neuf mois, met au monde sept enfants, six fils et une fille qui, tous, ont au cou une chaîne d'or comme leur mère. La marâtre substitue aux sept enfants sept petits chiens; puis, appelant son fils : « Tu n'as pas craint
« d'épouser une fée, lui dit-elle; tu dois t'en repentir à
« cette heure; regarde les monstres dont elle s'est déli-
« vrée. » Le seigneur dès ce moment prend sa femme en haine. Il la condamne à rester enfouie jusqu'à la poitrine, tant qu'elle pourra vivre. Elle demeure ainsi pendant sept années; sa beauté est flétrie; on ne peut s'expliquer comment elle n'est pas morte.

« La marâtre avait remis les sept enfants nouveau-

nés à un *sergent*, à un serviteur dévoué qui a fait le serment de les étrangler ou de les noyer. Il les emporte dans la forêt prochaine ; mais là, au moment de commettre le meurtre, il est attendri par la beauté des enfants, il ne peut se résoudre à les tuer de ses mains ; il les dépose au pied d'un arbre, laissant exécuter l'ordre de la cruelle marâtre par les bêtes fauves et les oiseaux carnassiers. Dans cette forêt habitait un philosophe qui avait fui le monde et les villes, et à qui une grotte servait de retraite. Ce philosophe, qui se promenait en étudiant selon sa coutume, trouva les jumeaux au pied de l'arbre, il les prit, les porta dans sa grotte et les donna à allaiter à une biche familière. Lorsque les enfants, devenus grands, couraient déjà dans le bois à la poursuite des oiseaux, ils furent un jour aperçus par le seigneur leur père ; il remarqua avec étonnement les chaînes d'or qu'ils avaient à leur cou ; il chercha à les atteindre, mais ils disparurent tout à coup. De retour au château, le seigneur fit part à sa mère de cette aventure. Celle-ci soupçonna aussitôt que ces enfants étaient ceux de son fils. Interrogeant le sergent, elle lui fit avouer qu'il ne s'était pas acquitté jusqu'au bout de l'ordre qu'elle lui avait donné. « Les enfants sont vi-
« vants, lui dit-elle, nous sommes perdus tous les deux,
« si tu ne parviens à les découvrir et à leur enlever leurs
« chaînes d'or. »

« Après trois jours de recherches dans la forêt, le sergent arrive au bord d'une rivière large et limpide. Les six frères y nageaient sous la forme de cygnes. Ces chaînes d'or que les enfants tenaient de la fée, leur mère, avaient ce pouvoir qu'en les ôtant ils devenaient cygnes; en les revêtant ils reprenaient la forme humaine. La sœur, assise sur la rive, attendait ses frères et gardait leurs chaînes. Le sergent, s'approchant sans bruit, se précipite sur ces chaînes. L'enfant effrayée s'enfuit dans le bois. Lorsque le sergent eut rapporté à sa dame les six chaînes dérobées, elle les donna à un orfévre pour qu'il lui en fît une coupe d'or. Mais l'orfévre eut beau souffler le feu, eut beau marteler l'enclume, il ne réussit pas à entamer l'or magique; tous ses efforts n'aboutirent qu'à ébrécher un seul anneau. Forcé de renoncer à l'entreprise, il prit et pesa de l'autre or, forgea une coupe qu'il porta à la dame, et conserva les chaînes.

« Cependant, faute du talisman, les six frères ne pouvaient revenir à la forme humaine et demeuraient cygnes. Leur douleur était grande, ils allaient criant et menant leurs plaintes. La sœur à qui la chaîne n'avait pu être ravie se faisait cygne comme ses frères et les accompagnait. Tous sept, quittant la rivière où ils avaient éprouvé une si grande infortune, prirent leur vol; ils vinrent s'abattre dans l'étang qui environnait le château paternel. Le châtelain était justement accoudé, pensif, à une fenêtre; il admire cette blanche volée de cygnes voyageurs, et, pour les retenir, il leur fait jeter du pain; il commande à ses gens de leur donner chaque jour à manger.

« La sœur, qui redevient jeune fille, se présente au château; se tenant aux portes, demandant l'aumône, elle y est bientôt familière. Poussée par l'instinct filial, elle ressent surtout beaucoup d'affection et de pitié pour la pauvre fée qui endure un si horrible tourment; elle pleure de la voir souffrir, elle partage avec elle tout ce qu'on lui donne; la nuit, elle vient dormir à côté d'elle. Souvent aussi elle descend au bord de l'étang, et les cygnes accourent à elle, voletant, battant des ailes, la caressant. Les gens du château s'émerveillaient. Plusieurs disaient que cette jeune fille ressemblait d'une façon étrange à la fée, telle qu'était du moins celle ci lorsque, tendre et belle, le seigneur l'avait là première fois amenée au château. Le châtelain fut frappé lui-même de cette ressemblance. Un jour aussi il aperçut la chaîne d'or que l'enfant avait au cou. Il l'interrogea, lui demanda en quel pays elle était née, qui étaient son père et sa mère, et comment elle faisait obéir si docilement les cygnes au geste de sa main et au son de sa voix. Aux premières questions la jeune fille ne sut pas répondre, mais, quant au dernier point, elle dit simplement que ces cygnes étaient ses frères, et elle raconta ce qui leur était arrivé. La marâtre était présente à l'entretien. Tremblante d'effroi et de courroux, elle appelle le sergent et lui ordonne de tuer cette jeune fille aussitôt qu'il en pourra trouver l'occasion. Quand celle-ci descend vers l'étang, à travers les remparts du château, il se glisse sur ses pas, et, tirant l'épée, il va la frapper; mais le châtelain, qui s'en revenait justement en sens contraire, se jette au-devant du traître, lui arrache l'épée et lui demande pourquoi il veut assassiner cette enfant. Pressé de questions, le sergent finit par tout révéler. Le seigneur le conduit en présence de sa mère et force également celle-ci à avouer la vérité. L'orfévre, mandé à son tour, rapporte les précieuses chaînes qu'il a gardées. Elles sont remises à la jeune fille; aussitôt elle court vers l'étang; à chacun des cygnes elle rend sa chaîne et soudain il redevient homme. Toutefois une seule des chaînes magiques, celle dont l'orfèvre a ébréché un anneau, demeure impuissante. Celui à qui elle appartient reste cygne pour toujours. Ce dernier fit, dès lors, constamment compagnie à l'un de ses frères, qui fut, à cause de cela, surnommé le *Chevalier au Cygne*, et qui eut un grand renom. C'est ce cygne que l'histoire nous montre traînant par une chaîne d'or la barque où se tenait tout armé le chevalier qui, depuis, fut duc de Bouillon. On devine si la joie fut grande au château. La fée, retirée de la fosse, baignée, soignée, servie, honorée, redevint belle et fut plus aimée de son seigneur qu'elle ne l'avait été auparavant. La marâtre fut mise dans la fosse à la place de sa bru. »

Il y a toute une longue chanson de geste qui n'est que le développement de ce charmant conte de fées, et dont le héros est ce chevalier au Cygne ancêtre de Godefroy de Bouillon. Nous retrouvons ici une preuve de cette tendance qu'avait le moyen âge, comme toutes les époques naïves, à attribuer aux personnages ayant joué un grand rôle dans le monde une origine merveilleuse et surnaturelle. Cette fable, qui faisait foi dès le milieu du douzième siècle, cinquante ans après la mort du libérateur de la terre sainte, s'était probablement attachée, par suite d'un méchant jeu de mots, à l'illustre croisé (*signatus, cruce signatus*, le chevalier au signe de la croix).

Ajoutons, pour ne pas laisser Lucemien sous le coup du dernier supplice, que Virgile arrive enfin à son tour, relève le jeune prince de son serment et lui permet de se justifier. La reine est jetée dans le bûcher qui était allumé pour Lucemien. Là ne s'arrête pas encore le roman, il y a une longue suite qui nous apprend comment Lucemien succéda à son père Dolopathos, comment un disciple du Christ vint prêcher l'Évangile dans le royaume de Sicile et, par sa prédication et ses miracles, convertit le monarque et son peuple à la vraie foi.

Ainsi finit le poëme d'Herbert, *li romans de Dolopathos*. Revenons maintenant à nos parallèles.

## CHAPITRE V

#### LES FABLES.

La fable du *Rat de ville et le Rat des champs*. — Horace, les *Satires*, liv. II, sat. vi. — *Le roman de Renart le Contrefait*, quatorzième siècle. — La Fontaine, liv. I, fab. x.

De tous les genres qui ont fleuri dans notre ancienne littérature, aucun n'a été plus fécond, aucun n'a été traité avec plus d'originalité que le genre de la fable, et l'on ne saurait imaginer quelle quantité d'œuvres de cette espèce renferment nos vieux manuscrits. Le moyen âge a épuisé les sources les plus diverses et les plus lointaines; il a connu et reproduit tout ce que pouvaient lui fournir Bidpaï et l'Orient, Ésope et la Grèce, Phèdre et les écrivains de Rome, saint Cyrille, Romulus, et beaucoup d'autres fabulistes des bas siècles qu'on ne retrouve plus que dans les compositions françaises; il a rédigé en manière de fables tout ce qu'il savait ou croyait savoir d'histoire naturelle; il a fait servir la forme de l'apologue à toutes sortes d'enseignements.

Sous le double point de vue de l'origine et du but, il convient d'indiquer dans cette famille littéraire quelques divisions principales :

On rencontre d'abord ce qu'on nommait les *Ysopets* (du nom d'Ésope); les recueils qui portent ce titre contiennent des fables empruntées pour la plupart à l'antiquité gréco-latine, et qui ont d'ordinaire une conclusion purement morale.

Un second groupe se compose de ce qu'on appelait les *bestiaires*. Les Bestiaires sont issus de certains livres de la décadence désignés sous le nom générique de *physiologus*, c'est-à-dire *le naturaliste*. Ici la conclusion est ordinairement religieuse, théologique. Quelques productions tardives montrent, il est vrai, un esprit fort différent : des Bestiaires furent faits pour exhorter les dames à aimer; d'autres, en réponse, pour les exhorter à être chastes. Mais le badinage même renonce bientôt à ces traditions barbares qui, vers la fin du treizième siècle, achèvent de disparaître.

Enfin, une troisième classe non moins considérable appartient plus spécialement au moyen âge, et porte surtout l'empreinte de son génie; elle comprend l'énorme série des *romans de Renart* et *de Fauvel*. Ces romans, qui tiennent de la fable par les personnages qu'ils mettent en scène, mais dont l'étendue dépasse tout à fait les dimensions normales de l'apologue, ont un but presque exclusivement satirique; c'est la forme la plus vigoureuse et la plus hardie du pamphlet du temps.

En dehors des compositions qui prennent place dans ces trois catégories, des fables innombrables sont éparses dans les ouvrages les plus divers : on a pu remarquer, en lisant la troisième partie de ce livre, le fréquent usage qu'en faisaient les orateurs; il n'y avait pas, en effet, un meilleur moyen de captiver l'attention populaire. Il n'y avait pas d'arme plus sûre, qu'on l'employât à défendre la raison pratique et le bon sens ou qu'elle servît la raillerie et le sarcasme; et il n'y en avait pas surtout de moins dangereuse à manier.

La fable, en devenant française, change de caractère et s'anime d'une vie nouvelle. Toutes les qualités du génie national s'y développent librement : la naïveté d'abord, inconnue à la Grèce et à Rome, la curieuse observation des détails pittoresques, les grâces familières, une fleur de gaieté et de fine ironie. Les personnages se dessinent vivement; admirablement saisis dans leurs instincts et leurs allures, ils deviennent tous le type d'une passion, d'un vice ou d'un ridicule, et sont les acteurs masqués d'une véritable *comédie humaine*. A ces traits, on pourrait croire que nous perdons de vue les fabulistes des douzième, treizième et quatorzième siècles, et que nous voulons parler de notre admirable la Fontaine. Mais qu'on ne s'y méprenne point. La Fontaine n'est pas une personnalité unique, solitaire; il a eu, au contraire, dans notre ancienne littérature, de nombreux précurseurs qui ne sont pas indignes de lui, il est le descendant d'une longue suite d'ancêtres avec qui il a un grand air de famille. Le principal mérite, la véritable originalité de la Fontaine, c'est d'avoir joint à la verve un peu trop abondante de ses aïeux le goût sobre, délicat et pur de l'antiquité; de sorte que, si nous pouvons regretter qu'il ait manqué à la plupart des créations du moyen âge un grand poëte qui les ait résumées, et qui les ait gravées, comme dit M. Sainte-Beuve, une dernière fois, il n'en a pas été de même de la fable, qui a eu le bonheur de trouver dans la Fontaine son définitif et souverain représentant.

Mais il est temps de nous rappeler que nous nous sommes proposé, dans ces aperçus, bien moins des considérations générales que des applications particulières et des exemples précis. Toutefois, nous n'avons pas l'intention d'établir un parallèle suivi entre les fables de l'antiquité et les fables françaises, sujet intarissable de comparaisons pour lesquelles il n'est d'ailleurs besoin que d'une simple lecture. Nous procéderons différemment.

Il existe dans la littérature antique une fable, une seule, qui semblerait donner tort à nos prétentions et protester contre notre jugement. On peut lui appliquer, en effet, tout ce que nous avons dit de la fable moderne; c'est bien un petit drame, plein de vivacité et de grâce, de finesse et de naturel. Nous voulons nous assurer si du moins, sur ce terrain unique, nous avons été bien complétement vaincus. Il s'agit de la fable du *Rat de ville et le Rat des champs*, qu'Horace a si délicieusement contée :

..... Olim
Rusticus urbanum murem mus paupere fertur
Accepisse cavo, veterem vetus hospes amicum....

La Fontaine paraît avoir renoncé à lutter contre un tel modèle; il s'est contenté d'esquisser vivement le même sujet, il s'est borné à l'indiquer pour ainsi dire.

Mais le moyen âge, qui connaissait peu ou même ne connaissait point Horace, ne pouvait avoir de ces déférences, et il a traité à sa manière l'histoire du *Rat de ville et le Rat des champs* ou des *Deux souris*. Nous trouvons notamment cette fable dans le roman de *Renart le contrefait* qui est la branche la plus moderne, la dernière continuation de cette longue série de contes dont Renart est le héros [1]. Elle y commence par ces vers :

> Quiers [2] repos, seurté et aise,
> Toute autre richece se taise ;
> De ce exemple te conterai.....

Après avoir décrit l'existence rustique de l'une des deux Souris, l'existence bourgeoise de l'autre, le *clerc* du quatorzième siècle raconte la visite de celle-ci à celle-là :

> Chiés sa commere s'en ala
> Et dès l'uis devant [3] l'apela.
> Celle issi hors, si la salue :
> — Commere, bien soiez venue !
> Venez veoir nostre garnison
> Telle com dieux me l'a donée.

Le charmant tableau de ce repas trop frugal :

> ............... Cupiens variâ fastidia cœnâ
> Vincere tangentis malè singula dente superbo ;
> Quum pater ipse domûs, paleâ porrectus in hornâ,
> Esset ador.....

---

[1] Manuscrit 6985⁵, fonds français de la Bibl. imp. — V. les fragments publiés par M. Tarbé, dans son volume des poëtes champenois antérieurs au règne de François Ier.

[2] Cherche, du verbe querir.

[3] Dès devant la porte.

nous ne le retrouvons pas ici; le dédain de la bourgeoise est exprimé en quelques mots, puis elle propose à la rustique de l'emmener à la ville; toutes deux se mettent en chemin, l'une se vantant de ses honneurs, l'autre se plaignant de sa misère; aussitôt qu'elles sont arrivées, l'une s'empresse de montrer à l'autre toutes les provisions du logis :

> Et maintenant et sans tardier
> Celle la mena au lardier :
> — Voiz-ci bacons [1] ; voiz-ci sayn;
> Voiz-ci froumages de grain ;
> Voiz-ci char fresche et ci andoilles....
> Dou lardier au grenier la moine :
> — Voiz-ci froment ! voiz-ci avoine
> Et voiz-ci pois et voiz-ci noiz....

Mais pendant que la riche va ainsi *adextrant* [2] sa commère de chambre en chambre et que la pauvre s'étonne, s'extasie, et regrette sa trop longue simplicité, voici qu'elles aperçoivent tout à coup le chat de la maison :

> Lors ont véhu frere Thiebert [3]
> Qui fu grant et fort et apert,
> Qui en un grenier planchéoit [4],
> Et bien tout autour li véoit.
> Comme la povre l'a véu,
> Hide et paour en a éu,
> Si dist : — Commere, et qui iert
> Cilz grant mestres là, et que quiert?

[1] Lard salé.
[2] Adextrer quelqu'un, marcher à sa droite.
[3] C'est le nom du chat dans tous les romans de Renart.
[4] Tenir le plancher, *faire* le plancher.

> — C'est, dist-elle, nos gardians
> Qui est custodes[1] de céans;
> Tost nous feroit nos fins venir
> S'aus pates nous povoit tenir.

Nous aimons mieux cette simple rencontre, si effrayante, que tout le fracas de la fable latine :

> Quum subito ingens
> Valvarum strepitus lectis excussit utrumque;
> ............... Simul domus alta Molossis
> Personuit canibus.

Les deux Souris se sauvent et se cachent. La rustique

> Qui n'ot pas tel pourveeur apris,

qui n'était pas habituée à un pareil surveillant, est demi-morte de peur; et lorsque sa commère, qui connaît les allées et venues de Thiebert, veut la rassurer et la faire sortir de son trou, elle est tout à fait revenue de son enchantement,

> Et dist : — Commere, arrier m'en vois
> En ma povre maison ou bois[2].
> Ge aim miaux simple povreté
> Et demourer en séurté,
> Que richece et honneur tenir
> Dont peril et mort peut venir.
> J'aime miex povre et seur osté ;
> A veoir cler il n'i a té[3].....

---

[1] *Custos.*
[2] Au bois.
[3] Pour voir clair il n'y a tel.

> Ge vivrai tant com ge pourrai ;
> Ancor trop tost ge me morrai.....
> Pour ce, commere, ge m'en vois
> En ma povre maison ou bois.

On voit que le conteur du moyen âge a su faire après Horace une charmante fable, et, du reste, si différente, qu'on peut douter qu'il eut sous les yeux l'auteur latin. C'est déjà un grand honneur que de pouvoir soutenir une telle comparaison. Mais si la fable d'Horace est une œuvre à part, tout exceptionnelle, parmi les compositions de ce genre dans l'antiquité, n'appartenant pas non plus à un fabuliste, mais au poëte le plus original et le plus spirituel de Rome, on n'en saurait dire autant de la fable française : celle-ci n'a rien d'exceptionnel, et parmi les productions de notre littérature, on en trouverait un grand nombre qui lui sont égales ou même supérieures. Ajoutons que telle était l'aptitude de l'esprit français à cette sorte d'ouvrages, que s'il n'a pas eu de maîtres dans l'antiquité, il n'a pas eu non plus de rivales parmi les nations modernes ; celles-ci, en effet, n'auraient rien à opposer au beau répertoire que nous pourrions former en recueillant les fables ingénieuses, piquantes, exquises, qui abondent depuis les premiers monuments de notre langue jusqu'à nos jours.

Nous arrêtons ici cette suite de rapides esquisses. Nous n'avons voulu qu'effleurer la matière, qui est presque infinie. Ce qu'on doit conclure de ces quelques pages, c'est qu'on serait injuste de réserver son admiration à une seule période de notre histoire. Il faut dépouiller l'esprit étroit et exclusif qui a longtemps prévalu parmi nous. Ceux mêmes qui se restreignent à des choses excellentes s'appauvrissent volontairement, comme ferait l'agriculteur qui se bornerait à exploiter les terrains les plus fertiles. Les différents âges de notre vie littéraire ont tous eu leurs qualités propres, leurs inspirations heureuses; tous ont apporté au trésor commun leur tribut de fictions et d'inventions, leur part de richesses; tous nous ont transmis des titres d'honneur. Les plus troublés même nous offrent encore des veines singulières et nullement méprisables. Embrassons donc dans toute son étendue le vaste domaine du passé. Du coin le plus âpre en apparence il peut jaillir des sources vives. Du choc même, pour ainsi dire, du contraste des génies variés qui ont régné tour à tour depuis que « la douce France » se connaît, il peut sortir de communicatives étincelles. Les diverses traditions se sont réunies et combinées déjà, spontanément, à un moment favorable, pour former nos plus grands écrivains : Molière, la Fontaine, madame de Sévigné. Ce qui s'est produit en eux, comme naturellement et à leur insu, l'étude le renouvellerait peut-être. Qui sait si ces monuments des siècles reculés, qu'on interroge principalement pour éclairer notre histoire, interrogés à un autre point de vue par nos écrivains, ne contribueraient pas aussi à ranimer notre poésie défaillante et à lui rendre la jeunesse et la vigueur?

# CINQUIÈME PARTIE

LA LITTÉRATURE MODERNE ET LE MOYEN AGE

———

Nous avons dit en commençant cet ouvrage que notre temps voit naître presque chaque jour des publications qui recueillent, reproduisent et répandent dans un public de plus en plus nombreux les monuments de notre histoire et de notre ancienne littérature nationale. Le premier effet de ces publications, c'est, à mesure qu'elles se multiplient, de soumettre à un incessant et redoutable contrôle les travaux historiques d'autrefois, les cours de littérature d'il y a trente ans, et les livres de ces réformateurs du dix-neuvième siècle qui, tout fiers de leurs découvertes, traitaient leurs devanciers avec un si superbe dédain. Ils ont été distancés à leur tour. Leurs œuvres, les œuvres de cette école même qui commença à consulter avec zèle les sources originales, ont été trahies par le mouvement auquel elles donnèrent la première impulsion, et qui les a rapidement dépassées; presque toutes nous apparaissent maintenant comme des édifices prématurément construits; la plupart seraient à recommencer de fond en comble. Les ouvrages didactiques n'ont pas été les seuls à supporter les conséquences de cette révolution précipitée, mais pacifique et féconde, qui a été accomplie par l'érudition moderne; un genre aujourd'hui négligé, mais naguère florissant, et qui contribua puissamment à développer le goût de nos antiquités, n'est pas moins dangereusement compromis, c'est le roman historique. Il lui est difficile, en effet, de soutenir la comparaison avec ces mémoires et ces récits des contemporains, qui se découvrent et se publient de toutes parts, et dans lesquels éclatent une vie si réelle et un coloris si inimitable.

Il est pourtant, dans toute cette partie de la littérature récente, des œuvres qui bravent plus ou moins heureusement le progrès des recherches et des études. Parfois le génie de l'historien ou du romancier a été prophète; il a devancé les investigations, et il a eu comme une intuition des documents qui se sont révélés. Parfois ces documents, loin de discréditer un livre, viennent, comme des pièces à l'appui, en grandir l'autorité. Quelles sont, dans la déroute commune, les œuvres qui font la plus ferme contenance, qui sortent à peu près intactes de ce grand procès et de cette rigoureuse enquête? Quelles sont celles qui succombent? en quels points celles-là sont-elles contredites ou diminuées? Ces questions viennent se présenter continuellement à l'esprit. Les productions remarquables d'une génération qui n'est pas encore éteinte demeurent en effet vivantes dans notre mémoire; ce sont les leçons des maîtres qui ont frayé la route à la science actuelle; ce sont les lectures de notre jeunesse dont l'impression a été la plus vive. Nous aimons à y revenir avec les connaissances que le siècle acquiert, avec les renseignements qu'il nous apporte. Nous nous reprenons volontiers, à mesure qu'il surgit de nouveaux témoignages, non-seulement à discuter les conclusions des historiens, mais aussi à compléter ou à corriger dans notre souvenir ces compositions brillantes, en apparence moins sérieuses, qui commencèrent à éveiller en notre esprit la curiosité des époques lointaines. Une chronique exhumée d'un manuscrit jusqu'ici inconnu, un conteur inédit qui revoit le jour, un poëte du moyen âge qui sort de la poussière, se placent ainsi en regard de quelque œuvre de la littérature moderne, comme le modèle à côté du portrait.

Parmi ces textes qu'on a, parfois indiscrètement, mis au jour, il faut citer l'*Histoire de Foulques Fitz Warin*[1], baron *outlaw* du temps du roi Jean, et une partie des œuvres de Gringore[2]. Ces deux publications ramènent tout d'abord la pensée vers deux livres dont le souvenir n'a disparu d'aucune mémoire, vers deux

---

[1] *Nouvelles françaises en prose du quatorzième siècle*, publiées d'après les manuscrits, par MM. Louis Moland et C. d'Héricault. Paris, P. Jannet, libraire, 1858.

[2] *OEuvres complètes de Gringore*, réunies pour la première fois par MM. C. d'Héricault et A. de Montaiglon. Tom. Ier, Paris, P. Jannet, libraire, 1858.

romans historiques qui ont exercé l'un et l'autre une grande influence ; dans lesquels toutefois la vérité et la fiction, l'imagination et le savoir n'ont pas une part égale : le lecteur a nommé le roman d'*Ivanhoe*, de Walter Scott, et le roman de *Notre-Dame de Paris*, de Victor Hugo.

L'*Histoire de Foulques Fitz Warin* retrace des scènes de mœurs, vraies en partie, en partie fictives, qui se passent exactement à la même époque, sur le même terrain, dans le même milieu que celles décrites par le grand romancier anglais. C'est une chronique, déjà romanesque elle-même par le libre développement des aventures, mais composée avec des traditions de famille, moins de cent ans après les événements qu'elle rapporte. L'auteur vivait très-probablement dans le château des barons anglo-normands dont il racontait les exploits et les infortunes; c'est à leurs descendants immédiats, aux fils des héros, qu'il déclamait ou lisait son récit, dans les fêtes et les réunions, ou dans les soirées oisives. Il ne se faisait pas scrupule, cependant, d'enjoliver l'histoire, d'y ajouter des traits de son invention, parfois même pour réveiller l'attention plus exigeante, pour réchauffer des imaginations qui se blasaient, de transformer les vaillants ancêtres en paladins de roman à la mode du jour, et de les faire voyager dans les régions du merveilleux et de la fantaisie. Les fils des barons écoutaient sans doute ces amplifications flatteuses avec un sourire bienveillant, le peuple les adoptait avec crédulité. Mais les souvenirs étaient trop peu éloignés pour qu'il fût possible de les défigurer entièrement; des témoins devaient exister encore; les lieux qui avaient été le théâtre des événements étaient sous les regards de l'écrivain; les actes étaient dans les archives du château. La vérité s'imposait donc, dans de certaines limites, au conteur; et il est facile, en effet, de distinguer un fonds réel sous les fables qui s'y sont mêlées: ce récit a, surtout comme peinture de mœurs, comme expression de la physionomie générale de l'époque, une autorité qu'il n'appartient pas à notre temps de contester. Quelles réflexions fait naître la comparaison entre le romancier moderne et ce précurseur anglo-normand qui a été exhumé du *Musée Britannique*[1]? Quels traits de ressemblance trouvons-nous entre la situation intérieure de l'Angleterre, telle qu'elle se révèle dans la naïve légende écrite vers la fin du treizième siècle, et celle dont l'écrivain du dix-neuvième siècle a tracé de main de maître le pittoresque tableau?

D'autre part, voici que l'un des principaux personnages empruntés par l'auteur de *Notre-Dame de Paris* aux dernières années du règne de Louis XI, sort aujourd'hui en personne, pour ainsi dire, de la longue obscurité où il a été enseveli. Quel visage vont faire les deux personnages en se rencontrant, et se reconnaîtront-ils? Que dira le vieux poëte de cet autre lui-même, de ce Sosie romantique qu'il trouve en possession de la scène

---

[1] Le manuscrit de l'histoire de Foulques Fitz Warin est à la Bibliothèque du *British Museum*, Reg., 12, cxii.

de ce monde, et qui a momentanément usurpé sa place au soleil de la postérité? Un double rapprochement se présente sur ces deux points d'histoire et de littérature; nous entreprenons le parallèle.

## I

Ce qui nous a principalement frappé dans le beau livre d'Ivanhoë, c'est l'étrange état social dont le spectacle est déroulé à nos regards : l'absence de tout frein, de toute protection, de toute garantie d'ordre public; l'indépendance farouche de l'individu, le règne absolu de la force et de l'audace, la volonté et la passion de chacun dédaignant et bravant la loi générale; ces barons exerçant leurs violences et leurs rapines à l'abri des tours de leur manoir, et ce peuple innombrable réfugié dans les bois et opposant aux forteresses de pierre les forteresses inaccessibles de la nature. C'est là une peinture saisissante, un tableau dramatique; mais plus d'un lecteur a dû supposer que, pour se former une idée exacte et sérieuse de l'époque, il fallait en rabattre quelque chose et tenir compte des priviléges de la fiction. La chronique de Foulques Fitz Warin est loin de justifier de telles restrictions; elle décrit en traits plus énergiques encore la turbulente Angleterre du douzième siècle, et cette anarchie à peine compréhensible pour nous qui sommes placés sous la tutelle d'une civilisation à son apogée.

La chronique de Foulques Fitz Warin raconte l'existence hors la loi, *outlawry*, d'un baron anglo-normand qui, avec ses frères et quelques compagnons, tint en échec, pendant plusieurs années, toute la puissance royale, et mena en noble chevalier la vie libre et héroïque qui illustra Robin Hood. Le fait en lui-même n'est pas douteux ; les principaux incidents de cette *outlawry* sont attestés par des chartes et des lettres patentes du roi Jean. On sait, par ces témoignages officiels, que les Fitz Warin se mirent en révolte ouverte aussitôt après l'avénement au trône de ce prince. Quelle fut la cause de leur rébellion ? Les chartes et les lettres patentes ne s'en expliquent pas. Si nous voulons nous éclairer sur ce point, nous sommes obligés de recourir à la chronique, qui est moins irréfragable.

Le coupable, le traître, l'auteur de cette grande querelle et de ces désastres, si l'on veut en croire notre conteur, ce serait encore l'amour, l'amour qui perdit Troie et qui n'était pas non plus sans exercer de grands ravages dans le monde féodal. Joce de Dinan, beau-père de Foulques II Fitz Warin, était maître du château de Dinan, aujourd'hui Ludlow, sur la frontière du pays de Galles. A la suite d'une de ces guerres entre voisins qui étaient l'état normal de la société d'alors, Walter de Lacy et Arnaud de Lyls, faits prisonniers, furent détenus au château de Dinan. Une chambrière, comme on disait en ce temps-là, mais nous dirons plus noblement, une demoiselle d'honneur de la dame du château s'éprit du jeune Arnaud ; et ce dernier, au moyen d'une promesse de mariage, la détermina à favoriser l'évasion des prisonniers. Le projet réussit. La guerre se ranima avec une nouvelle ardeur, puis une paix intervint. Pendant que sir Joce et sa famille étaient allés visiter un autre de leurs domaines, Marion de la Bruyère, c'est le nom de la demoiselle, avait feint une maladie pour rester au château ; elle n'oubliait pas Arnaud de Lyls ni les promesses de mariage qu'il lui avait faites. Elle lui donna, par un message, un rendez-vous ; elle lui envoyait un fil de soie qui mesurait la distance du sol à la fenêtre de la tour qu'elle devait lui ouvrir. Arnaud de Lyls n'eut garde de refuser ; mais c'était un faux et perfide chevalier : il persuada à Walter de Lacy de profiter de l'occasion pour se venger et pour s'emparer du château de Dinan. Arnaud va au rendez-vous par une nuit obscure : il se fait suivre d'une troupe nombreuse qui s'embusque dans les jardins. Il applique l'échelle de cuir qu'il a fait fabriquer à la muraille de la tour, et parvient à la fenêtre où Marion l'attend. Il prend la jeune fille dans ses bras, l'embrasse et l'entraîne joyeusement vers la chambre où elle lui a préparé à souper. Pendant qu'ils sont tout entiers au plaisir de se revoir, les hommes d'armes montent silencieusement à l'échelle qui est restée en place. Le château est envahi ; les sentinelles sont surprises, la garnison est massacrée. Les deux amants étaient couchés, l'un laissant ses soldats accomplir leur œuvre d'extermination, l'autre uniquement occupée de sa tendresse et ne soupçonnant rien de ce qui se passait. Tout à coup, Marion entend les cris des chevaliers qu'on égorge ; elle court à une fenêtre et aperçoit les cuirasses blanches et les heaumes reluisants des hommes d'armes dont le château est plein. Elle comprend qu'elle est trahie et qu'elle a trahi son seigneur. Dans un mouvement de colère, elle saisit l'épée que messire Arnaud a déposée près du lit et frappe le chevalier au milieu du corps si violemment qu'il meurt sur le coup. Alors, la pauvre Marion, éperdue de douleur, folle d'effroi, se jette du haut de la tour et se brise au fond d'un précipice. Après ces événements, la guerre éclate plus acharnée que jamais entre Joce de Dinan, aidé par les Fitz Warin, et Walter de Lacy, secouru par Roger de Powis, prince de North-Wales. Les Fitz Warin sont dépossédés, dans cette lutte, de leur fief de Blancheville (en anglais Whittington). Le roi d'Angleterre s'efforce de pacifier ces intraitables barons du *border*. Mais il ne peut obtenir du prince gallois la restitution de Blancheville ; il offre aux Fitz Warin des compensations qui sont acceptées ; toutefois, ceux-ci gardent toujours l'intention de revendiquer leurs droits et de reprendre les biens qui leur ont été enlevés. Lorsque le roi Jean monte sur le trône, Foulques III Fitz Warin, qui est alors le chef de la famille, demande que son différend avec les fils de Roger de Powis soit jugé et tranché par la Cour des pairs. Jean sans Terre refuse. Les Fitz Warin déclarent renoncer à toute soumission et à toute foi envers lui, et le défient.

Est-ce bien là l'origine de la querelle? on ne saurait ni l'affirmer positivement, ni le contester; quelques faits paraissent indiquer cependant que ce récit n'est pas entièrement imaginaire. Ce qui est hors de doute, c'est que les barons rebelles furent proscrits, *utlagati*, ainsi qu'on disait dans le langage juridique de l'époque. Leurs manoirs furent saisis et confisqués; leur tête fut mise à prix. Ils résistèrent à tous les efforts du roi et de ses officiers pendant trois ans. Enfin, au mois de novembre 1203, ils furent reçus en grâce, réintégrés dans leur état civil, *inlagati*, pour employer de nouveau le terme légal, et ils obtinrent la possession du fief qui avait été l'objet du débat; de sorte que les sujets triomphaient en définitive du souverain. L'ancienne chronique s'est emparée de cet espace de temps déterminé et circonscrit par les rôles de la Tour de Londres; aux faits authentiques, elle ajoute les détails; elle nous transmet les souvenirs que ces années de proscription avaient laissés dans la famille et dans le pays. Elle nous montre les chevaliers déshérités et fugitifs, parcourant le royaume de forêt en forêt, voyageant la nuit, dormant le jour, changeant continuellement de retraite, traqués par des troupes nombreuses; elle raconte les stratagèmes auxquels ils avaient recours, les coups de main hardis qu'ils exécutèrent, les bons tours qu'ils jouèrent à leurs ennemis, les dangers et les attraits d'une existence qui aurait été, somme toute, assez joyeuse, si nous devions en croire absolument notre conteur.

Le principal personnage de ce drame féodal, c'est le chef de famille Foulques Fitz Warin. Il n'a pas seulement un indomptable orgueil, une audace et une force extraordinaires comme les héros épiques du douzième siècle; il ne brille pas moins par les ressources de l'esprit que par la vigueur du corps. Le type féodal s'est déjà profondément modifié d'un siècle à l'autre; la bravoure ne suffirait plus si elle n'était secondée par l'intelligence. Foulques est rusé, sagace, fertile en expédients, habile à dérouter l'ennemi par des transformations singulières et inattendues. Un jour les Outlaws, poursuivis par une armée entière, se jettent dans une abbaye. Foulques fait aussitôt fermer la porte; il dépouille un moine de sa robe, s'en revêt, prend une béquille, s'en va tout courbé, clochant d'un pied et s'appuyant sur sa béquille, au-devant de la troupe qui le poursuit. Celle-ci arrive au galop. « Vieillard moine, dit le chef, avez-
« vous vu des chevaliers armés passer par ce chemin?
« — Oui, sire; Dieu leur rende ce qu'ils m'ont fait. —
« Que vous ont-ils donc fait? — Je suis vieux et je mar-
« che avec peine; mais ils n'ont eu aucun égard pour
« mon grand âge, et comme je ne me retirais pas assez
« vite de leur route, ils ont poussé leurs chevaux contre
« moi et ont failli me renverser. — Soyez tranquille,
« vous serez bien vengé. » Et toute la troupe s'éloigne. Foulques redresse alors sa taille pour les suivre des yeux. Dix chevaliers, qui étaient demeurés en arrière, surviennent en ce moment. Leur chef s'écrie :
« Voici un moine gros et grand! son ventre est bien

« assez large pour contenir deux gallons ! » Il n'a pas achevé cette plaisanterie irrespectueuse que Foulques lui assène un tel coup de béquille qu'il l'abat de cheval. Les frères de Foulques s'élancent de l'abbaye, prennent et garrottent les dix chevaliers et s'enfuient sur leurs chevaux.

Une autrefois, les Outlaws étaient dans la forêt de Windsor, tout près du château royal. Ils entendent les fanfares des cors et les aboiements des meutes qui leur annoncent que le roi est en chasse. Foulques aposte ses compagnons dans un épais fourré, et lui-même s'en va en quête d'aventures. Il rencontre un vieux charbonnier, tout de noir vêtu, comme sont les charbonniers ; il lui achète ses habits, s'en recouvre, et, prenant une longue fourche de fer, il s'assied près du foyer, attisant le feu et dressant les charbons, comme s'il n'avait fait d'autre métier toute sa vie. Le roi vient à passer ; emporté par l'ardeur de la chasse, il n'a plus que quelques chevaliers avec lui. Le faux charbonnier s'agenouille humblement, à deux genoux, pour saluer son souverain. « Vilain, dit le « roi, as-tu vu cerf ou biche par ici ? — Oui, monsei- « gneur, j'ai aperçu tout à l'heure une bête aux lon- « gues cornes. — Où est-elle ? — Sire, mon seigneur, je « vous mènerai bien où elle est. — En avant, vilain, et « nous te suivons. — Sire, prendrai-je ma fourche en « main, car ce serait une grande perte si on me la dé- « robait ? — Oui, vilain, si tu veux. » Foulques conduit le roi vers l'endroit où ses frères sont en embuscade : « Sire, mon seigneur, dit-il, s'il vous plaît, j'entrerai

« dans le taillis et je rabattrai la bête de votre côté. — « C'est bien, » dit le roi. Foulques court avertir ses amis. Ils sortent de leur retraite et font prisonniers le roi Jean et ses chevaliers.

Un cousin du roi, que le conteur nomme sir James de Normandie, déploie un grand zèle contre les rebelles; il les poursuit à la tête de quinze chevaliers. Les Fitz Warin acceptent hardiment le combat. Sir James est fait prisonnier, et ses quinze compagnons sont tués ou blessés à mort. Foulques revêt l'armure de sir James, ses frères endossent également les dépouilles des Normands vaincus. Ils bâillonnent le prisonnier et ils lui revêtent les armes de Foulques Fitz Warin, sans oublier, bien entendu, le heaume et la visière baissée. Ils le placent au milieu d'eux, et les Outlaws s'en vont sous ce costume au palais du roi. Leur apparition produit des sensations différentes : de la douleur chez les parents et amis de Foulques, qui le croient perdu, et une grande joie chez le roi et ses courtisans, qui s'imaginent être délivrés de l'intrépide rebelle. Le faux sir James remet le prisonnier aux mains des officiers royaux, puis, prétextant qu'il leur reste encore à poursuivre les frères du traître, il prend congé du roi Jean. Celui-ci lui fait présent de son propre cheval, pour le récompenser de l'ardeur qu'il témoigne à le venger de ses ennemis. Aussitôt après leur départ, le monarque, joyeux, ordonne de pendre Foulques Fitz Warin. Un Gascon, parent de sir James, se charge d'exécuter cet ordre : il emmène le prisonnier, lui fait ôter son heaume et reconnaît le malheureux courtisan. On devine la colère du roi Jean lorsqu'il apprend la manière dont les Outlaws se sont moqués de lui.

Il y a toujours de la forfanterie dans ce caractère du héros féodal, mais ce n'est plus tout à fait, comme on le voit, la forfanterie héroïque des temps primitifs.

Le rôle le plus important, après celui de Foulques, est celui de Jean de Rampagne. Jean de Rampagne est un gentilhomme instruit dans la science des ménestrels, musicien, chanteur, un peu médecin et chirurgien, un peu prestidigitateur et faiseur de tours de passe-passe, réunissant enfin les talents variés qui composaient l'art du trouvère et du jongleur vagabond. S'il faut pénétrer au milieu des ennemis pour découvrir les pièges tendus aux Outlaws, s'il faut délivrer quelque compagnon tombé aux mains des officiers royaux, c'est Jean de Rampagne qui se charge de ces missions délicates et périlleuses. Adolphe de Bracy, cousin des Fitz Warin, avait été fait prisonnier et amené à Shrewsbury; condamné à être pendu, il devait mourir le lendemain. Grande affliction parmi ses amis rassemblés dans la forêt voisine. Jean de Rampagne ne désespère pas. Il se teint le corps tout en noir; ses dents brillent seules par leur blancheur sur l'ébène de son visage; il ressemble parfaitement à un nègre, d'autant plus, remarque l'historien, qu'il était très-laid naturellement. Monté sur un palefroi, magnifiquement costumé, un tambourin suspendu à son cou, il se rend à la ville dans laquelle cette apparition bizarre produit une grande sensation. Le ménestrel éthiopien, c'est ainsi qu'il se désigne, est accueilli joyeusement à la cour. Le soir, le sénéchal de l'armée royale, Henri d'Audley, fait venir, pour s'égayer, le noir représentant de la gaie science. Au milieu du souper, le sénéchal est de si belle humeur qu'il lui vient une pensée d'humanité. « Va chercher messire Adolphe de « Bracy qui doit périr demain, dit-il à un de ses servi-« teurs; je veux qu'il passe au moins une bonne nuit avant « sa mort. » On exécute l'ordre du sénéchal. De Bracy est placé à table entre deux chevaliers chargés spécialement de veiller sur lui. Puis, on boit et l'on se divertit. Le faux Éthiopien chante la chanson favorite de son ami prisonnier. Celui-ci qui, jusques alors, fort peu disposé à se réjouir, a tenu la tête basse, relève les yeux, regarde attentivement le musicien et découvre les traits de son ami. Cependant, messire Henri demande de plus en plus bruyamment à boire. Jean de Rampagne, en Éthiopien bien appris, se précipite pour remplir la coupe et laisse tomber une poudre dans la boisson. Les convives s'endorment tous, excepté le jongleur et de Bracy. Ceux-ci attachent le fou du roi entre les deux gardiens, qui sont assoupis comme les autres; ils font une corde avec les nappes et les serviettes, descendent par une fenêtre et s'échappent du château ; de sorte qu'au matin, quand Foulques, plein d'inquiétude, regarde sur la route de Shrewsbury, il aperçoit les deux compagnons, l'un blanc, l'autre noir, s'en revenant bras dessus bras dessous et faisant grande joie. Plusieurs expéditions de ce hardi et jovial Jean de Rampagne sont ainsi très-heureusement racontées.

Un autre personnage intéressant, mais qui est seulement indiqué par notre conteur, c'est madame Mahaud ou Mathilde de Caus, que Foulques Fitz Warin épouse au milieu des circonstances les plus difficiles. Madame Mathilde, veuve de Thibaut Walter, grand bouteiller d'Irlande, est menacée et poursuivie par le roi Jean, dont sa remarquable beauté a excité les passions effrénées. Son beau-frère, Hubert Walter, archevêque de Canterbury, n'imagine rien de mieux, pour la soustraire aux persécutions royales, que de la marier à Foulques Fitz Warin. Foulques, déguisé en marchand, pénètre dans la ville de Canterbury. L'archevêque l'unit à la dame; Foulques passe deux jours dans le palais archiépiscopal; courte lune de miel, dérobée à la vie errante et sans repos. Puis, il reprend son déguisement et rejoint ses compagnons dans les *deer-friths* du comté de Kent, où ils l'attendent. Les Outlaws célèbrent, à l'ombre de la forêt, les noces de leur chef; ils se livrent à la joie et plaisantent gaiement le nouvel époux : « *Husband*, lui disent-ils en se servant par raillerie du mot saxon qui est resté dans la langue anglaise, où conduiras-tu ta belle épousée, au château ou au bois, à la ville ou à la campagne? »

Là était, en effet, la question. Outlaw à son tour, Mathilde est obligée de fuir la colère du roi. Il faut enlever la dame, la conduire de château en château, chez des alliés ou des parents. Devenue enceinte, elle reste cachée dans la ville de Shrewsbury ; mais les espions du roi la découvrent. Trop proche du terme de sa grossesse pour pouvoir se mettre en route, elle n'a d'autre ressource que de se réfugier dans l'église de Notre-Dame, et elle y fait ses couches sous la protection du droit d'asile. Une autre fois, madame Mathilde accouche sur une montagne du pays de Galles, au bord d'une fontaine qui se nommait la fontaine des Fées et dont l'eau servit à baptiser l'enfant. C'était une assez rude destinée, comme on voit, que d'être la compagne d'un de ces vaillants rebelles.

Il est un point sur lequel le chroniqueur appuie avec une insistance particulière, avec d'autant plus d'insistance peut-être que tous les souvenirs n'étaient sans doute pas bien d'accord avec lui sur ce point délicat; c'est la scrupuleuse probité des Outlaws, le soin qu'ils prennent de ne causer aucun dommage à personne, de ne nuire qu'au roi, leur adversaire, et à ses officiers. Leur apologiste leur prête à ce sujet les plus louables sentiments. Les Outlaws arrêtent sur la grande route une compagnie de marchands qui conduisaient au roi et à la reine des étoffes, des fourrures, des aromates, des gants, enfin toute sorte d'objets précieux. Foulques demande d'abord aux marchands : « Si vous perdiez toutes ces richesses, « sur qui retomberait la perte? — Si nous les perdions « par notre faute ou par notre mauvaise garde, répondent « les marchands, nous en supporterions le dommage ; « mais si c'était par péril de mer ou autre cas de force « majeure, la perte serait pour le roi. » La conscience de Foulques se rassure : le cas était évidemment de force majeure, et il distribue tout le butin à ses amis.

Par malheur, les nobles chevaliers n'étaient pas seuls à vivre hors la loi, sous la protection de la nuit et de la forêt. Bien d'autres s'en mêlent et n'ont pas les mêmes scrupules. De jeunes gentilshommes dissolus, des coquins de toute condition, déshonorent les bois qui leur servent de repaire; ils pillent indistinctement le roi et ses plus inoffensifs sujets. La honte et le blâme de ces brigandages rejaillissent sur les barons innocents, accusés bien à tort des excès commis par des bandits vulgaires. Un jour, ou plutôt une nuit, Foulques se rendait, pendant les ténèbres, au château d'un seigneur de la frontière écossaise qui lui avait, plus d'une fois, donné l'hospitalité ainsi qu'à ses compagnons. Foulques était attristé et irrité; il avait appris que le chef d'une troupe de scélérats s'était avisé de prendre son nom, à lui Foulques, et de lui faire attribuer de la sorte, par l'opinion publique, ses cruautés et ses pillages. Les chevaliers outlaws approchent, vers le milieu de la nuit, du château de messire Robert Fitz Sampson, leur hôte. Ils sont surpris d'apercevoir les fenêtres du château brillamment éclairées à une heure aussi indue. Foulques fait arrêter ses frères à la porte extérieure et pénètre seul dans la cour. Il entend des voix prononcer son nom à plusieurs reprises. Il se glisse dans l'ombre jusqu'à l'entrée de la grande salle; et là, il a peine à contenir son indignation au spectacle qui frappe ses yeux. Le vieux sire Robert, sa femme et ses gens, étroitement garrottés, gisent entassés dans un coin. Au milieu, la table est dressée et servie, et des hommes, dont le visage est masqué, se livrent à une orgie bruyante. L'un d'eux occupe la place d'honneur, et c'est lui que les autres brigands, avec des marques de profond respect, appellent leur seigneur Foulques. Pendant que le Fitz Warin contemple cette scène, la pauvre dame, qui est étendue aux pieds de son mari, s'écrie d'une voix plaintive : « Ah! sire Foulques, ayez pitié de nous! pourquoi nous « traitez-vous ainsi, nous qui vous avons toujours aimé et « servi de tout notre pouvoir? » En entendant le reproche de la bonne dame, qui, en vérité, lui avait fait tant de bien, le Fitz Warin ne peut maîtriser plus longtemps sa colère; il s'avance, l'épée nue à la main, et dit d'une voix terrible : « Faites silence! que pas un de vous ne « bouge, ou il est mort! » Tous ceux qui étaient assis à la table sont frappés d'étonnement et de crainte et demeurent immobiles. « Maintenant, reprit le Fitz Warin, « qui de vous se fait appeler Foulques? — Sire, répond « l'homme placé au haut de la table, je suis chevalier, « et je me nomme Foulques! — De par Dieu, sire Foul- « ques, levez-vous, détachez les cordes dont vous avez « garrotté le seigneur et les gens de céans, et liez bien et « solidement tous vos compagnons. » Le chef des bandits obéit en tremblant; ses compagnons, qui se croient cernés et pris au piége, n'opposent pas de résistance. Quand il a fini : « Maintenant, approche, scélérat, lui « dit le Fitz Warin, je vais t'apprendre à te faire appeler

« Foulques et à rejeter sur moi tes forfaits. » Et il lui fait voler la tête d'un coup d'épée.

L'état social que supposent de telles aventures n'est pas, certes, bien différent de celui qu'a peint l'auteur du roman d'*Ivanhoë*. L'Angleterre, que nous révèle la curieuse hégire des barons révoltés contre le roi, est bien la même où nous voyons errer incognito Richard Plantagenet. Ce peuple insurgé, que le grand conteur anglais répand dans la forêt de Sherwood, cette société extra-légale qui se formait en dehors de la société régulière, a réellement existé à cette époque. L'histoire de Foulques Fitz Warin y ajoute un élément distinct : l'aristocratie fugitive, les seigneurs anglo-normands allant rejoindre les *yeomen* et les serfs saxons, les vainqueurs se rencontrant avec les vaincus dans les retraites profondes qui leur servent de commun asile, se trouvant réunis par la force des choses dans une même résistance comme dans une même proscription. C'est là peut-être l'idée sérieuse qui ressort de ce nouveau document. Walter Scott a surtout indiqué la séparation des races; notre chronique en laisse entrevoir, dès ce temps si voisin de la conquête, l'alliance et le rapprochement. Elle apporte plutôt un argument au système de la prompte fusion des peuples qui ont formé la nation anglaise qu'au système qui a cherché à établir leur dualisme persistant; elle est plus favorable à M. E. de Bonnechose qu'à M. Augustin Thierry. Lorsque ce dernier écrivain, systématisant ce que Walter Scott s'était sagement borné à indiquer, définissant et précisant ce qui ne pouvait plus exercer à cette époque qu'une influence vague, nous montre dans les habitants de la forêt de Sherwood les restes des bandes de Saxons armés qui, reniant la conquête, s'obstinaient volontairement à vivre hors la loi de l'étranger, se maintenant en nombre à la faveur des lieux, commandés par des chefs tels que Robin Hood ou Adam de la Vallée, et sous une sorte d'organisation militaire; lorsqu'il établit si nettement et si catégoriquement l'antagonisme des deux nations, un fait échappe à cet historien, que notre document lui eût révélé, c'est que des barons anglo-normands couraient exactement les mêmes aventures dans les mêmes refuges, et pouvaient chanter tout aussi bien que les héros des ballades :

We range the forest mery and free....

En admettant que Robin Hood et son lieutenant Petit-Jean (Little John) fussent réellement Saxons d'origine, ils ont eu des rivaux qui étaient bien authentiquement de l'autre race; les proscrits, quel que fût le sang qui coulait dans leurs veines, accomplissaient des exploits identiques, et ils partagèrent très-fraternellement le même genre de gloire et de popularité. Si Robin Hood prend le shériff de Nottingham qui voulait le prendre, Foulques n'a pas besoin d'être Saxon pour prendre le roi lui-même. Si Robin Hood trouve des ennemis dans le couvent où il va chercher assistance, et si la nonne qui est chargée de le saigner le blesse mortellement, est-ce donc parce que les nonnes de ce temps-là sont Normandes et que l'Outlaw est Saxon? Mais le descendant de Guarin de Metz est bien obligé de forcer la porte d'un monastère et d'en assommer le portier. On doit renoncer à donner une couleur si tranchée, un sens si exclusif, à d'obscures traditions qui sont combattues par d'autres traditions toutes semblables. Il devient difficile de prétendre que la vie libre des Outlaws fut une hostilité politique contre un gouvernement étranger, et la lutte nationale se prolongeant sous forme de brigandage. La distinction d'origine pouvait être, en effet, pour quelque chose dans cette anarchie et ces désordres, mais il faut se garder d'ériger cette idée en théorie, et surtout d'en faire le principe dominant et la clef des premiers siècles de l'histoire d'Angleterre.

Walter Scott était resté dans les limites de la vérité, M. Augustin Thierry en est évidemment sorti. Comme expression de la physionomie générale de l'époque, il nous semble que la chronique que nous avons analysée est, en résumé, favorable au romancier anglais, et que le conteur du moyen âge justifie sur la plupart des points qui auraient pu paraître contestables, et surtout disculpe de tout soupçon d'exagération, l'érudit conteur du dix-neuvième siècle.

## II

Le roman de *Notre-Dame de Paris* n'a pas certainement, comme œuvre d'histoire, l'autorité du roman de Walter Scott. C'est un conte fantastique beaucoup plutôt qu'un roman historique; c'est une sorte de cauchemar du quinzième siècle. Le livre aurait dû recevoir son titre de l'étrange Fête des Fous imaginée par l'auteur, et non de l'imposant édifice qui a été forcé d'abriter sous son ombre vénérable ces débauches et ces mascarades plus que profanes. Les personnages bizarres et effarés qui passent sous nos yeux sont à contre-sens dans l'époque où ils ont été placés. Le temps que le romancier a choisi est celui, en effet, qui se prêtait le moins à la fantasmagorie fiévreuse du drame romantique. Alors plus que jamais, le caractère national est exclusivement le bon sens prosaïque et la raillerie; l'esprit français a pour exacte expression, en ce moment, dans les classes élevées, la finesse immorale de Philippe de Commines; dans la bourgeoisie, la bonhomie sournoise de Jean de Troyes et de Jacques Duclercq. Aussi est-on déconcerté au plus haut point lorsqu'on passe de ces chroniques et des récits contemporains aux pages violemment colorées de l'écrivain moderne; et si les créations du roman paraissent chimériques et impossibles, c'est surtout à ceux qui ont lu le *Petit Jehan de Saintré*, les *Quinze joyes de mariage* et les *Cent nouvelles nouvelles du roi Louis XI*.

Toutefois, entre tous ces personnages excessifs et hors nature, il en est un qui présente un caractère particulier de réalité, et qui intéresse et réjouit le lecteur précisément parce qu'il ressemble à un être vivant égaré parmi des figures de sabbat. Nous voulons parler du poëte Pierre Gringoire. Pierre Gringoire n'est pas, en effet, un type purement imaginaire; il a très-authentiquement existé. S'il n'a pas composé la « moralité du bon jugement de madame la vierge Marie, » qui se serait jouée, avec tant de péripéties fâcheuses, dans la grande salle du palais, le jour des Rois de l'année 1482, il a réellement fait représenter bon nombre de moralités et de mystères en collaboration avec Pierre Marchand, charpentier de la *grand cognée;* il a fait jouer et a joué lui-même des pièces de théâtre qui eurent, pendant les premières années du seizième siècle, un assez beau succès, et parmi lesquelles il faut citer la trilogie du *Prince des Sots* et le mystère historique de la *Vie de saint Louis*. Il a composé, en outre, beaucoup d'ouvrages, la plupart en vers, quelques-uns mélangés de vers et de prose : le *Château de labour*, les *Abus du Monde*, les *Folles entreprises*, etc., qui, recueillis dans une édition à peu près complète, formeraient une collection considérable.

M. V. Hugo, en mettant ce personnage en scène, n'était pas, croyons-nous, sans avoir rencontré quelques indications sur son caractère et sa vie réelle dans les livres de seconde main dont il a fait usage. Il a entrevu le véritable Pierre Gringoire; le portrait qu'il a tracé rappelle, par certains traits, le modèle; mais le type, dont il a fait une ébauche un peu vulgaire, se développe dans l'histoire littéraire avec bien plus de finesse et d'originalité.

L'auteur de *Notre-Dame de Paris* a pu d'abord jeter, sans trop d'invraisemblance, le faiseur de moralités et de mystères dans l'existence famélique et vagabonde que l'on sait : Pierre Gringoire ou mieux Gringore, c'est ainsi que les contemporains impriment ordinairement son nom, paraît avoir eu une jeunesse aventureuse. Lorsqu'il commence à sortir de l'obscurité et à prendre quelque importance sur la scène de ce monde, et cela n'a pas lieu avant les premières années du seizième siècle, il occupe le poste brillant de *Mère Sotte* dans la société des *Sots* ou des *Enfants sans souci*. La société qui prenait cette dénomination effrontée et railleuse s'était organisée pour la représentation des pièces théâtrales. On avait de tout temps, comme nous l'avons précédemment établi, célébré des jeux dramatiques; les municipalités, les paroisses, les corporations marchandes, les métiers, les confréries, les congrégations, avaient toujours donné et donnaient encore, dans de certaines occasions, des fêtes de ce genre, qui étaient alors de très-grandes fêtes et très-solennelles. Mais, à la différence de ce qui s'était vu et pratiqué primitivement, la société des *Sots* et celle des *Confrères de la Passion*, qui paraissent s'être constituées à peu près à la même époque, vers le commencement du quinzième siècle, faisaient de ce divertissement leur unique objet et leur affaire exclusive. On peut les considérer comme les deux premières troupes d'acteurs qui aient existé en France ; les premiers, les Sots, étaient, pour nous servir d'une phraséologie qui n'était pas encore consacrée par l'usage, les comédiens proprement dits, et les seconds les tragédiens. La tragédie était tout entière dans le drame de la Passion du Christ, drame aux cent actes divers, qui embrassait toute la vie et tout le tableau du monde. La comédie s'appelait la *sottie* ou la *farce*. La *sottie* appartenait en propre, comme son nom l'indique, et par droit d'invention, à la société des Sots. C'était une sorte de parade dont les rôles étaient presque tous, comme le furent plus tard ceux de la *Comédie italienne*, convenus et connus à l'avance. Il y avait d'abord le *Prince des Sots*, ensuite *Mère Sotte*, puis certaines personnifications allégoriques : le *Seigneur de Gaieté*, le *Général d'Enfance* (dans le sens d'insouciance et de jeunesse joyeuse), l'*Abbé de Plate-Bourse*, enfin toutes les variétés de la sottise humaine : sot dissolu, sot glorieux, sot ambitieux, sot avare, sot ignorant, sotte folle, sotte bigote, sotte rebelle, etc. Tel était le groupe traditionnel auquel pouvaient s'ajouter, pour les besoins de chaque sottie en particulier, quelques personnages de circonstance. On conçoit qu'avec un pareil ensemble, avec ces types familiers au public, ayant chacun leur costume et leur devise, l'action se nouait simplement et facilement. Les caractères étaient tracés; il suffisait d'en faire une application plus ou moins ingénieuse, et les effets de scène résultaient des ressemblances ou des contrastes qui naissaient de cet emploi. Les personnalités, les allusions, étaient le principal attrait de ces pièces : sot glorieux figurait tel seigneur de la cour; sot ignorant, tel prélat qui ne devait pas son élévation à son savoir; sot ambitieux, tel ministre impopulaire. Que la pièce eût pour sujet un événement politique ou un scandale privé, le cadre était, comme on voit, fort bien préparé pour la satire plus qu'aristophanesque de ce temps-là.

Pierre Gringore était donc mère Sotte dans la société des Sots. C'était le second personnage quant aux honneurs, mais le premier quant à l'administration : le prince des Sots était un monarque constitutionnel qui régnait et ne gouvernait pas. Mère Sotte avait aussi, d'ordinaire, le rôle saillant; le prince des Sots était un roi de théâtre en costume magnifique, arbitre et juge aux dénoûments. Mais c'était mère Sotte qui se chargeait des allégories les plus significatives et les plus périlleuses. Dans la *sottie* de Gringore jouée aux halles de Paris, pendant les jours gras de l'année 1511, sottie dirigée contre le pape Jules II, alors en guerre avec Louis XII, mère Sotte se déguisait en *mère sainte Église*, et parodiait la politique romaine; à la fin, on découvrait la matrone folâtre sous ses habits vénérables, et on concluait que « ce n'est pas mère sainte Église qui fait la guerre et trouble le royaume, ce n'est que notre mère Sotte. » Un peu plus tard, un successeur de Gringore représenta sous le nom de mère Sotte la mère du roi François Ier, madame Louise de Savoie, gouvernant tout et pillant tout. Il est vrai que, cette fois-là, mère Sotte goûta de la prison.

Pierre Gringore, fut, comme l'on voit, à la fois auteur dramatique, directeur de théâtre et acteur, ni plus ni moins que Shakspeare et Molière. La position est certainement honorable, glorieuse même, surtout lorsqu'on évoque la mémoire de ces illustres confrères. Toutefois elle est de celles où l'on n'arrive guère par une existence grave, paisible et régulière; les voies qui y conduisent sont presque toujours excentriques et de fréquentation équivoque. Par quels degrés Pierre Gringore s'était-il élevé à la tête de la joyeuse compagnie? L'histoire n'en dit rien; lui-même garde le silence le plus discret sur les accidents de sa jeunesse. Il était permis, par conséquent, à l'imagination de se donner carrière; on ne serait pas même en droit de reprocher au romancier de 1830 d'avoir fait gagner son pain au pauvre poëte à la force des mâchoires, en soulevant des pyramides de chaises avec ses dents.

Quelle qu'ait été l'école probablement rude où il s'était formé, Gringore fut assez fort et assez adroit pour tirer bon parti d'une position discréditée. L'homme releva l'emploi. Pierre Gringore porta fièrement ce titre grotesque de mère Sotte et lui donna une véritable puissance. Le roi Louis XII ne dédaigna pas d'en faire son auxiliaire dans sa lutte contre la papauté, et de se servir de la verve de l'acteur et du talent de l'écrivain pour rendre sa politique populaire. Ayant acquis de l'influence et de la renommée, Gringore fut attaché à la cour du duc Antoine de Lorraine, qui le nomma héraut d'armes au titre de *Vaudemont;* il paraît avoir fini ses jours dans une situation florissante et respectable. Philosophe pratique, si l'on veut, mais non pas tout à fait dans le sens de flegmatique nonchalance et de résignation fataliste que l'auteur de *Notre-Dame de Paris* attache à ces mots, il sut faire habilement et honorablement son chemin.

C'est qu'en effet Gringore n'est nullement le personnage que devrait faire supposer ce monde de jeunes fous étourdis, d'écoliers libertins, au milieu duquel il a vécu. Il ne ressemble en rien à François Villon, ce vaurien de génie qui, à peu près à la même époque, faisait autant de bruit par les déportements et les scandales de sa vie que par les beaux vers qu'il écrivait dans les intervalles de réflexion et de rêverie que laisse une existence de désordre et de misère. Gringore n'a ni cette turbulence ni cette mélancolie. Il a l'esprit judicieux et réfléchi; c'est un travailleur, évidemment un homme sobre et rangé. Il avait adopté cette devise singulière pour une mère Sotte : *raison par tout, par tout raison, tout par raison,* dont il signait ses œuvres. Il insistait d'autant plus sans doute sur ces prétentions qu'on devait moins s'y attendre, et que la forme que lui imposaient souvent les nécessités du théâtre des Sots était loin d'annoncer tant de sagesse. Mais en réalité il justifie parfaitement sa devise : nul poëte n'est plus raisonnable que ce chef d'une troupe de bateleurs. Lors même qu'il agite les grelots de la folie, il le fait avec réflexion, dans la mesure voulue, pour mieux atteindre le but qu'il se propose. Ainsi, il a composé une des *farces* les plus spirituelles et aussi les plus licencieuses de notre ancien théâtre. Mais cette farce se jouait à la suite de deux actes d'allégorie politique un peu graves sans doute pour une représentation de mardi gras, et cet épilogue facétieux était destiné à dédommager le public. Il fallait bien conserver le caractère du genre tout en y introduisant un élément plus sérieux; c'était une condition du succès; et, sous ce rapport, Gringore se trouvait dans une situation tout à fait analogue à celle du plus célèbre chansonnier du dix-neuvième siècle.

Pierre Gringore a de la gaieté, une gaieté malicieuse et ironique, et non cette gaieté bruyante qui rit jusqu'aux deux oreilles, et qui n'a d'autre but que de s'épanouir elle-même. Il n'est pas non plus d'une nature impressionnable et facilement émue. Les cordes de la sensibilité vibrent rarement dans ses poëmes. On ne pourrait citer peut-être que deux ou trois belles scènes du *Mystère de saint Louis*, où l'on trouve de l'attendrissement et de la grâce. Par exemple, tout l'épisode des trois écoliers pendus par les ordres d'Enguerrand de Couci, pour avoir chassé dans ses bois, est très-pathétique. Le valet du bourreau dit, en livrant à son maître l'un des jeunes braconniers :

> Je le tiens par la main
> Tout ainsi comme une épousée;
> Il est tendre comme rosée,
> Le jeune enfant.
> — Tais-toi! tais-toi!

interrompt le bourreau, qui trahit un mouvement de pitié et de trouble, un rude bourreau, cependant, et qui fait profession d'une férocité cynique. Il y a aussi d'excellents traits de sentiment, joints à beaucoup de franchise et de vérité, dans la scène de la mère et du fils dissipateur. Il est indispensable, pour faire connaître un auteur, surtout un auteur ancien, d'en citer quelque passage. Nous détachons le dernier morceau dont nous venons de parler; en même temps qu'il permettra d'apprécier la manière et le style de Gringore, il prouvera, au moins par sa conclusion, combien mère Sotte est sévère pour des folies de jeunesse auxquelles il semble qu'elle aurait dû montrer plus d'indulgence. On se demandera peut-être comment un tableau d'intérieur comme celui que nous plaçons sous les yeux du lecteur se rencontre dans le *Mystère de la vie de monseigneur saint Louis, roi de France*. Rien de plus vaste, de plus libre et de plus complaisant que l'action théâtrale qu'on nommait au moyen âge un mystère, et qui était alors la forme dramatique par excellence. Dans le cadre le plus large s'enchâssaient les épisodes les plus nombreux, se déroulaient les incidents les plus compliqués et les plus divers. Autour du personnage principal se groupaient des personnages de toute classe et de toute condition qui se comptaient parfois par centaines. Ces représentations avaient souvent sept ou huit journées. L'art semblait avoir surtout en vue d'imiter le mouvement, la variété, la confusion même et les contrastes de la vie et du monde réels. On voit que, dans de

telles pièces, il ne saurait y avoir de scène inattendue.
Gringore introduit donc dans son immense drame une
mère et un fils qui ont ensemble le dialogue suivant.
Nous conserverons le vieux langage, qui n'est plus alors
assez difficile à entendre pour qu'on ait besoin de le
traduire :

LA MÈRE.

Toutes les fois que me recorde
Des maux que tu me fais, mon fils,
Mes membres sont tout desconfis.
Tout le mien despens, somme toute;
Tu ne sais pas que à gaigner couste.
Tu mets toute ton estudie
A suyvre folle compagnie;
Cuides-tu qu'il t'en prenne bien?

LE FILS.

Paix, paix, vous n'y entendez rien.
Voulez-vous que bigot je soye,
Et que le monde point ne voie?
Pardieu! vous me la baillez belle!
Tenir me voulez en tutelle
Pour ce que vous estes ma mère.

LA MÈRE.

Tu as jà la part de ton père
Mangé; je crois, pour abréger,
Que tu veux encore manger
Tout ce que j'ai. Je te supplie
Que tu ne mènes telle vie.
Tu hantes ruffiens, paillars,
Pipeurs et joueurs de hasars,
Où il n'y a sens ni raison.
Je t'ai racheté de prison
Par plusieurs fois.

LE FILS.

Le diable y ait part !
Toujours me tensez tost et tard
Ainsi qu'on feroit d'un novice.

LA MÈRE.

Si tu es reprins de justice,
Je mourrai de deuil, par mon âme !

LE FILS.

Mangrébieu en ait de la femme,
Tant elle a de babil !

LA MÈRE.

Beau sire,
Ton bien et ton honneur désire,
Et aurois deuil, que tu l'entendes,
Si tu faisois, avec les bandes
Que tu hantes, quelque tour vilain.

LE FILS.

Eh ! le prévôt est mon parrain,
Cela me met hors de souci...

La mère insiste avec cette tendresse faible dont Gringore nous semble avoir très-bien saisi l'accent; elle fait valoir tous les sages et inutiles arguments qui sont d'usage dans une situation semblable :

Tu sais que j'ai eu plusieurs pertes,
Depuis la mort de ton bon père.

LE FILS.

Vous abusez...
Assez suis grand pour me conduire.

LA MÈRE.

Hélas ! et tu me veulx destruire,
Et je t'aime tant, mon enfant !

LE FILS.

> Taisez-vous ! je suis assez grand
> Pour savoir ce que j'ai affaire.
> Je m'en vais ; vous avez beau faire,
> Je ferai comme je l'entends.
> Pourquoi ne passerai-je temps
> Comme les autres?...

Le fils court se divertir aux tavernes, et, quelques scènes plus loin, on le voit revenir vers sa mère et lui demander de nouveau de l'argent. Nouvelles supplications de celle-ci :

> Hélas ! hélas !
> Mon fils, si prenois ton repas
> Avec moi, plus ne despendrois
> Que je fais, et si en serois
> Bien honorée et toi aussi.

LE FILS.

> Que me tienne avec vous ici,
> Sans hanter les bons compagnons !
> Rien, rien ; à gaudir nous baignons
> Et faisons mille bonnes chères;
> Il n'y a choses, tant soient chères,
> Qu'on n'ait pour argent, sans doutance.
> Passer temps veuil, vivre à plaisance,
> Tandis que je suis en jeunesse;
> Et mais que je vienne en vieillesse,
> Je prendrai travail et souci.

La mère envoie son fils emprunter dix écus à son parrain le prévôt. Le prévôt Étienne Boileau, qui est informé de la conduite de son filleul, après l'avoir exhorté vainement à se corriger, fait pendre haut et court ce mauvais sujet. Et Gringore conclut par ces mots qu'il met dans la bouche du populaire :

> Le prévost Estienne Boileau
> Est un justicier ordinaire.

On pourrait n'être pas de cet avis-là; et ce n'est pas non plus l'avis de la pauvre mère, qui se livre à sa douleur et à son désespoir, et accable de reproches l'inexorable prévôt.

Le ton de ce morceau est peu élevé, mais il est juste, et la scène est vraie et touchante dans sa vulgaire simplicité.

Pierre Gringore a réussi, comme les hommes de réflexion et d'étude, comme les talents qui se forment par la volonté et le travail, dans la plupart des genres où il s'est essayé. Toutefois, par tempérament et par caractère, il est surtout et avant tout satirique et moraliste. Satirique, il a une hardiesse et une vigueur qui va souvent jusqu'à la brutalité. On lui a longtemps attribué les *Contredits de Songe-Creux*, et le récent arrêt qui lui enlève cet ouvrage n'est peut-être pas sans appel. L'auteur de ce livre fait le procès à la société de son temps. Il fait comparaître successivement à la barre toutes les classes, tous les états, toutes les professions, depuis le roi jusqu'au paysan, et le poëte se constitue lui-même tour à tour accusateur et défenseur. Le réquisitoire est presque toujours plus énergique que l'apologie n'est éloquente. Gringore exerce particulièrement sa verve sarcastique contre le mariage et les femmes. Il a contre les femmes une haine bien sentie ou une rancune qui lui inspire ses plus violentes tirades :

> Femme si est larcin de vie,
> Femme est de l'homme doulce mort,
> Femme est venin, cresme d'envie,
> Femme est d'iniquité le port,
> Femme est l'enfer des gens maudits,
> Femme est l'ennemy de l'ami,
> Femme est sépulchre des humains,
> Femme est l'erreur vitupérable
> Pour qui souvent tordons nos mains...

Et il continue de la sorte pendant des centaines de vers avec une verve intarissable, *facit indignatio versum*. Quelles mésaventures lui avaient laissé tant de fiel et d'amertume? A coup sûr, si c'est Gringore qui a écrit ces pages, il n'avait pas l'humeur si accommodante et si flegmatique que le mari de l'idéale bohémienne.

Pierre Gringore est un moraliste terre à terre et essentiellement positif. Nul ne s'est montré plus que lui préoccupé des inquiétudes et des embarras du ménage et des difficultés de l'économie domestique. A ce point de vue, il doit être considéré comme un remarquable précurseur de certaine école moderne qui a fait triompher dans la poésie la généreuse ambition de « joindre les deux bouts. » Des écrivains d'aujourd'hui passent pour avoir mis les premiers en rimes des notes de blanchissage; c'est une gloire usurpée. Il y a longtemps qu'ils ont été prévenus par Pierre Gringore. Les pauvres *mesnagiers*, voilà les héros de notre poëte ; les assauts de besoin et de disette, voilà les drames qui le touchent.

> Le diable ne fournirait pas
> A tant d'argent toujours despendre !
> Il faut d'argent une minière !

Telle est la grande plainte qui retentit dans ses vers ; lorsqu'il en est sur ce sujet, il trouve des accents émus, et il y a de la sincérité et de la conviction dans sa tristesse. Il a tracé des peintures d'une vérité minutieuse, mais saisissante, dans lesquelles la finesse d'observation rachète souvent la trivialité. Il a résumé toute sa science pratique de la vie dans l'ouvrage intitulé le *Château de labour*. Là est indiquée à tous ceux qui voudraient ouvrir ce vieux livre du seizième siècle « l'adresse de richesse, » et montré en regard le « chemin de pauvreté, » dont Gringore raconte les étapes avec des traits naïfs et amers. Gringore était donc bien loin d'avoir contracté dans une existence probablement assez débraillée et misérable les goûts et les sentiments qui passent pour en être la conséquence habituelle. Enfant sans souci, il ne l'était que de nom. On ne saurait voir en lui un de ces gais meurt-de-faim dont on peuple, peut-être un peu gratuitement, le royaume de bohème. S'il sortait de la cour des Miracles, il en sortait tout cuirassé de morale et de philosophie bourgeoise ; et plus il avait été pauvre, plus il gardait rancune à la pauvreté.

Il existe un opuscule anonyme qu'on a rangé parfois parmi les œuvres de Gringore, et qui pourrait, du moins, s'appliquer avec assez de vraisemblance à sa destinée; c'est une petite pièce satirique qui s'intitule : *Les dits de maistre Aliborum qui de tout se mesle*. Maître Aliborum commence par admirer plaisamment la haute intelligence, le grand savoir, l'universelle aptitude qu'il y a en lui. Il énumère tous les métiers qu'il est capable de faire et qu'il a plus ou moins exercés. Il revient sur son existence hasardeuse et vagabonde; il raconte ce qu'il a vu, ce qu'il a éprouvé, ce qu'il a appris. Et malgré tout cela, avec tous ces métiers, ajoute-t-il,

> Je n'ai de quoi fourbir mes dents, en somme;
> Je m'esbahis merveilleusement comme
> Ceux qui les font peuvent bonnement vivre.

A la fin, il conclut sagement :

> L'homme inconstant mestier sur mestier double;
> De son état jamais ne se contente.
> Mais le constant d'un mestier ne se trouble,
> Dont à la fin acquiert chevance et rente.

Ce serait bien là, en effet, dans son expression la mieux réussie, la morale de Pierre Gringore, et aussi, autant qu'on peut le conjecturer, l'expérience de sa vie.

Ajoutons un dernier trait à la physionomie de ce poëte qui, après nous avoir apparu dans le roman, ressuscite maintenant dans l'histoire littéraire et s'y fait même une assez belle place. « Si Gringoire vivait de nos jours, dit quelque part M. V. Hugo, quel beau milieu il tiendrait entre le classique et le romantique! » Pierre Gringore a eu précisément dans son temps, et au milieu de circonstances presque analogues, cette position indécise. Venu au monde au début de ce vaste mouvement des esprits qu'on a appelé la Renaissance, au moment où l'invasion des lettres grecques et latines et le triomphe de l'antiquité achevaient de ruiner la tradition du moyen âge, Gringore oscilla entre les deux écoles qui étaient en lutte. Il appartenait à l'école du passé par les tendances originales de son esprit, mais il était attiré et fasciné par l'irrésistible prestige de l'école savante. Mère Sotte se piqua d'honneur de n'être pas moins pédante que ses contemporains. Pierre Gringore fut donc à la fois romantique et classique, car ces mots pourraient s'appliquer à la crise littéraire du seizième siècle, et ce fut son malheur. On doit regretter qu'il ait écrit à une époque de transition, de décadence et d'engouement puéril, où le goût était incertain et perverti. Il en résulte que peu de ses œuvres sont exemptes d'efforts maladroits qui les gâtent. On a peine à trouver, dans ses volumineuses compositions, un passage de quelque étendue qui soit irréprochable. Gringore avait pourtant de sérieuses qualités, des facultés puissantes. Né à une heure plus favorable, il eût été peut-être un poëte ; il reste seulement un sujet d'étude très-utile et très-curieux.

On a vu, par tout ce qui précède, quels points de conformité et de ressemblance existent entre le Gringore de l'histoire et celui du roman. La ressemblance, ainsi qu'on a dû s'en convaincre, n'est que superficielle. L'un possède une vigoureuse personnalité; et, soit qu'il façonne l'opinion du peuple parisien dans les drames et les pamphlets de mère Sotte, soit que, changeant ce titre pour celui plus sonore du hérault d'armes Vaudemont, il porte bravement des articles de capitulation aux *rustauds* d'Alsace, qui le reçoivent à coups d'arquebuse et lui tuent son trompette, son rôle n'est pas sans éclat. L'autre n'aurait pas eu en lui l'étoffe d'une pareille destinée : il serait demeuré toujours le maigre rêveur qui poursuit sa mobile chimère à travers le dédale des ruelles du vieux Paris. Nous croyons que s'il était donné au vrai Gringore de se voir dans cette fiction qui l'a rappelé la première au jour de la renommée et à laquelle il doit cependant une incontestable reconnaissance, il aurait pour son image un profond dédain, et peut-être, dans un moment d'injustice, serait-il tenté de porter contre le romancier qui l'a tiré de l'oubli une plainte en diffamation.

Après avoir montré les enseignements qui ressortent du contraste des méthodes littéraires, nous venons de voir les moyens de critique que l'érudition nous fournit. Nous avons donné ainsi un double exemple du profit qu'on doit tirer des recherches et des études auxquelles se livre notre temps. Mais il y a un point de vue plus général auquel il faut s'élever et que nous allons indiquer avant de terminer ce volume.

# CONCLUSION

En jetant dans le domaine public ces faits dont un certain nombre sont nouveaux, ces appréciations qui vont parfois plus loin que celles de nos prédécesseurs, nous n'avons nullement cédé à un enthousiasme aveugle ni pris d'avance un parti d'admiration exagérée. Nous croyons apporter des éléments indispensables, trop longtemps négligés, sans lesquels nous serions réellement hors d'état de résoudre le problème de notre éducation intellectuelle. Si l'on ne tient pas compte de la littérature du moyen âge qui se place entre les littératures antiques et notre littérature moderne, on ne s'explique qu'imparfaitement le génie de la France, de même qu'il est impossible, si l'on n'a pas étudié, compris, suivi dans ses développements et ses transformations, le régime féodal, de s'expliquer notre organisation politique et notre état social actuel.

Non-seulement la littérature du moyen âge recueille

toutes les traditions de notre race et remue une quantité infinie de mythes, de légendes, de contes, de drames qu'elle transmettra plus ou moins confusément à l'esprit moderne; mais l'âme humaine reçoit pendant cette longue période de nouvelles empreintes : elle s'enrichit de sentiments et d'idées qui lui étaient jusque là inconnus. Il y a là une création qui est tellement nôtre encore que nous l'apercevons difficilement, de même que l'on connaît imparfaitement ses propres traits. Mais je me figure que, si dans des siècles à venir ou dans des contrées lointaines et étrangères on s'occupe jamais de vérifier les états divers par lesquels l'esprit français a passé, on verra bien mieux tout ce qu'il a dû à la grande époque intermédiaire d'où le monde actuel est sorti.

Cette époque intermédiaire représente notre enfance et notre jeunesse; temps d'inspiration toute personnelle, de curiosité inquiète, d'influences variées et successives. L'imagination, comme errante et mobile, subit toutes les impressions. Elle est tour à tour épique au douzième siècle, romanesque au treizième, satirique au quatorzième. Elle reçoit, pour ainsi dire, chacun de ces plis, et elle en gardera toujours quelque chose. Regardez bien et dans le passé et dans le présent, et vous discernerez sans peine les penchants et les aptitudes que l'hérédité a fortifiés en nous. On nous contesterait peut-être, sur la foi des rhéteurs, le génie épique qu'on suppose volontiers tout à fait et depuis long temps éteint. Mais si la France était si complétement dépourvue du génie épique qu'on a voulu le dire, serait-elle sensible et ardente, comme elle l'est, aux émotions guerrières? Les disciples de la Harpe peuvent seuls ne pas entendre les fanfares d'épopée qui par moment résonnent dans notre pays. Ce n'est pas, on le comprend bien, de la *Henriade* que nous parlons.

Les races distinctes qui se rencontrèrent sur notre sol, donnèrent aussi, pendant cet âge d'ignorance et d'indépendance, ce qu'elles avaient de spontané et d'original. Elles déployèrent, en les mêlant dans la trame primitive, mille nuances de sentiment; elles développèrent des facultés de grandeur ou d'ironie, de délicatesse ou de force qu'une trop prompte culture eût peut-être étouffées. La Germanie fit pénétrer parmi nous ses légendes fantastiques et ses mythes obscurs. Les Celtes nous enseignèrent la vague tristesse, la gracieuse rêverie, qui paraissent avoir toujours été dans leurs attributs. D'autres trouvèrent plus spécialement la note patriotique, sauvage et belliqueuse, cette voix de clairon qui retentit dans les chansons de geste. D'autres enfin, parmi les peuples de l'ancienne Gaule, eurent surtout, dans leur manière de voir et de juger, cette verve railleuse, cette gaieté mélangée de malice, dont rien, hors de nos frontières, ne saurait rappeler l'indigène saveur.

Les passions de l'âme étaient en outre profondément modifiées par les croyances et les doctrines. Les institutions changeaient graduellement les rapports établis entre les hommes. La personnalité sortait, fortement trempée, des luttes féodales. L'honnêteté était devenue l'honneur. L'amour s'était anobli, raffiné, à mesure que le rôle de la femme grandissait dans la société. Il faudrait prendre une à une les relations humaines, pour donner une idée du vaste et mystérieux travail qui s'était accompli.

Que dire maintenant des littérateurs historiens qui passaient intrépidement du siècle d'Auguste au siècle de Louis XIV, sans guère s'apercevoir des révolutions qui avaient eu lieu dans l'intervalle? Tout entiers aux questions de forme, aux modes d'expression, ils ne remarquaient pas combien le fonds, ce canevas qui éternellement se déroule, était plus riche, plus varié, plus chargé de couleurs. Ceux mêmes qui sentaient bien que l'âme et la vie étaient tout autrement compliquées que dans l'antiquité, ne cherchaient pas le principe de ces différences dans notre éducation et nos origines, et par conséquent ne parvenaient pas à les définir. C'est là précisément qu'est, selon nous, l'explication de la fameuse querelle qui s'éleva au dix-septième siècle sur le mérite comparé des anciens et des modernes. Les défenseurs des anciens, uniquement occupés de la perfection de l'art et de l'excellence de la rhétorique, n'avaient pas tort sans doute. Les partisans des modernes, avaient bien plus raison. Mais ils étaient incapables de démontrer ce dont ils avaient intimement conscience; ils ne savaient pas justifier les conquêtes dont ils ignoraient l'histoire. C'est pourquoi ils succombèrent. Aujourd'hui le débat ne serait plus possible; la sentence a été tacitement rapportée, à mesure que la science nous a mis à même de démêler ce qui était confondu et de donner à la question, beaucoup moins simple qu'on ne la faisait alors, les justes solutions qu'elle comporte.

On comprend toute l'utilité qu'il y a pour nous dans ces études sur nos origines nationales. Elles nous apprennent comment se sont formées la richesse intellectuelle et la grandeur morale de notre pays. Bien loin de diminuer notre admiration pour les écrivains des beaux siècles, pour nos poëtes de premier ordre, elles nous montrent comment leur venue a été préparée, et tout ce qui s'est réuni et combiné pour produire leurs puissants et corrects génies. Elles nous font mieux apprécier les chefs-d'œuvre immortels auxquels on revient et on aboutit toujours, quels que soient les lointains espaces qu'on ait parcourus.

Elles ont encore un autre effet, c'est qu'elles élargissent l'horizon ; c'est que, habituant nos regards à voir au delà même de ces hauts monuments qui cachent tout aux yeux d'un grand nombre, elles nous empêchent aussi de juger avec prévention ce qui se fait de nos jours ; elles nous préservent du découragement, et nous instruisent à ne point finir trop tôt, non plus qu'à commencer trop tard, notre histoire littéraire.

# TEXTES ET DOCUMENTS

I

JOSEPH D'ARIMATHIE DANS SA PRISON. APPARITION DU CHRIST [1].

Ensinc fu Joseph perduz une mult grant pièce au siègle et cil por cui il avoit ce soffert et soffroit ne l'oblia pas; ainz lou regarda come sires et comë Dex et vint à lui là où il ert en la prison et si souleva la tor par terre et si li aporta son vaissel, et quant Joseph vit la clarté, si li esjoï mult li cuers et raempli de la grace dou Saint Esperit et s'en merveilla mult et dist : « Dex puissanz de totes choses ! et dont puet venir cele clartez se elle ne vient de vos? » Et Jhesuz Criz li respont : « Joseph, Joseph, ne t'esmaier tu mie, que la vertuz de mon pere te sauvera. » Et Joseph li respont : « Et qui iestes

---

[1] D'après les mss. de la Bibliothèque impériale : ancien cangé, 4 (7170⁵ f. fr.) et 7024 f. fr.

vos qui à moi parlez, car vos iestes si clers que ge ne vos puis veoir ne conoistre? » Et lou voiz li dist : « Ore antans bien ce que ge te dirai : Je sui Jhesuz Criz li fils Dieu, cil cui il enveia en terre por sauver les pecheeurs, si entan que ge te dirai : ge vig en terre por soffrir mort et por l'euvre de mon pere sauver; car il fist Adan et de Adan fist-il Evain, et Anemis l'engigna, si le fist pechier; et quant il orent ambedui pechié, si les gita hors de paradis et les mist en chaitivoisons, si orent anfanz et ligniées quant il se furent conneu, et laborerent en terre il et tuit cil qui d'els issirent des iqui en avant. Par lou pechié que Adanz ot fait qui trespassé avoit le conmendement de mon pere, les vost avoir Anemis en sa cordele, si les ot tant come il plot à mon pere; et lors vost que li fils Deu mon pere venist en terre, et il si fist, si s'aombra en la Virge pucele Marie et an nasqui; et ce fist li douz sires porce que par fame avoit esté perduz li siègles, et par fame voloit que il fust recovrez. Car li Anemis, qui ne fait se gaitier non lou pueple por torner à mal, par ce que il vit que fame estoit de foible corage, l'angigna il avant; et por ce que por fame estoit toz li siègles emprisonez, ce est ès mains au deiable qui toz les enportoit en anfer autresin les boens com les mauvais, vost li sires que par fame fussient tuit desprisoné et raent des painnes d'anfer où tuit s'en aloient. Or oiez coment li filz Deu vint en terre et la raison par quoi il nasqui de la pucele Virge, et orroiz lou torment et la painne que le filz Deu ancharja, et vos avez oi comment fu anfraint l'obediance et li conmendemenz dou pere. Et se tu croiz que autresinc come li fuz charja la pome qui de l'arbre issi par lo miracle de Deu mon pere, par quoi li premiers hom pecha par l'amonestement de la fame cui li Deiables avoit angigniée, covenoit que li filz Deu morist en fust por sauver l'uevre de mon pere; et ice sauvement vig ge faire en terre, si nasqui de la Virge Marie et soffri les tormanz terriens et recui mort en fust III anz après ce que je fusse bauptiziez ou plus, et de V. leux issi sans et eive fors de moi. »

« Coment! sire, dist Joseph, iestes vos donc Jhesuz de Nazareht, li filz Marie l'espose Joseph, cil cui Judas vostres deciples vendi XXX deniers, et cil cui li juif pristrent, et cui il menerent devant Pilate, et cui il ocistrent en croiz, et cui il distrent que ge avoie amblé por ce que je l'avoie osté de la croiz et miz dedanz lou sepulcre en la pierre que je avoie si longuement gardée. »

Et Jhesuz Criz respont : « Ce sui ge icil meismes. »

« Ha! biau sire, fait Joseph, aiez merci de moi et pitié par la vostre saintisme grace, car par vos sui-ge ici mis, et je vos ai toz jorz mult amé ne onques mès n'osai je à vos parler, car ge dotoie que vos ne me creussiez pas por ce que ge parloie sovent et tenoie compagnie à cels qui porchaçoient vostre torment. »

Lors respont Nostres Sires : « Mes amis est boens avoc mes anemis; et si lo poez veoir à vos meismes, car la chose est aperte, bien en est mostrée la senefience : Tu estoies mes boens amis et ge te conoissoie miauz que tu meismes ne te conoissoies. Et por ce te laissoie ge devers els por lou grant mestier que je savoie que tu m'auroies, que tu as eu pitié et dolor de mon torment. Et je savoie bien que tu me secorroies et aideroies là où mi deciple ne m'oseroient aidier; et ce feis-tu por l'amor de mon pere qui t'avoit doné lou cuer et la volenté et lou pooir d'ice servise faire por moi. Et il t'a soffert à faire lou servise à Pilate dont il t'a tant amé que ge te fui donez, et je sui tiens. »

« Ha! sire, fait Joseph, ne dites mie tel chose que vos seie miens! »

« Si sui, Joseph, ge sui à toz les boens et tuit li boen sont mien. Et sez-tu quel guerredon tu auras de ce que je te sui donez? Tu en auras joie pardurable après la fin de ceste mortel vie. Ge n'ai ci amenez nul de mes deciples por ce qu'il n'en i a nul qui sache l'amor de moi et de toi; et bien

21.

sai que tu n'as feit ce que feit as por moi por nule vaine
gloire, ne nus ne set ton boen cuer fors que ge : tu m'as
amé celéement et ge toi; et saches-tu bien que nostre amors
revendra devant toz aparanz qui sera mult nuisable as mescréanz; car tu auras la senefience de ma mort en garde et
cil cui tu la commenderas, et voi la ci. » Et lors trait Nostres
Sires avant lou vaissel precieux atot lou saintisme sanc que
Joseph avoit recoilli de son precieux cors quant il lou
lava.

Qant Joseph vit lou vaissel, si conut que ce estoit icil
meesmes que il avoit en sa maison repost en tel leu que nus
hom terriens nel savoit fors que il seulement, si fu si maintenant repleniz de sa grace et de ferme creance plains; lors
s'agenoille et crie merci à Dame Deu et si li dit : « Ha ! sire,
merci ! sui ge donques tex que ge si precieuse chose et si
sainte doie garder ne tel vaissel ? »

« Tu lou doiz avoir et garder, fait Nostres Sires, et tu et cil
cui tu lou conmanderas, mais à cels qui le garderont n'en
doit avoir que trois, et cil troi l'auront en non dou Pere et
dou Fil et dou Saint Esperit; et tu ainsin lou doiz croire et
tuit cil qui l'auront en garde; et ces trois vertuz sont une
meisme chose en un Deu. » Joseph fu agenoillons, et Nostre
Sires li tant lou vaissel, et cil lou prant. Et lors li dist Nostre
Sires : « Tu tiens lou sanc as trois personnes en une déité,
qui degota des plaies de la char au Fil qui recut mort por
sauver les ames des pecheors, et sez-tu que tu as gaaignié et
quex sodées tu en auras ? Gel te dirai : Tu ias gaaigné que
james sacremanz ne sera faiz que la senefiance de t'uevre n'i
soit; dont tuit cil amenderont qui l'orront, et plus gracieux en
seront qui conoistre la porra ne lire la saura, ne qui aprandre
la porra en seront plus amé au siegle, et lor compaignie à avoir
en iert plus desirrée que d'autres genz, d'ices qui les livres
en retendront et escriront de lor mains, et tot por l'amor
de la grace que ge t'ai donée par lou presant de ce vaissel. »

Et lors redemanda Joseph à Jhesuz Criz : « Sire, se il te plaist et tu vels que je lou sache; di moi que je ai donques fait dont j'ai si grant grace receue, car ge nel sai mie. »

Jhesuz Criz respont : « Tu m'ostas de la croiz et meis en ta pierre, après ce que j'oi sis à la Cene chiés Symon et que je dis que je seroie traïz. Et ensinc com ge lou dis à la table, seront pluseurs tables establies à moi sacrefier, qui senefiera la croiz et lou vaissel ; là où l'an sacrefiera et saintefiera la pierre où tu meis mon cors que li caalices senefiera, où mes cors sera sacrez en samblance d'une oiste; et la platainne qui sera desus mise senefiera lou covercle de coi tu me covris; et li dras qui sera desus lou caalice, qui sera clamez corporaux, si senefiera lou suaire, c'est li dras de quoi tu m'envelopas. Et ensinc sera à toz jorz més jusqu'en la fin do monde la senefiance de t'uevre aparissanz en la crestienté; et iert veue en apert des pecheeurs; dont tuit cil et totes celes qui cest vaissel verront et seront de la compaignie as créanz en auront joie pardurable et acomplissement de lor cuers puisqu'il soient verai confès et repantant de lor pechiez. Et tuit cil qui cels paroles porront aprandre ne savoir en seront plus gracieux et plus plaisanz au siègle et vers Nostre Seigneur; et si ne porront estre forsjugié en cort ne vaincu de leur droit par bataille dont sairement soient fait sor moi. »

Lors li aprant Jhesus Criz tex paroles que jà nus conter ne retraire ne porroit se il bien feire lo voloit, se il n'avoit lou grant livre où eles sont escriptes, et ce est li secrez que l'en tient au grant sacrement que l'an feit sor lou graal, c'est à dire sor lou caalice. Et ge pri à toz cels qui cest livre orront que il por Deu plus n'en enquièrent ci endroit de ceste chose, car qui plus en voldroit dire, bien en porroit mentir, car deviser ne le sauroit, ne en la mençonge ne gaaigneroit-il rien.

Ensinc bailla Jhesuz Criz lou vaissel Joseph à garder. Et

quant Joseph lou tint et Nostres Sires li ot aprises les secrées paroles, si li dist : « Totes les foiz que tu voldras ne que tu auras besoig, si requier as trois vertuz qui une meisme chose sont et à la boenne eurée dame qui lou Fil deporta, consoil, et tu l'auras si com tes cuers meesmes lou dira, car tu orras la voiz del Saint Esperit parler à toi ; et je ne t'enmenrai or pas deci, car il n'est pas raisons, ainz remaindras en itel prison et einsinc oscure com ele estoit quant tu i fus mis, à cele hore que tu en seras gitez, et jusqu'alors te durra ceste clartez que tu as ores ; et ne t'esmaier mie car mult sera tenue ta delivrance à grant mervoille as mescréanz. Et à celui qui delivrer te vendra, metras en m'amor, et parole lui des trois vertuz tot einsinc com au cuer te vendra, et li Sainz Esperiz iert en ta compaignie, qui t'apenra à parler de ce dont tu ne sez nule rien. »

Einsinc remest Joseph en la prison.

---

Ces pages sont loin d'être claires, et l'on peut très-bien voir dans cette rédaction confuse une maladroite traduction. Elles n'en sont pas moins extrêmement curieuses pour ceux qui cherchent à deviner et à expliquer la mystérieuse énigme du Graal. C'est uniquement à ce titre que nous les avons reproduites.

## II

PREMIÈRE ENTREVUE DE LANCELOT DU LAC ET DE LA REINE GENIÈVRE[1].

Après souper que il fu avespri, la reïne prant Galehot par la main et si apelle la dame de Malohaut avoc li et damoisele Lore de Carduel et une soe damoisele sanz plus qui à li estoit de tot jorz. Si s'an torne contr' aval les prez tot droit là où Galehoz avoit dit. Et qant il orent un po alé, Galehoz regarde et voit un escuier et si l'apelle et dit qu'il aille dire à son seneschal qu'il voigne à lui et si li mostre en quel leu. Et qant la reïne l'ot, si lo regarde et dit : « Comment, fait-ele, est-il vostre seneschaux? — Nenil, dame, mais il vanra avoc lui. » Atant vienent soz les aubres, si s'asient Galehoz et la reïne loing des autres à une part et les dames à autre. Si se mervoillent moult de ce que il sont si privéement. Et li vallez vient au seneschal, si li fist comme mesaige. Et cil prist tantost lo chevalier avec lui, si passerent outre l'aive et vindrent contr' aval les prez si comme li vallez lor mostra. Si furent andui si biau chevalier que por noiant queist an plus biax chevaliers an lor païs. Quant il aprochièrent et les dames les regarderent, si lo conust tantost la dame de Malohaut qui maint jor l'ot eu an sa prison; et por ce qu'ele ne voloit qu'il la conçust, si s' anbruncha et se traïst près de damoisele Lore. Et cil trespassent outre; si les salue li seneschax;

---

[1] D'après les mss. 6959⁵ et 6782, f. fr. Bibl. imp.

et Galehoz dit à la reïne : « Véez ci lo meillor chevalier do monde. — Li quex est-ce? fait la reïne. — Dame, fait-il, li qex vos senble ce estre? — Certes, fait-ele, il sont andui biau chevalier; mais je ne voi cors o il deust avoir la moitié de proëce que li chevaliers noirs avoit. — Dame, fait Galehoz, bien sachiez que ce est uns de ces deus. »

Atant vienent devant la reïne, et li chevaliers tranble si durement que à poines puet la reïne saluer, et a tote la color perduc si que la reïne s'an mervoille. Lors s'agenoillent anbedui, et li seneschauz la salue, et li autres, mais c'est moult povrement; et fiche ses iauz an terre comme hontous. Et lors se panse la reïne que ce est il. Et Galehoz dit au seneschal : « Alez, si faites compaignie à ces dames là que trop sont soles. » Cil fait ce que ses sires li commande. Et la reïne prant lo chevalier par la main là où il est à genoz et l'assiet devant li, si li fait moult bel sanblant et li dit an riant : « Sire, moult vos avons dessiré, tant que, Deu merci et Galehot qui ci est, or vos véons. Et neporquant encor ne sai-ge mies se ce est li chevaliers que ge demant, mais Galehoz m'a dit que ce ietes vos; mais encorres voudroie ge bien savoir qui vos iestes par vostre boche, se vostre plaisirs estoit. » Et cil respont qu'il ne set qui; ne onques une foiz ne la regarda an mi lo vis. Et la reïne se mervoille moult que il puet avoir, et tant que ele sospece une partie de ce que il a. Et Galehoz qui hontos lo voit et esbahi, panse que il diroit ançois à la reïne son panser sol à sol; si regarde et dit moult haut que les dames l'oent : « Certes, fait-il, moult suis vilains, que totes ces dames n'ont que un chevalier an conpaignie, ainz sont si soules. » Lors se drece et vient là o les dames se séoient. Et eles saillent anconcre lui et il les rassiet et puis comancent à parler de maintes choses. Et la reïne met an paroles lo chevalier et si li dit : « Biaus dolz sire, porquoi vos celez-vos vers moi? Certes il n'i a mies porquoi, et neporquant tant me poez vos bien dire se vos iestes li chevaliers qui l'asenblée vainquie avantier. — Dame, nenil — Coment, fait ele, n'aviez vos mies unes armes noires? n'estiez vos cil cui messire Gauvains envoia les trois chevaus? — Dame, fit-il, oïe. — Donc n'iestes vos ce qui avantier porta les armes Galehot au darein jor? — Dame, fait-il, c'est veritez: oïe. — Donc n'iestes vos cil qui vainqui lo promerain jor et lo secont jor? — Dame, fait-il, non suis, voir. » Lors s'aperçut la reïne que il ne voloit mies conoistre que il eust vaincue, si l'an prise moult. « Or me dites, fait-ele, qui vos fist chevalier? — Dame, fait-il, vos. — Je, fait-ele, qant? — Dame, mambre vos il que uns chevaliers vint à monseigneur lo roi Artus à Chamahalot, qui estoit navrez parmi lo cors et d'une espée parmi la teste, et que uns valez vint à lui lo venredi à soir, et se fu chevaliers lo diemenche? — De ce, fait-ele, me sovient il bien. Et se Dex vos ait, fait-ele, fustes vos ce que la damoiselle amena au roi vestu de la robe blanche? — Dame, fait-il, oïe. — Porquoi dites vos que je vos fis chevalier? — Dame, par ce que il est voirs; car la costume estoit el roiaume de Logres que chevaliers ne pooit estre faiz sanz espée caindre, et cil de cui il tient l'espée lo fait chevalier; et de vos la tain ge, que li rois ne m'en dona mie. Por ce di-ge que vos me feistes chevalier. — Certes, fait-ele, de ce sui-je moult liée. Et où alastes vous d'iluec? — Dame, ge m'en alai por un secors à la dame de Nohant; si vint puis messire Quex qui se combatie à moi. — Et antredeus mandastes me vos nule rien? — Dame, oïe, fait-il, ge vos envoié deus puceles. — Par mon chief! il est voirs. Et quant vos repairastes de Nohant, trovastes vos an vostre venue nul home qui se reclamast de par moi? — Dame, oïl: un chevalier qui gardoit un gué; si me dist que je alasse jus de mon cheval, et ge li demandai à cui il estoit? Et il me dist que il estoit à vos. Alez, fist-il, tost jus. Et je li demandai qui lo comandoit? Et il dist que il n'i avoit commandement se lo suen non. Et ge remis en l'estrier lo pié senestre que ge an avoie osté, et dis san faille que il n'an auroit huimais point. Si jostai à lui. Si sai bien que ge fis outraige, dame, si vos an cri merci, et vos en prenez l'amande tel com vos plaira. » Et la reïne li respont comme cele qui bien set que il ne puet gauchir que suens ne soit. « Certes, fait-ele, moi ne mesfeistes vos rien, biaus dolz amis, que il n'estoit pas à moi, ainz l'an soi moult mauvais gré de ce que il lo vos avoit dit ; car il an vint à moi. Mais or me dites où alastes vos d'iluec? — A la Dolereuse Garde. — Et qui la conquist? — Dame, g'y antrai. — Et vos i vi-ge onques. — Dame, oïl ; plus d'une foiz. — An quel leu? fit-ele. — Dame, un jor que ge vos demandai se vos voudriez antrer et vos deïstes que oïl, si estoiez moult esbahie par sanblant. Et ce vos dis-ge par deux fois. — Quel escu portoiez vos? fait-ele. — Dame, ge portoi avant un escu blanc à une bande vermoille et à l'autre foiz j'avoie deus bandes. — Ces anseignes conois ge bien. Et vos i vi ge plus? — Dame, oïl, la nuit que vos cuidiez avoir perdu monseigneur Gauvain vostre neveu et ses compaignons, et que les genz do chastel crièrent : Prenez lo, prenez lou ! Et ge m'an vign fors, un escu à mon col à trois bandes vermoilles ; et messires li rois estoit en unes loges avoc vous. Et quant ge vin vers lui, si me crièrent : Pranz lo, rois ! Pranz lo, rois ! Et il me laissa aler soe merci. — Certes, fait-ele, ce poise moi, car s'il vos aust pris, li anchantemenz do chastel fussient remés. Mais or me dites, fustes vos ce qui gitastes monseigneur Gauvain de la prison et ses compaignons autres? — Dame, g'i aidai à mon pooir. — Es totes les choses, fait-ele, que vos m'avez dites n'ai-ge encor trové se voir non. Mais or me dites, por Deu, qui estoit une damoiselle qui vint l'annuit à une tornelle desus l'ostel monseigneur lo roi, vestue d'une chainse blanc ? — Certes, dame, ce fu la pucele do monde vers cui ge vilenasse onques plus, car madame do Lac qui me norri la m'avoit envoiée : et elle me trova en cele tornelle, si fu assez annorée por moi. Et quant ge oï les novelles de monseigneur

Gauvain qui pris estoit, si fui moult angoisoi, si me parti de la damoiselle qui avoc moi voloit venir. Et ge li priai, par cele foi que ele me devoit, que ele ne se meust devant que ele veist monseigneur Gauvain o moi. Si fui sorpris de si granz afaires que je l'an obliai et à li ne retornai puis. Et ele fu plus loiaus vers moi que ge ne fui cortois anvers li, que ele ne se mut onques puis devant que ele oï novelles de moi, et ce fu grant pièces après. » Et quant la roïne l'oï parler de la damoiselle, si sot bien tantost que ce estoit Lanceloz. Si l'anquist de totes les choses que ele avoit oï de lui retraire, et de totes lo trova voir disant : « Or me dites, fait-ele, puis que vos fustes chevaliers partiz de Chamahalot vi-ge vos onques puis ? — Dame, fait-il, oïl, tel hore que vos m'austes moult grant mestier, car ge ause esté ocis se vos ne fussiez qui me feistes fors de l'aigue traire à monseigneur Yvain. — Coment, fait ele, fustes vos ce cui Daguenez li coars prist ? — Dame, ge ne sai qui ce fu, mais pris fui-ge san faille. — Et o aloiez vos ? — Dame, je sivoie un chevalier. — Et quant vos fustes partiz de noz à la darriene fois, o alastes vos ? — Dame, après un chevalier que je sivoie. — Et combatites i vos ? — Dame, oïl. — Et o alastes vos après ? — Dame, ge trovai deus granz vilains qui m'olcistrent mon cheval ; mais messires Yvains, qui bone avanture ait ! me dona le sien. — Ha ! fait-ele, donc sai-ge bien qui vos iestes : vos avez non Lancelot do Lac. » Et il se taist. « Par Deu ! pièça que au lo set à cort, fait-elle ; messire Gauvains aporta vostre non à cort premièrement. » Lors li conte tot ainsi com messire Gauvains avoit dit que c'estoit la tierce asamblée, quant messires Yvains dit que la pucele avoit dit que c'estoit la tierce.

Lors li demande por coi avoit soffert que li pires hom del mont l'avoit amené par lo frain ! Et il dit : « Comme cil qui n'avoit ne son cors ne son cuer. — Or me dites, fait-ele, fustes vos onques antan à l'asenblée ? — Dame, fait-il, oïe. — Et quex armes portastes vos ? — Dame, unes totes vermoilles.

— Par mon chief! fait-ele, vos dites voir. Et avant-ier à l'asembler porquoi i feistes vos tant d'armes? » Et il comance à sospirer moult durement, et la roïne moult le tient cort, comme cele qui bien set comment il est. « Dites-moi, fet-ele, et tot seurement que ge ne vos descoverrai jà. Et ge sai bien que por aucune dame ou por aucune damoisele avez-vos ce fait. Et dites moi qui ele est, par cele foi que vos me devez. — Ha! dame, fait-il, bien voi que il lo me covient à dire. Dame, ce iestes vos. — Je! fait-ele. — Voires, dame. — Por moi ne peceiastes vos mie les trois glaives que ma pucele vos porta, car je m'estoie bien mise hors del mandement. — Dame, ge fis por aus, fait-il, ce que ge dui, et por vos ce que ge poi. — Or me dites, totes les chevaleries que vos avez faites, por cui le feistes vos? — Dame, fait-il, por vos. — Comment, fait-ele, amez me vos tant? — Dame, fait-il, ge n'aim tant ne moi ne autrui. — Et dès quant, fait-ele, m'aimez vos tant? — Dame, fait-il, dès lo jor que ge fui apelez chevaliers, et si ne l'estoie mie. — Et par la foi que vos me devez! d'où vint cele amors que vos avez en moi mise? »

A ces paroles que la reïne disoit, avint que la dame do Pui de Malohaut s'estoussi tot à esciant, et dreca le teste que avoit anbrunchiée, et cil l'antandi maintenant que maintes foiz l'avoit oïe. Et il l'esgarde, si la conut : si an ot tel poor et tel angoisse an son cuer que il ne pot respondre à ce que la reïne disoit. Si comance à souspirer moult durement et les larmes li corrent tot contr'aval les joes si espessement que li samiz dont il estoit vestuz an fu moilliez jusque sor les genoz. Et quant il plus esgardoit la dame de Malohaut, et ses cuers s'estoit plus à mesaize. De ceste chose se done la reïne garde; si vit que il regarde moult piteusement là où les dames estoient, et ele l'araisonne : « Dites-moi, fait-ele, d'où ceste anmors mut, dont ge vos demant? » Il s'efforce moult de parler au plus que il puet et dit : « Dame, dès le jor que je vos ai dit. — Comant fu ce donc? fait ele.

— Dame, fait-il, vos lo me feistes faire, qui de moi feistes vostre ami, se vostre boche ne me manti. — Mon ami? fait-ele, et comant? — Dame, fait-il, ge ving devant vos quant ge oi pris congié de monseigneur lo roi, toz armez fors de mon chief et de mes mains. Si vos commandai à Deu et di que j'estoie vostre chevaliers an quelque leu que je fusse; et vos deistes que vostre chevaliers et vostre anmis voloiez vos que je fusse. Et je dis : adeu, dame; et vos deistes : adeu, biaus douz amis! Ne onques puis do cuer ne me pot issir. Ce fu li moz qui prodome me fera se gel suis. Ne onques puis ne vign an si grant meschief que de ce most ne me mambrast. Cist moz m'a conforté an toz mes anuiz; cist moz m'a de toz mes maus garantiz, et m'a gari de toz periz; cist moz m'a saolé an totes mes fains; cist moz m'a fait riche an totes mes granz povretez. — Afoi! afoi! dist la reïne, ci ot mot dit de moult bone hore, et Dex an soit aorez quant il dire lo me fist! Mais ge nel pris pas si à certes comme vos feistes, et à mainz chevaliers l'ai-ge dit où je ne pansai onques fors lo dire. Et vostre pansez ne fu mie vilains, ainz fu douz et debonaires, si vos en est bien venu que prodome vos ai fait. Et neporquant la costume n'est mies tele des chevaliers qui font grant samblanz à maintes dames de tele chose dont moult lor est petit au cuer; et vostre sanblanz me mostre que vos amez..... ne sai laquele de ces dames-là, plus que vos ne faites moi, car vos en avez ploré de paor ne n'osez esgarder vers eles de droite esgardeure, si m'aperçoif bien que vostre pensez n'est pas si à moi que vos me faites lo sanblant. Et par la foi que vos devez la rien que vos plus amez! dites moi laquel des trois vos amez tant. — Hé! dame, por Dieu merci! si voirement m'aïst Dex! onques nules d'eles n'ot mon cuer an sa baillie. — Ce n'a mestier fait la reïne; vos ne me poez rien anbler, car j'ai veues maintes choses autreteles, et ge voi bien que vostre cuers est là, comant que li cors soit ci. » Et de ce, set ele bien por veoir coment ele le porra metre à malaise, car ele cuide bien que il ne pansast d'amors s'à lui non, jà mar aust-il fait por li se la jornée non des noires armes. Mais ele se delitoit durement en se messaise veoir et escouter. Et cil an fu si angoissos que por un po ne se pasma, mais la paors des dames qu'il regardoit lo retint. Et la reïne meismes lo dotà qui lo vit muer et changier. Si lou prist par sa chevecaille que il ne chaïst et apelle Galehot. Et il saut sus et vient devant li poignant, et il voit que ses compainz est ainsi conréez, si an a si grant angoisse an son cuer com il puet plus avoir, et dit : « Ha, dame, dites moi, por Dame Deu ! que il a aü ? » Et la reïne li conte ce que ele li ot mis devant. « Ha, dame, fait Galehoz, por Deu merci ! vos lo me porriez bien tolir par itex corroz, et ce seroit trop granz domages. — Certes, fait-ele, ce seroit moult. Mais savez vos porquoi il a fait tant d'armes ? — Certes, dame, naie. — Se il est voirs ce que il m'a dit, c'est por moi. — Dame, fait-il, si voirement m'aïst Dex ! bien l'an pöez croire, que autresi com il est plus preuz d'autres homes, autresi est ses cuers plus verais que tuit li autre. — Voirement, fait ele, disiez vos bien que il estoit prodons ; se vos sausiez que il a puis faites d'armes que il fu chevaliers ! » Lors li conte totes les chevaleries si com il meismes les lui avoit dites ; et que il li avoit coneu que il avoit portées les armes vermoilles antan à l'autre asanblée. « Et sachiez, fait-ele, que il a tot ce fait por un sol mot. » Lors li devise si comme vos avez oï lo mot que ele avoit dit. « Ha, dame, fait Galehoz, por Deu ! aiez an merci, et por ses granz desertes, autresi com ge ai fait por vos ce que vos me demandates. — Quel merci, fait ele, volez vos que je an aie ? — Dame, vos savez que il vos aime sor tote rien et a fait plus por vos que onques chevaliers feist, et véez lo vos ci, et sachiez que jà la pais de moi ne de monsegnor le roi ne fust se il ses cors ne la feist. — Certes, fait-ele, ge sai bien que il a fait plus por nos que ge ne porroie deservir, se il n'avoit plus fait que la pais porchaciée ; ne il ne me porroit nule chose requerre dont je lo poise escondire bellemant. Mais il ne me requiert nule rien, ainz est si dolanz et muz, et ne fina onques puis de plorer que il commança à regarder vers ces dames; neporquant je ne lo mescroi mies d'amor qu'il ait vers nule d'eles, mais il dote, se devient, que aucune nel conoisse. »

« Dame, ce dit Galehoz, de ce ne covient tenir nules paroles, mais aiez merci de lui que plus vos aimme que soi meismes. Por ce si m'aïst Dex, que ge ne savoie, qant il vint, de son covine, fors tant que il doutoit estre coneuz, ne onques plus ne m'en descovri. — Ge an aurai, fet ele, tel merci com vos voudroiz. Mais il ne me prie de rien. — Dame, fait Galehoz, certes que il n'en a point pooir, que l'an ne puet nule rien aimer que l'an ne dot, mais je vos an pri por lui; et se ne vos an proioie, si vos an devriez vos porchacier, car plus riche tressor ne porriez vos mies conquerre. — Certes, fait ele, jolo sai bien et ge an ferai ce que vos m'an demanderoiz. — Dame, fait Galehoz, granz merciz ! Et ge vos pri que vos li donoiz vostre anmor et que vos lo prenez à vostre chevalier à toz jorz et devenez sa leiaus dame à toz les jors de vostre vie. Et puis si l'aurez fait plus riche que se vos li avoiez doné tot le monde. — Ainsi, fet ele, l'octroi ge, que il soit toz miens et ge tote soe, et que par vos soient amandé li meffaiz et li trespas de covenanz. — Dame, fait Galehoz, granz merciz ! Mais or covient comancement de seurté. — Vos ne deviseroiz ja chose nule, fait la reïne, que ge n'an face. — Dame, fait Galehoz, granz merciz ! Donc lo baissiez devant moi par comancement d'amors veraie. — De baisier ne voi ge ores mies ne leu ne tans, et n'an dotez pas que ge ausi volantiers n'an soie desirranz com il an soit, mais ces dames sont iluecques, qui se mervoillent moult que nous avons tant fait : si ne porroit estre que eles ne lo veïssent. Et neporquant, se il lo velt, gel baiserai moult volontiers. » Et il an est si liez et si esbahiz que il ne puet respondre fors tant :

« Dame, granz merciz! — Ha! dame, fait Galehoz, n'an dotez vos pas do suen voloir, que il i est toz. Et sachiez que jà nus ne s'an aparcevra, car nos nos trairons tuit trois ansamble autresi comme se nos conseilliens. — De quoi me feroie ge or proier, fait ele, plus lo voil ge que vos ne il. » Lors se traient tuit trois ansamble et font sanblant de conscillier; et la reïne voit que li chevaliers n'an ose plus faire, si lo prant ele par lo manton, si lo baise devant Galehot assez longuement, si que la dame de Malohaut sot que ele lo baisoit. Et lors commança à parler la reïne qui moult estoit saige et vaillanz dame : « Biaus douz amis, fait ele au chevalier, ge suis vostre tant avez fait, et moult en ai grant joie. Or gardez que la chose soit si celée com il est mestiers; car ge suis une des dames do monde dont an a greignors bienz oïz, et se mes los ampiroit par vos, ci auroit amor laide et vilaine. Et vos, Galehot, an pri ge qui plus iestes sages, car se maus m'an avenoit, ce ne seroit se par vos non; et se ge an ai ne bien ne joie, vos la m'aurez donée. — Dame, fait Galehoz, il ne porroit pas vers vos mesprandre; mais ge vos ai fait ce que vos me commandastes. Or si seroit bien mestiers que vos m'oïsiez d'une proière, car ge vos dis dès ier que vos me porriez par tens miauz aidier que ge vos. — Dites, fait ele, seurement que il n'est riens que vos m'osissiez demander que je ne feise. — Dame, fait-il, donques m'avez vos otroié que vos me donroiz sa compaignie. — Certes, fait ele, se vos i failliez, vos auroiez mal emploié lo grant meschief que vos avez fait por lui. » Lors prant lo chevalier par la main destre et dit : « Galehot, ge vos doign cest chevalier à toz jorz, sauf ce que j'ai au avant. Et vos le créantez ainsi ? » fait-ele. Et li chevaliers lo créante. « Et savez vos, fait ele à Galehot, qui je vos ai doné ? — Dame, fait-il, naie. — Ge vos ai doné Lancelot do Lac, lo fil du roi Ban de Benoyc. » Et ansi lo fait au chevalier conoistre, qui moult en a grant honte. Lors en a greignor joie Galehoz que il n'ot onques mais, car il avoit assez oï dire, ansi com paroles vont, que c'estoit Lancelot do Lac et que ce estoit li miaudres chevaliers do monde povres hom, et bien savoit que li rois Ban avoit esté moult jantils hom et moult puissanz d'amis et de terre.

Ansi fu li premiers acointemanz faiz de la reïne et de Lancelot do Lac par Galehot.

---

« Ma se a conoscer la prima radice
   Del nostro amor tu hai cotanto affetto,
   Faro come colui che piange e dice.
« Noi leggeramo un giorno per diletto
   Di Lancilotto como amor lo strinse;
   Soli eravamo e senza alcun sospetto :
« Per più fiate gli occhi ci sospinse
   Quella lettura e scolorocci il viso,
   Ma solo un punto fu quel che ci vinse,
« Quando leggemmo il disiato riso
   Esser baciato da cotanto amante,
   Questi, che mai da me non fia diviso,
« La bocca mi bacio tutto tremante :
   Galeotto fu il libro e chi lo scrisse.
   Quel giorno più non vi leggemmo avante. »

LA DIVINA COMMEDIA. *Inferno*, canto V.

## III

### MORT DE GALAAD [1].

Quant vint au chief de l'en, à celui jor meimes qu'il avoit porté coronne, il (Galaad) se leva à un matin entre lui et ses conpeignons (Perceval et Boort), et vindrent eu Paleis Esperitel; et com il furent là, si regardent devant le seint Graal et virent un moult bel home revestu en semblance d'evesque, et si estoit agenoilliez devant la table et batoit sa cope et avoit tot entor lui si grant compeignie d'angeres com se se fust Dex meimes. Et com il ot grant pièce esté à genoillons, si se leva et conmença la messe de la glorieuse Dame de paradis. Et conme il fu eu secré de la messe, que le preudome ot ostée la plateine de desus le seint vessel, après ce apela Galaad et li dist : « Serjant Jhesucrist, vien avant, si verras ce que tu as desierré à veoir. » Et il se tret tantost avant et regarde dedens le seint vessel; et si tost conme il i ot regardé, si conmença à trembler moult très durement de grant manière, meintenant que la mortel char conmença à regarder les esperituex choses; lors tent ses meins au ciel, et dist : « Beax sire Dex, pere Jhesuscrist, toi aor-ge et merci doucement de ce que tu m'as si bien acompli mon desierrer, quar or voi-ge tot apertement et sanz coverture ce que langue ne porroit descovrir, ne cuer

---

[1] D'après les mss. 6959³ et 6782.

penser, ne boche deviser; orendroit voi-ge l'achoison des
granz proesces et des granz hardemenz et des chevaleries; ci
endroit voi-ge la merveille de totes autres merveilles; et puisqu'il est einsint, beax douz sire pere Jhesucrist, que vos m'avés si bien acomplie de tot en tot ma volenté de veoir ce que
j'ai toz jorz desierré, or vos pri-ge et requier conme à mon
pere que en ceste grant joie où je sui orendroit me faciez
trespasser de ceste terrienne vie en la celestiel! »

Et si tost conme il ot fete ceste requeste à Nostre Seignor, li
preudom qui devant l'autel estoit agenoilliez, qui estoit revestuz en semblance d'evesque, prist le corpus Domini sus
la table et le tendi à Galaad; et il le reçut o grant devocion de
cuer et de pensée; et, conme il ot usé, li preudom li demande : « Sez-tu qui ge suis? — Sire, nenil, dist Galaad, se
vos ne le me dites. — Sachiez que ge sui Josephes, le fil Joseph d'Abarimacie, que Nostre Sire t'a envoié por fere toi
conpeignie; et sez-tu por quoi il m'i envoia plus tost que un
autre? ge le te dirai : porce que tu me resambles en deux
coses, en ce que tu as veues les merveilles deu seint Graal
ausi conme ge fis, et tu as esté virges ausint conme ge sui; si
est-il bien droiz que li uns virges face conpeignie à l'autre. »

Et com il ot dite ceste parole en tel manière com vos avez
oï, Galaad vint à Perceval, si le besa, et puis Boorz, et li dist :
« Boorz, saluez moi moseigneur Lancelot mon pere si tost com
vos le verroiz, et toz les autres chevaliers ausint de la Table
ronde et toz ceus de la meson le roi Artus, quant vos i
vendroiz. » Lors revint devant la table sor coi li sains Graaus
estoit et se met à genouz et après se couche en crois, tous
estendus; si n'i ot guères demoré que l'ame li estoit jà issue
deu cors. Tot meintenant que il fu trespassez, emporterent
li angere l'ame, grant joie fesant et benissant Nostre Seignor.

Et tot meintenant que il fu deviez, avint ilec une merveille
moult grant : li dui conpeignon qui estoient demoré virent
tot apertement que une mein venoit et descendoit de vers le

ciel, ce lor estoit avis, mès il ne pooient mie veer le cors dont cele mein estoit; et ele vint droit au seint Graal et le prist, voiant eus, et prist la Lance ausint, et se trest en sus et emporta tot vers le ciel à cele heure, que il ne fu puis home si hardi qu'il osast dire qu'il eust veu le seint Graal en nusle manière.

---

Ces extraits ne sauraient être considérés comme un spécimen suffisant des romans en prose du Saint Graal et de la Table ronde. Tout le côté aventureux, qui est le plus développé du cycle et qui se déploie surtout avec une singulière originalité dans certaines parties de la branche de Merlin, n'est même pas représenté dans nos citations. Nous ne prétendons nullement être complet; il faudrait évidemment, pour épuiser une matière aussi vaste et aussi variée, en faire l'objet d'une publication spéciale.

## IV

### CROISADE DE CHARLEMAGNE [1].

CIII PUET, KI SET LIRE, OÏR QUI LI ROI FURENT QUI FRANCHE ONT TENUS, ET DONT IL VINDRENT, ET COMENT IL MORURENT, ET LES NONS DE TERRES COMENT IL SONT CANGIÉS, ET DE TROIES ET D'ENGLETERE DE QUEL GENT IL FURENT PRIMES PUEPLÉS.

En son tans (au temps de Charlemagne) avint, lontans devant cho que il feist de son fil empereor, que Sarasin vin-

---

[1] D'après le mst. 283 b. l. f. de la Bibliothèque de l'Arsenal.

drent et conquisent la tere de Jherusalem, et prisent la sainte chité et le sepulcre, et essillièrent [1] la sainte gent et le patriarche de Jherusalem. Lors s'en fui li patriarche et s'en vint à l'empereor de Constantinoble por secors et aïe querre. Lors envoièrent li empereres et li patriarches à Charlemaine deux crestiens latins et deus grejois atot lor letres.

Adont reparoit, atote s'ost, d'Auvergne où il avoit esté en guere. Et là vindrent li messagier à l'entrée de Paris où il l'encontrerent. Li messagier, si tost com il virent Charlemaine, il deschendirent encontre le roi et le saluent et après li baillièrent les letres. Il frainst les saiaus [2] et liut les letres el conmencement. Et vit ès letres conment il estoit loés en la tere d'Orient por le grant renon de son grant bien et de sa grant proëche qui partot estoit espandue. Après liut et vit que Dex li avoit tant doné de gracies et de biens por cho qu'il le servesist et honorast, et ore estoit li grans besoins en la tere d'Orient. Puis après liut et vit que li empereres de Costantinoble avoit, par le Saint Esperit, veu en avision que par Charlemaine seroit la sainte chité et li sepulcres recovrés et reconquis, et que Dex l'en avoit esleu et doné le pooir.

Quant li rois vit cho en lisant, en son corage en ot grant joie. Mais quant il avoit liut enprès les grans hontes et les grans vilonies que li Sarasin faisoient el saint sepulcre de Jherusalem et puis les essillemens et les chetivetés [3] qu'il faisoient des crestiens, molt grant pitié en ot et molt grant dolor à son cuer, si qu'il plora des ex, et fu sa face moillie des lermes. Lors bailla li roi à Turpin l'arcevesque de Rains les letres. Et li archevesques les lut, tot en estant, hautement [4], si que tuit l'entendirent bien. Comme li françois

---

[1] Exilèrent, mirent en fuite.
[2] Il brise les sceaux.
[3] Les dispersions et les captivités.
[4] Tout debout, à voix haute.

entendirent le grant besoing del secors, et que li empereres estoit apareilliés[1] : « Après que ceste cose est entreprisse, on ne le doit pas laisier, » ce dissent tuit conmunalment.

Tantost li empereres fist crier son ban : que n'i remansissent home qui peussent porter armes, car tuit fuisent chertain que qui demoroit, il seroit sers de son chief et ses oirs après lui à tos jors, de quatre deniers donant[2]. Li empereres erraument ot asanblée la greigneur ost qu'il onques eust. Et en après si s'esmuet et erra, atote sa grant gent, tant que en une forest entra en Esclavonie. Il le quida bien trespasser en un jor atote s' ost. Mais il ne pot. Ains forvoia al avesprer et perdi son cemin, que il ne tote sa gent ne savoient où il estoient ne quel part il aloient. Lors se hebergièrent en la forest et se logièrent, et molt y furent esguaré la nuit. L' endemain, al ajornement del jor, estoit li rois acoustés[3] et si disoit psalmes del Sautier et si estoit à cest vers : « Deduc me in semita mandatorum tuorum, quia in ipsam volui ; inclina cor meum, Domine, in testimonia tua et non in avaritiam, » c'est-à-dire : Dex, conduisiés moi à faire vos conmandemens et moi gardés de mal avarisce. Ensi com il fina ces vers, si li vint uns oisiax de si grant ravine et de si grant aïr volant, que molt de ceax de l' ost qui dormoient s'esfréèrent, et si s'esveillièrent por son grant volement et por son grant cri que il si haut crioit ; car il disoit alsi droit et crioit alsi apertement com uns hom : « Frans, que dis ? que dis, Frans[4] ? » Si s' esmerveillièrent tuit cil qui l'oïrent ;

---

[1] Disposé à partir.

[2] Serf payant quatre deniers par an.

[3] Accoudé, appuyé sur son coude.

[4] Il y a dans ces mots une intention d'onomatopée très-sensible à l'oreille. Cela suffit à prouver que la légende a été primitivement inventée dans la langue romane, et non pas, comme l'ont prétendu tous ceux qui se sont occupés de ce sujet, dans la langue latine. L'effet cherché évidemment par le conteur et qui justifie seul le choix des mots

et disoient que ce estoit signes d'alcune aventure qui lor devoit avenir.

Li empereres fina ses psalmes et avoec lui tote sa gens, et sivi la vois del oiselet qui pardevant lui aloit volant et dist : « Frans, que dis? que dis, Frans? » tant qu'il revindrent à lor cemin. Et puis cessa la vois del oiselet, et puis ne revint ne ne l'oïrent. Mais encore a il en cel païs oiselés d' autretel chant en ramenbrance de cel signe, et devant n'en i avoit nul eu. C'est tote chertaine chose.

Après ço vint Charles en Constantinoble et ala en la terre de Jherusalem et si se conbati as Sarrasins et les cacha[1] tos de la terre, et le patriarche remist en son lieu ; puis après fist il pelerinage al saint sepulcre et à tous les sains lius de la chité de Jherusalem. Après prist il congié de son repairement al patriarche et à l'empereor de cele region. Il li proièrent que por Déu demorast jusqu'à l' endemain. Et il si fist volentiers por lor proière. L' endemain ot fait li empereres, al issi[2] de la chité, apareiller tote la richeche que il pot avoir de cevaus, de camels et de murs, et d'or et d'argent, de gemmes, de riches pières preciouses. Et proièrent à Charlemaine de ces coses à prendre chou qui lui plairoit ou trestot se il voloit. Il respondi que il estoit venus en la terre por Déu simplement et non pas por loier avoir. Molt fu hastés de proière que il alcune cose presist. Mais prendre n' en volt nule rien. Tosdis l'en canta tant li empereres et pria por Deu qu'il por Deu alcune cose en ramenbrance de la terre qu'il avoit visetée enportast o soi en son païs, seul viax[3] por tesmongnage.

attribués à l'oiseau merveilleux, a en effet complétement disparu dans la rédaction latine : « France, quid dicis? quid dicis, France? » Les écrivains monastiques n'ont fait que prendre aux récits populaires cette tradition, comme toutes les traditions du même genre.

[1] Chassa.
[2] A la porte.
[3] Seulement, ne serait-ce que.

Lors li demanda li empereres de France des espines dont Dex avoit soffert paines por son pulle raienbre [1] : chou keussisoit il, car profitable cose seroit et bien reconissans à la gent de sa tere qui en Orient ne les pooient aler requere. Volentiers li otria li empereres et dist al patriarche qu'il conseil i mesist où on les saintes espines troueveroit et les paines Nostre Segnor Jhesu Crist. Car il voloit savoir en quel lieu la roïne Helaine la mere Costentin les avoit laisies. Li patriarches le fist molt docement et conmanda que tos li pulles qui là estoit asanblès, par trois jors fussent en geunes et en orisons, et confès, por cho que plus dignement et plus honestement aprochassent al saint lieu où les reliques estoient estoies. Et il si fisent. Puis s'asamblerent là où li saintuaires estoit.

Daniaus, uns evesques de Gresse, prist et ovri un vaissel où la sainte corone d'espines estoit dont Dex fu coronés en sa passion. Tantost com la chasse fu overte, si doce odors en issi qu'il sanbla à tote la gent qui là furent que ils fussent en la dolchor de Paradis. Dont se mist Charles à nu coutes et à nus genous [2] et proia à Damel Deu de bon cuer et par grant devotion que par sa grant misericorde soffrit que il des paines, que il sostint corporelment por home raembre des paines d'enfer, enportast o soi, et demostrast Dex apertement ilueques que nus n'en peust douter et que ço vraiement fussent ieceles espines dont ses chiés fu avironés en sa passion.

Tantost qu'il ot ce dit, descendi des ciels une rousée sor les espines et eles maintenant et florirent espessement et donerent si merveillouse odor et si soef que li malade ne sentirent nule dolor ne point de mal; et une clarté i ot si très grant com une merveille. Puis prist li evesques Daniax un

---

[1] Son peuple racheter.
[2] Il se prosterna nu-coudes et nu-genoux.

coutel et si trancha le fust de l'espine, et si le trova alsi vert
comme s'ele à chele eure fust trenchie del plus vert arbre de
tot le monde. Quant ce vit Charlemaines, il se mist à nu coutes et à nus genous sor le pavement, si s'en vint de molt lonc
as saintes reliques, Damel Deu aorant et loant de cho qu'il
avoit oïe sa proière et entendue. Et lors trencha Charlemaines une partie d'un drap de soie, si recueilli dedens les
flors des espines qui flories estoient et puis mist le palie[1] et
les flors dedens son destre gant, si le rendi por garder derière soi à un archevesque. Li empereres guerpi le gant, car
il quida que li arcevesques l' eust eu et recheu de sa main,
qui ne l' avoit veu ne atouchié encore ; tant ert li rois enten-
tieus à s'orison faire des hautes miracles qu'il avait vues, que
encore n' avoit il regardé derière soi. Et li archevesques,
d'autre partie, estoit si ententius à Deu proier que il del roi
qui li tendi le gant ne se dona garde. Là fu li vertus de Deu
veue molt grande et demostrée, quar li gans fu sostenus en
l' air sor le rai del soleil, que nus n' i atoucha l'espacie d'un
eure. Quant li empereres se porpensa, il regarda derière soi
vers l'arcevesque à qui il quida avoir bailliet le guant, si le
vit en l'air tot coi pendant ; si en ot molt grant merveille,
quant il sot la verité del arcevesque qui encor n' avoit le
grant miracle veue ne apercheue.

Li empereres vint al guant, si le prist, et lors esgarda les
flors que il i avoit mises, si les trova muées en manne; et cele
manne est encore à monsegneur saint Denise en Franche[2] ; si
dient li pluisor et quident alsi encore que ce soit de la manne
qui plut el desert sor le pulle Israel chà en arrière.

Segneur[3], quant les espines florirent et la grans odors et
la grans dolçors se fu par la cité espandue, si com jo vous ai

---

[1] Le drap.
[2] Au monastère de Saint-Denis.
[3] Seigneurs. L'auteur s'adresse à ceux qui le lisent ou qui l'écoutent.

dit arière, il garirent de enfermetés CCC. et XXI. malades qui ne veoient goute ne n'entendoient ne parloient. Et là furent à Nostre Segnor hautes loenges rendues par le clergié en chantant et par les chevaliers et par l'autre gent menue. Li empereres prist les saintuaires tot en disant ses orisons, si les mist en eskerpes[1] totes de drap de soie et si les enporta molt saintement avoec lui trosqu' Ais la Capel en l'eglise Nostre Dame qu'il avoit edefiie. Là fu establis par l'apostolie[2] et par les archevesques et les evesques as pelerins li grans pardons, qui por Deu i venoient[3]. Oiés une partie des reliques que li empereres ot aportées : il i fu la moitiés de la corone dont Nostre Sires fu coronés des poignans espines. Et si i ot un des claus dont Nostre Sires fu atachiés en la crois al jor que li jui le crucefièrent. Et si i ot de la vraie crois une pièche et del suaire Nostre Segnor, o le chemise Nostre Dame. Et si i fu la chainture dont Nostre Sires fu loiés el berchuel[4] quant il estoit petit enfes. Et si i fu li bras saint Syméon qui rechut Nostre Segnor entre ses bras, quant il fu offers sor l'autel al temple, et pluisors altres reliques i ot dont trop longe cose seroit à raconter et à dire.

En la voie, quand li roi Charlemaines aportoit ces saintismes reliques, fist Dex molt de beaus miracles et molt beax signes. Il rescussita un home que on aportoit malade contre le saintuaire. Cis hom morut en la voie ; fils estoit à un haut home qui plus n'en avoit et qui molt en estoit dolans de l'enfermeté que la chars son fil avait entreprise, car tant grande estoit et tant desmesurée que grant paor devroit on avoir del

---

[1] Écharpes.
[2] Le pape.
[3] Le grand pardon aux pèlerins qui, etc. Nous reproduisons, à la suite de ce texte, quelques pages de la *Chronique de Philippe de Vigneulles*, qui offrent le tableau pittoresque d'un pèlerinage à Aix la Chapelle au quinzième siècle, et de l'immense affluence de peuple que l'exposition des reliques y attirait.
[4] Au berceau.

raconter et del dire; et avoec totes les dolors qu'il sentoit par tot ses membres, si estoit il molt durement fors de son sens[1] et dervés par le diable. Si tost com li saintuaires fu atouciés à la bière où il gisoit mors, Nostres Sires Jhesu Cris le resuscita, et fu rendus al pere et à la mere tos sains et tos saus et en vie.

Quant les saintes reliques furent offertes à Ais la Capele et eles furent mostrées al pulle qui s'i asambla de diverses contrées, Nostres Sires i fist si haus miracles que des aweulles[2] i ot tant renluminés que nus n'en sot le nombre, et des dervés[3] i guarirent XII; et si i guarirent VIII mezel[4] de lor grant maladie, et XV paralitike de lor membres dont il aidier ne se pooient. Et si i furent XIIII clop[5] redreciet, qui aler ne pooient. Et si i guarirent XXX esmanchiet[6] et LII bochu; et fiévrous i guarirent sans conte. Et si i guarirent LXV que homes que femes de goute chéant palasinouse[7]. Et contrait[8] i redrechièrent XXI. Et molt i guarirent de cels qui des escroëles avoient grevouse maladie.

Le pardon as pelerins confermerent evesque et archevesques XLIIII et abé dont asés i ot. Molt amenda et crut li regnes de France et tous li empires Carlemaine et sainte Eglise, et tot si serf[9] furent en grant pooir et en grant honeur.

---

[1] Hors de son sens.
[2] Aveugles.
[3] Fous.
[4] Lépreux.
[5] Boiteux.
[6] Manchots.
[7] Tombant d'épilepsie.
[8] Contrefaits.
[9] Tous les serfs ou serviteurs de sainte Église, tout le clergé.

### LES RELIQUES D'AIX-LA-CHAPELLE AU QUINZIÈME SIÈCLE.

Après ce que nous eusmes contenté nostre hote, nous partismes de Trés et aillaimes couchier à Aix, et trovaimes tant de monde par le chemin que c'estoit chose merveilleuse. Et quant nous vinmes sus la montaigne au-dessus de Aix, nous vimes qu'il sembloit que toutte l'eglise fut en feu et en flammes, de fource des lampes qui ardoient entour de ladite eglise. Et il estoit presque nuit, par quoy lesdites lampes se moustroyent mieulx; et puis, touttes les grosses cloiches sonnoient; qui estoit belle chose à veoir et à oyr de dessus la montaigne. Et la cause pourquoy se faisoit cedit feu de joye estoit pour ce que le lendemain estoit la dedicaice de ladite eglise; et pour ce estoit toutte alumée par dedans et par dehors; qui estoit piteuse chose à veoir et à oyr le businement desdites grosses cloches avec les orgues qui jouoient. Et nous, arrivés à la ville qu'il estoit desjay nuit, à peine pumes nous trover logis et fumes renvoiés deçay, delay, parmey la ville plus de une heure en la nuit, et sy y avoit en nostre compaignie quaitre ou cinq compaignons, gens de bien qui avoient grans cognoissance en la ville. Toutefois enfin nous fumes lougiés au moins mal, et ne povoit-on finer de vin.

Le lundemain de bon matin, nous aillaimes oyr messe à ladite eglise et faire nos offrandes; et furent confesser les aucuns de nous gens, et y avoit tant d'aultres gens qui se confessoient qu'ils touchoient l'un l'autre et n'estoit possible de se povoir agenouiller pour oyr messe; mais y avoit une sy très grande et horrible presse et grande multitude de gens qu'il sembloit qu'ils se deussent crever. Et n'estoit possible de aproichier les aultels ou, à moins, à bien grant peine. Et y avoient les ministres de l'eglise qui tendoient des grandes perches, là où il y avoit à bout des petits saichets pour recueillir les offrandes; car aultrement on ne s'en povoit aproichier. Et fumes la plus pairt du jour en visitant la ville et les eglises d'icelle et en atendant que se moustraissent les juaulx et les dignes relicques à l'heure acoustumée; pour lesquelles à veoir se trovait si grant et si horrible multitude de puple que c'est chose incredible à gens qui n'y furent jamais. Et print ung chacun sa plaice du mieulx qu'il povoit, car toutes les maixons entour de ladite eglise estoient si très chairgées de puple et si très fort tançonnées de grosses pièces de mairiens que c'estoit merveille; et nous fumes mis pour nostre airgent sus l'une de ces maixons et assés en bonne veue pour veoir lesdites relicques. Et là nous avions le regairt sus la plaice d'ung des coustés de ladite eglise, là où nous voïons tant grant puple en ladite plaice que l'on ne véoit que testes et encor autant sus les maixons. Et incontinent que l'heure aprouche, on acomrnence à sonner les grosses cloiches; et puis, ce fait, vient ung reverent prelat acompaignié de plusieurs notaubles clers, et vait lui et sa compaignie par tout entour de ladite eglise par les aillées à claire voie qui sont faites toutes propices au dehors; et y ait plusieurs lieux ordonnés esdites allées, là où se montrent les dignes relicques en la vue d'ung chacun et de tout cousté quant l'heure vient, comme vous oyrés.

Et premier vient yceluy prelat acompaignié, comme dit est, et à chacun desdits lieux là ou se doyent moustrer lesdites relicques, il fait en manière d'ung petit sarmon et une confession generale, et sy recommande ledit prelat à prier pour notre saint Pere le pape et pour toute sa clergie, et après pour l'empereur et pour tout prince et seigneur et par special pour les seigneurs du païs qui gairdent et sont tenus de gairder le païs et les passaiges em paix et que l'on ne fasse desplaisir aux pelerins. Et fait encor biaulcopt de belles prières et recommandations que je laisse ad cause de briesté. Et, ce fait, incontinent s'en retourne, et tantost après, l'on voit venir biaulcopt de torches allumées, et puis viengnent biaulcopt de gens d'eglise, tous revetus en riches habis avec riches croix et yaue benoitte et riches encensiers d'or et d'airgent; et, tout en belle ordonnance, viengnent au loing des aillées devant dites; et enmey lieu d'eulx et du luminaire et des encensiers sont deux prelats bien vetus d'or et d'airgent, qui pourtent sur leurs espaulles ung rond baton comme d'une lance, doré de fin or, sus lequel baton est mise et posée la precieuse et digne chemise de Nostre Dame; et est ploiée en plusieurs plis sus leur baton; et le pourtent comme on pourteroit une fierte. Et dessus ladite chemise y ait ung biaulx drapz de soye, et dessus le drapz de soye, y ait ung biaulx drapz d'or. Et vont ainsy tous cheminant jusques à tant qu'ils viengnent en belle ordonnance à l'ung des lieux ordonnés, là où le sermon ait esté fait; et là adoncque se arestent et, en grande reverence, decovrent ladite chemise du drap d'or et de cellui de soye. Et adoncque tout le puple est à genoulx la teste descouverte et les mains joinctes, voir ceulx qui sont du cousté là où se monstrent lesdits juaulx et relicques; car quant on ait fait toutes les plaices ordonnées de l'ung des coustés de l'eglise, l'on vait de l'aultre partie, tout entour de ladite eglise. Et adoncque les prelas prengnent ladite chemise qui est ploiée, comme dit est, et en grande honneur et reverence la laissent ailler de ses plois et l'etendent tout du loing[1] au dehors desdites aillées sus un aultre draps d'or, à la veue d'ung chacun. Et adoncque vous diriez que tout le monde tremble du grant bruis des cornets et du cri des hommes et femmes qui crient misericorde. Et n'y ait homme que les cheveux ne lui drescent en la teste, et que les lairmes ne viengnent à l'euil. Et à ceste heure là qu'il estoit environ midi et qu'il faisoit si grant chailleur, se

---

[1] Long. Il faut se rappeler, en lisant ce texte, les caractères particuliers du dialecte lorrain.

monstroit une estoille au ciel que plusieurs virent. Et est ladite chemise aissez brune comme enfumée, et est plus loingue biaulcopt que d'aultres chemises, et ait deux cortes manches et lairges comme s'elles fussent coppées au dessus des coustés; et veullent dire aulcuns que c'estoit ung habit que Nostre Dame vestoit dessus ses aultres roubes. Et puis quant ils eurent monstré bien autant que l'on diroit ung patenostre et ung *Ave Maria*, et que le puple fut apaisé, ils la remestent reveremment sus leur bourdon; et en belle ordonnance en vont faire autant par tous les aultres lieux ordonnés autour de ladite eglise. Et, quant ce fut fait, le prelat devant dit retourne à chacun lieu, comme j'ay dit devant, et vient faire ung petit sermon de ce qu'ils veullent encore monstrer, et puis il s'en retournait. Et incontinent revient la clergie avec croix, encensiers et yauve benoite et les torches allumées et en belle ordonnance, comme j'ay devant dit, et apourtait les chaussettes de saint Joseph, dont l'une est noire et l'aultre comme tanée, sans avant-piedz ne nulle façon; mais sont lairges et tout d'ugne venue. Et quant se vint à les monstrer et à les desploier, le puple acomence à corner et à businer comme devant, tellement que l'on n'eust pas oy Dieu tonner. Et quant ils heurent tout partout fait ainsy, le prelat retourne à faire ung petit sermon que ne dure comme rien, et puis revint la clergie; et, en telle ordre comme j'ay dit devant, vindrent et monstrerent le linge avec aulcune figure de sanc là où monsseigneur saint Jehan fut decollé; et le puple businoit comme devant. Et après ce fait, ils revindrent comme devant et apourtairent ung petit drapz de linge avec aulcune figure de sanc, lequel drapz fut celluy que le doulx Jhesus avoit en l'airbre de la Crois par devant son humanité. Et fut monstré par tous les lieux en grande reverence comme j'ay dit devant. Et ne plus ne moins furent monstrés tous lesdits juaulx et en telle ordre comme fut la chemize; et quant on les monstroit, l'on ne faisoit que encensier et estre à genoulx, et le puple crier et courner. Et puis ce fait, et que tout fut monstré pour cellui jour, le puple se acommence à despartir, et y avoit si tres grande presse, non pas seulement à l'eglise, mais aussy au saillir hors des pourtes de la ville et parmi les rues, que c'estoit merveille à veoir.

Toutesfois nous fimes tant que à bien grant paine nous entrasmes encore en l'esglise et fumes veoir le sepulcre Chairlemaigne, lequel est elevé en hault, derrière le grant autel en manière d'une fierte; et passe l'on par dessoubz. Et sy fus veoir les collongnes que ledit Chairle fist mestre en celle dite eglise, et biaulcopt d'aultres choses. Mais je vous promets qu'il y avoit telle presse, que se une pièce d'or eust cheu des mains d'ugne personne, il ne lui eust été possible de la povoir relever; et se pourtoient les gens tout en l'air de force de presse. Et quant une compaignie de pelerins voulloient entrer en l'eglise ou meisme paisser parmey les rues, ils prenoient le plus fort homme de leur bande et lui faisoient pourter quelque enseigne au chief d'ung bourdon comme une banière; et ces gens, hommes et femmes, se tenoient tous l'ung l'aultre par le pan de leur robe derrière, et se tenoient tous ainsy l'ung après l'aultre et suivant le premier qui portoit la banière et conduisoit la rotte; et se pressoient tant qu'ils pouvoient, et ainsy guaignoient paissaige en l'esglise ou aultre part. Mais se l'ung d'eulx se fut despairti ou abandonné la robe de son compaignon, il estoit digne d'estre perdu, et que par aventure ne se fussent trouvés tout le jour ou de toutte la semaigne, sinon qu'ils se fussent atendus à lougis.

Puis après que nous heumes tout visité et l'eglise et la ville, et acheté ce qu'il nous failloit, primes congié de nostre hoste et montaimes à chevaux... (*Chronique de Philippe de Vigneulles.*)

## V

LI SERMONS DE LA III<sup>e</sup> DOMENCE APRÈS PASCHE[1].

DOMINICA SECUNDA POST OCTAVAM PASCE.

*Mulier cum parit, tristitiam habet, quia venit hora ejus; cum autem peperit puerum, jam non meminit pressure propter gaudium : quia natus est homo in mundum.* (Ev. S. Joannem, cap. XVI, § 21.)

Nostre sire Diex qui seut que li cuers des apostres erent trouble et triste de sa passion, si les conforta, si com raconte li evangiles d'ui; et si lor dist, li jeudi asolut, le soir devant sa passion : « Vraiement vous di : vous plourerés, més li monde aura joie; ne vos esmaiés mie, car vos tristece sera muée en joie, en cel joie que jamés ne perdrés et que nus ne vous pourra tollir. » Si dist un essample de la doleur et de la tristece que il devoient avoir en ce siècle et de la joie de l'autre. « Le femme, fist-il, comme ele doit enfanter, si est triste et destroite de ce que l'eure et l'angoisse de son traveill vient; més com ele a enfanté, si ne li menbre de la doleur por la joie qu'ele a de son enfant. Autresi aurés vos tristece, més vostre tristece sera muée en joie que jamés

---

[1] D'après les mss. 65 b. l. f. Bibliothèque de l'Arsenal, et 2515, suppl. fr. de la Bibliothèque impériale.

ne perdrés. » Si com il dit, ensi leur avint ; car il furent en tristece de sa passion que il souffri l'endemain, et furent en grand dehait dusques au tier jor qu'ils le virent relever de mort ; et quant il le virent, le jor de l'ascension, monter u ciel, et quant il lor envoia le saint Esprit le jor de la pentecoste, lores fu leur tristece muée en joie ; et meismement quant il, en la fin de leur vie, les mist de le doleur de ce siècle en vie pardurable, lors furent leur tristece muées en joie que jamès ne perdront.

Seingnors, or prenons eussamble as apostres, plorons nos pechiés en cest siècle, soufrons bonement les ennuis, les contraires, les domages de cest siècle, si nous avienent ; despisons la vaine gloire de ce siècle, les mauvès delis en quoi se delitent cil qui aiment cest siècle et qui n'atendent ne ne quièrent joie se cele non que il voient as iex du cors ; car se nos volons conquerre la joie du siècle qui est avenir, il nous convient le mauvese vie de cest siècle laissier. Car, si com dit la sainte escripture, cil qui veut estre amis de cest siècle, si devient enemis Dieu ; despisons donc la vie terrienne pour avoir la vie du ciel, por avoir icelui bien que iex ne voit, n'orelle n'ot, ne cuer ne puet penser, si est grant ! et porce que plus vous l'amez et plus volentiers le querrez, si vos en dirai bon essample : Il fu uns bons homs de religion qui souvent pria Dieu en ses oroisons que il li donnast veoir et demostrast aucunne chose de la grant douchor et de la grant beauté que promet et octroie à ceus qui l'aiment ; et Notre Sires l'en oï. Car si com il s'asist une fois à une ajornée ou cloistre de l'abeïe tous seus, si li envoia Diex un angles en samblance d'un oisel qui s'assit devant lui, et comme il esgarda cel angles, de quoi il ne savoit pas qu'il fust angele, ains cuidoit que ce fust uns oiseaus, si ficha si son esgart en la bieauté de lui tant durement qu'il oublia quanque il avoit veu chà en arrière, et si leva sus pour prendre cel oisel dont il estoit mout convoiteus. Mès si comme il vint près de lui, si s'envola li oisels un poi plus arrière, et tant que li oiseaus traist le bone home après lui; si qu'il li estoit avis qu'il estoit en un bois hors de l'abeïe. Et quant il li fu avis qu'il estoit ou bois devant l'oisel, si se traist avant por lui prendre; et lores s'envola li oiseaus en une branche. Si commencha à chanter tant doucement que nule douchor ne montoit à cele. Si estoit li bons homs devant l'oisel et esgardoit la beauté de lui et eschotoit la douchor du chant, et si très ententieument qu'il oublia les choses terriennes. Et comme li oiseaus out chanté tant comme Dieu plout, si bati ses eles, si s'envola. Et li bons homs commencha à reparrier à soi meismes, à eure de miedi; et com il fut repariés à soi meismes, si dist : « Diex ! je ne dis hui mes eures, comment recouverrai-je mès ? » et com il regarda vers l'abeïe, si ne se reconust point; ains li sambloit de pluseur choses qu'eles fussent toutes bestornées. Si dist : « Où sui-je donc ? nem vesci m'abeïe dont ge sui oissus hui matin ? » Donc vint à le porte, si apela le portier par son nom : « Œuvre, » fist-il. Li portier vint à le porte, et comme il vit le bon home, si ne le reconut mie, si li demanda qu'il estoit. « Je sui, fist-il, moines de céens. — Vous ne vi-ge onques mès, et se vous estes moines de céens, quant en oissîte vos ? — Hui bien matin, fist li moines, et si voil laïens entrer. — De céens, fist li portiers, n'oissi hui moine ; vous ne reconnois-je mie pour moine de céens. » Li bons homs fu mout esbahis, et si li dist : « Fetes moi parler au portier; » si nomma un autre par son nom, et li portiers li respondi : « Céens n'a portier se moi non ; vos me samblés homs qui ne soit mie en son sens, qui vous fetes moines de céens, car vous ne vi-ge onques mès. — Si sui, dist li bons homs ; don n'est cele abeïe ? » si la nomma. « Oi, » fist li portiers. « Et je sui moines de céens, dist li bons homs : fetes moi venir l'abé et le prieur, si pallerai à haus. » Lors ala li portiers querre l'abé et le prieur. Et cil vinrent à le porte, et com les vit, si nes reconut mie, ne il connurent lui. « Qui demandés vous ? firent-ils au bone home.

— Je demant l'abé et le prieur à cui je voil parler. — Ce somes, firent-il. — Non estes, fist li bons homs, car je ne vous vi onques mès. » Lors fu tous esbahis, li bons homs; car il nes connut, ne il ne connurent lui. « Quel abé demandés-vos ne quel prieur ? fist soi li abés, et qui conoissiés vos céens ? — Je demant un abé qui ensi estoit apelés, et ge conois celui et celui. » Et com ils oirent ce, si conurent bien les noms : « Beau frere, il sunt mort CCC ans passés ; ore esgardés où vous avés esté et dont vous venés et qui vous demandés. » Lors s'aperchut li bons homs de la merveille que Diex li avoit fete, et que il par son angles hors de s'abeïe l'avoit mené, et pour la beauté de l'angele et pour la douchor de son chant li avoit demostré tant comme li plot de la beauté et de la joie que ont li ami Notre Seignor ou ciel. Si s'en merveilla mout estrangement que CCC ans avoit veu et escouté cel oisel, et pour le grant delit qu'il en avoit eu, ne li sambloit que tant de tens fust trespassés, mès que tant comme il a dusque à miedi; et se merveilloit mout que dedens CCC ans n'estoit enviellis, ne sa vesteure usuée ne li soler perchié.

Seignors, esgardés et esmés com grans est le beauté de Dieu que il done à ses amis ou ciel, se le véance de cele angele qui aparut en samblance d'oisel et li chans de lui fu si dous que li bons homs dit que l'escouta et esgarda CCC ans, si ne le cuida avoir escouté fors l'espasse demi jor : mout i devons tendre. Seignor, souffrons les tristeces, despisons la joie de cest siècle ; deservons le bien du ciel, si com li apostres firent et ensi comme Nostre Sires dit en l'ewangile d'ui; car se nous somes parchonier du travail, si serons parchonier du loier.

## VI

SERMON ADORABUNT EUM OMNES REGES TERRÆ, PRONONCÉ PAR JEAN DE GERSON, LE JOUR DE L'ÉPIPHANIE, 1390.

*Péroraison.*

Roy tres crestien, roy par miracle consacré, roy espirituel et sacerdotal, bien sont et de mieulz en mieulz seront, se Dieu plaist, gouvernez vos deux premiers royaulmes personnel et temporel, veulliés au commencement du tiers royaume veiller et diligemment entendre. Prenés en vostre compaignie la tierce vertu et royne appellée ferme Foy la religieuse. C'est celle qui empetre envers Dieu tout ce que on luy demande de bonne entençon. *Omnia sibi possibilia sunt credenti et iterum si haberitis fidem sicut gramen sinapis.* C'est celle par qui les miracles sont faiz et qui baille victoire aux princes. Ne garist-elle pas Constantin le noble empereur de meselerie? Ne donna elle pas clerement victoire à Théodose l'empereur, à Clovis premier roy crestien de France et à Charlemaine le Grant et aultres sans nombre. Certes cy fist, et par le contraire, quant Julien l'Apostat le renoia, il fut occis de mauvaise mort. Et bien est raison que roy très crestien ait sur tous aultres Foy crestienne avecques luy; et croy, sire, que n'est mestier de longuement se arrester pour induire que ceste vertus preignez avecques vous, car par signes evidens bien demonstrez que ainsi le aiez. Desquelz signes j'en réciteray deulz. L'ung est que vostre très humble et très devote fille l'université de Paris avez gardée en tous temps et cherement aimée. En laquelle la chaère et le throne de la foy, c'est assavoir science de saincte Escripture et divine sapience est trouvée que on nomme théologie, et, sur toutes aultres universités, plus habundamment et vraiement est trouvée; et ce throne ycy, de théologie et de sapience divine, est le throne qui soustient la Foy comme raison clerement le demonstre, car se n'estoit théologie, point ne seroit la foy sceue; se elle n'estoit sceue, point ne seroit deffendue; se point n'estoit deffendue, assez tost periroit et decherroit. Et pourtant on peult bien affermer que qui ayme ce throne, comme maintenant fait avés, il aime la foy. Et les prelatz de saincte Eglise doibvent principalement ceste science scavoir quant à leurs personnes et honnourer, promouvoir et remunerer quant aux aultres; et se aucuns estoient, que je ne diz pas, qui ce throne et ceste chaère haïssent et desprisassent, on pourroit sans reprehension de faulceté dire que point ne aiment la foy. Et par le contraire, sire, vostre singulière amour et affection que avés toujours monstrée à vostre dicte très humble fille l'université de Paris où est logé cest throne, enseigne clerement que vraye foy crestienne avecques vous avés. L'autre signe est à ce, car de la foy et de sa promotion avés en tous temps très voulentiers ouy parler très longuement et très paciemment. Et c'est signe certain que vous le aimez; car on ne seult ne ne peult voulentiers escouter chose que on hait et desplait. Et point je ne contreuve cecy par mensonge ou par adulacion. Sire, mille personnes furent en la presente heure que vous oystes en vostre chasteau du Louvre la cause de la foy et baillastes audience depuis prime jusques à vespres sans vous partir, sans faire cesser, sans monstrer signe d'ennuy ou de desplaisir. Vecy bien audience de roy très crestien, de roy espirituel et sacerdotel, de prince qui la foy aime; audience digne que soit escripte és croniques en lettres d'or, digne de gloire et de renommée pardurable par toute crestienté. O roy destiné et ordonné à eternelle salvacion, qui ainsi oez parler de Dieu diligemment! Car le signe principal en l'homme que il soit finablement sauvé, est quant il oyt voulentiers parler de Dieu, de sa foy et de son salut, comme il appert que faict avez, en ensuivant l'exemple des glorieux roys de France, en especial de sainct Charlemaine et de sainct Loys qui de ceste condicion estoient, comme le tesmoingnent les hystoires; et bien debveriés hayr à mort ceulx qui ceste très saincte, très divine condicion vous voudroient empecher ou oster, ce que jà ne avieigne! Et pleust à Dieu, sire, que vous eussiez maintenant temps et que j'eusse la science et l'eloquence pour vous dire au vray et à son droit vivement desclairer la plus grande et la plus haute matière dequoy homme vivant vous puit parler touchant la foy que tant aimés, touchant le gouvernement de ce tiers royaulme de crestienté, parquoy vous pourriés faire vostre louenge, vostre gloire et bonne renommée durer pardurablement tant comme crestienté sera! Mais j'ay grand doubte que aulcuns, non pas vous, sire, en qui est toute clemence, toute benignité et toute pacience, maiz aucuns aultres qui par aventures ne ont pas telles condicions, ne imputassent à presumption ou à folie d'entreprendre la parole sur si haulte matière, combien que Dieu est mort pour moy comme pour ung aultre, saincte Église m'a regeneré et suis obligé à elle et à la foy comme ung aultre. Je suis vostre petit clerc et subgect qui selon ma petitesse vous doy léaulté, foy et verité, comme ung aultre. Et se je ne puis tant rendre de service à Dieu, à saincte Église et à vous comme ung aultre, doy-je pourtant cesser de en faire mon pooir? Pour vray, je cuyderoie estre digne de reprehension et non estre excusé suffisamment. Car ainsi comme en la chasse du boys les petis brachés ne pevent prendre la baiste, non pourtant ilz font leur povoir de clapir et de esmouvoir; les grandz chiens la prennent; pareillement tous crestiens sans exception en la matière de la foy doibvent faire leur povoir en quelque manière ce soyt, les aucuns en esmouvant à parler, les aultres en poursuyvant et perfinant par ouvrer. Et, cher sire, vostre haulte majesté, plaine de toute clemence et de saincte foy, seuffre que je, vostre petit subgect et clerc indigne, sans grande science et eloquence, porte la parole de Dieu devant vostre royale presence au lieu où verité se doibt dire; par icelle haulte majesté et clemence, et par la vraie foy qui est maintenant avecques vous, par l'ardant affection que vous avés au bien de ce tiers royaulme, c'est assavoir de saincte Église et de toute crestienté, sire, daignez ouir paciemment ce que par contrainte de verité je doy à mon sauveur Jhesus Crist, à la foy et à saincte Église et à vostre royale majesté. Je vous veul dire et moult plus brefment que la matière ne requiert, et veullés prendre garde à ce que je diray, non pas à ma petite personne. Hélas! très souverain roy, roy des crestiens, vous véés à grant douleur, je n'en doubte pas, et à grant desplaisir de cueur, vous véés comment crestienté ja par l'espace de XII ans est divisée, voire tellement que une partie repute l'aultre scismatique et excommeniée et hors de l'estat de grace et de salut, c'est à dire que, si en cest estat meurent, seront ars et tourmentez pardurablement avecques les Ennemis d'enfer. Las! quel horreur est-ce de ce panser tant seulement comme grand dommaige a esté et seroit se si grant peuple, se tant de princes crestiens qui sont ou de vostre aliance ou de vostre congnoissance, perissoient si crueusement en corps et en ame, sans fin, par ung peu de negligence. Las! comme granz maulz et inexcogitables viennent espirituellement pour ce miserable et maleureux descord; mais aussi langue de homme réciter ne pourroit les maulz temporeulz qui en viennent : commocion de guerres, de batailles; haynes de roys contre royz, de princes contre princes, de peuple contre peuple, comme experience le enseigne. Il en vient exaltacion et promocion de non dignes, deppression des dignes. Les sainctz sacremens seront mis à vilté; dispensacions seront faictes dissippacions. Les Juifz et les Sarrazins plus grant matière ne pevent avoir de se esjouir et de hardiement envaïr et assaudre crestienté. Cause pourquoy? car, se m'aist Dieu! elle-mesmes se aidera à destruire par guerres et divisions civiles, *omne regnum in se divisum desolabitur*; afferme celuy qui ne peult mentir que tout royaulme qui est en soy divisé perira. Heresies et faulses doctrines se publieront; venra persecution de ceulz qui diront verité, qui annunceront la foy; et ceulz qui aider vouldront à mettre paix et union en saincte Église et en crestienté seront persecutés, comme scismatiques; et lors n'y aura point de remede, quant les prescheurs de verité seront ad ce menez. Vela la foy, l'Église et crestienté perdue! Et brefment tant de maulz en viennent et vraysemblablement en venront en corps et en ame, se remede n'y est mis, que si par clercs de grande eloquence et science comme plusieurs sont en vostre royaulme la chose vous estoit au vif et à son droit desclairié plainement, sire, vostre foy est si grand, vostre affection si entière au bien de crestienté, que jamaiz ne dormiriez de ferme sommeil jusques à tant que remede y eussiés quis. Et ne me doubte point que se vous eussiez esté l'autrefoiz bien informé de ce que vostre très humble et devote fille l'université de Paris vous vouloit desclairer sur ceste matière, vous l'eussiés très voulentiers aouie, et en peult estre grant bien venus. Mais aucuns pourroient dire, et plust à Dieu! sans male intencion, que on ne peult trouver remede, voie ou manière qui soit convenable et qui ne soit moult prejudicable à vostre vraie partie et à nostre sainct pere le pape Clement, qui je croy, et qui de sa grace m'a beneficié de son propre mouvement. Icy on peult respondre par une consideracion qui est très à noter. Bien est chose certaine que si dommaigeuse, si horrible et si crueuse plaie et qui se pourrit de jour en jour comme est celle de saincte Église, ne peult estre garie par voye humaine, sans aucuns autres inconveniens ou dommaiges advenir; non pourquant ne doibt point estre laissie ceste plaie très dommaigeuse sans garison querir. Quant ung chevalier est griefvement plaié en bataille, il ne laisse point à se faire garir pour les meschefs lesquelz il doibt souffrir en retranchant ou rescousant sa plaie, car en griefve maladie gist grief remede; pourtant il ne fault point, de necessité, trouver voie où n'y a point d'inconvenient, maiz il y fault regarder et sçavoir se manière pourroit point estre trouvée par laquelle remede fut mis à ceste horrible plaie, et que toutesfoiz tant d'inconveniens ne venissent pas à crestienté et au bien commun de saincte Église comme ilz viennent par ce maleureux descort. Et je ne doubte point que mil et mil bonnes et saiges personnes sont en vostre royaulme qui bien aviseroient ceste manière et trouveroient, sans bataille doubteuse et sans crueuse effusion de sang ; car se bien est regardée et avisée la racine et où la maladie tient elle, elle ne apperra pas si impossible à garir comme cuident ou feignent aucuns, desquielz par aventure il y en a à qui ne chault comment tout voise, maiz qu'ilz soient gros et gras, et que le temps se passe, et que eulz et leurs amiz aient les grandz benefices en saincte Église. Tout partout, sire, en y a de maulvaiz; mais se aucuns estoient de telle condicion, ce que je ne afferme pas, ilz ne seroient pas bons crestienz ne bons filz de la foy ne de saincte Église, et ne pourroient en enfer trop parfondement estre boutez. Et est certain que il n'est constitucion humaine, loys ne decretale qui doie ou puisse empescher ou obvier à faire union. Trop dure chose seroit que ce qui a esté institué pour le bien de saincte Église tournast en son prejudice si grandement. *Quod pro caritate institutum est contra caritatem militare non debet.* Doncques remede se peult trouver en ce scisme, car aultrement la chose iroit trop mal...

O comme très glorieux sera et bien eureux le jour que cecy se fera! Hé! Dieu très puissant, le verrons nous jà! Sera point en nostre temps avisée voie et manière de venir à paix et union de saincte Eglise et de crestienté, pour laquelle jadiz tu as prins mort! O roy très crestien, ô roy par miracle consacré, ne seuffrés point que en vostre temps ceste chose ne se face! ne laissez point que l'onneur, le merite et la gloire n'en ayez! ensuivés vos predecesseurs qui tousjours à faire cesser le scisme de saincte Eglise ont mis toute leur estude singulièrement sur tous aultres, quelque autre besoigne arrière mise. Et se parfiner ne se povoit en vostre temps, ce que je ne croy pas, au moins grant chose seroit de l'encommencier, car le commencement est le plus fort *dicit Oracius : Dimidium qui caput habet*. O se Charlemaine le grant, si Rolant et Olivier, se Judas Machabeus et Heliazar, se Matathie et les aultres princes estoient maintenant en vie, et sainct Loys, et qu'ilz veissent une telle division en leur peuple et en saincte Eglise, qu'ilz ont si richement dotée, augmentée et honnourée, ilz aimeroient mielz cent foyz mourir que la laissier ainsi durer et que par negligence tout se perdist si maleureusement! Et toutesvoies en ce faisant il est certain, sire, que vous ferés œuvre plus glorieuse, et plus plaisant à Dieu, plus digne de merite et de renommée pardurable, que se vous vainquissiez un grant peuple de Sarrazins par bataille; maiz aussi je ose bien affermer une chose, qui bien debveroit esmouvoir ung noble cueur, et debvroit à cecy faire promouvoir et inciter, c'est que par cecy vous povés faire la gloire et la joie de tous les sainctz de paradis, fors Dieu, estre plus grande; vous povés mettre secours et remede que la peine des ames de purgatoire, voire de ceulz d'enfer, sera mendre et plus legere qu'elle ne sera, se les besoignes ainsi demeurent. Las doncques! et quelle aultre œuvre pourroit estre plus plaisant aux mors et aux vifz, plus digne d'un tel prince comme vous estes, plus prouffitable à ce tiers royaulme de crestienté! Fort seroit de la trouver. Bien seroit de male heure nez, haïs de tous sainctz et sainctes, contraire aux ames du purgatoire, et generalement ennemys de toute crestienté, qui ce fait malicieusement empescheroit. Et par le contraire cil sera bien eureux qui tant de bien fera en accomplissant et promouvant ceste besoigne. O très nobles princes et filz de roy, messeigneurs d'Orléans, de Berri, de Bourgoigne et de Touraine, daignés entendre à ceste besoigne par laquelle vous povés faire non pas seulement souverain service à Dieu, à la foy, à la crestienté et au roy; mais, avecques ce, mettrés vostre peuple en plus grant union et plus grant obéissance que ne pourroit vraysemblablement estre se ce discord ne fine...

Qui mieulz ceste union peut faire que le roy très crestien? Comment peut-elle plus raisonnablement commancer que par recourir à Dieu, que par generales et devotes oroisons? Qui mieulz instituera et promouvera oroisons que cil qui est filz d'oroison? Qui est mielz filz d'oroison, sire, que vous? Pourtant, en conclusion, très souverain roy des crestiens, roy impetré par devote oroison, roy espirituel, par miracle consacré, comme il est vray que vous avés ferme foy et religieuse à Dieu, inclinacion à tous biens et à toutes vertus, très ardant affection au bien de saincte Église, en l'onneur de Dieu et de tous sainctz et sainctes, pour allegier les povres ames de purgatoire, pour mettre fin aux maulz de crestienté et resjouir tous bons crestiens, veulliés entendre, veiller et mettre diligence que oroisons, prières et jeusnes generales se facent en crestienté, afin que Dieu veulle inspirer à cueurs humains et par especial des prelatz et des princes, voie, manière et remede d'avoir paix et union en saincte Église et en son peuple crestien. Ainsi vous doint faire nostre sauveur Jhesus Crist et sa benoiste mere; bien gouverner vous et vostre royaulme longuement, sainctement et glorieusement en ce monde; et en la fin parvenir, avecques les troys roys du jour d'huy à la gloire et joye pardurable des cieulx, *quam nobis concedat ille qui est Deus benedictus in sæcula sæculorum. Amen.*

---

Ceux qui, en lisant ce fragment, se reporteront au milieu des circonstances difficiles où Gerson parlait, se rendront compte aisément des longs détours, des précautions oratoires qu'il prend, de l'habileté extrême et de la hardiesse mesurée que déploie le jeune prédicateur. Peut-être réfléchira-t-on aussi sur ce qu'il se présente d'analogie constante dans la marche des choses humaines, puisqu'il serait facile, avec quelques modifications de forme et de langage, de faire passer un sermon politique prononcé à la fin du quatorzième siècle, pour un sermon du temps présent.

## VII

DISCOURS DE PIERRE D'AILLY AU SYNODE DE 1406.

### *Exorde.*

« Je proteste premièrement que ce que je dy en ceste matere, sire, c'est de vostre commandement, non mie seulement general, mais de vostre commandement especial, et en ay lettre, non mie que je ay crainte aucune que je ne osasse bien dire la vérité, mais pour la insuffisance que je aperchoy en moi : je me voy tout indisposé de reume, je n'ay pas faconde à mon plaisir...

« Je proteste que je ne prens pas plaisir à oïr ceste matere deduire, ne arguer ne me en parler yci ; il me samble que ce fut cause plus convenente de la disputer entre aucunes personnes deputées à ce faire, et que elle ne fu jà tant ventilée...

« Que je ne entens à riens dire contre la voie de cession, car je cuide que elle est bonne et sainte et l'ay toujours approuvée...

« Que je n'entens rien dire en injure d'aucun et *potissimè* de ma mere l'Université. »

Elle est à louer surtout de son zèle dans la poursuite de cette affaire, « posé que une bonne moderation y seroit bien expediente. Je dy qu'il me samble cose bien abhominable que en ceste matere l'en usse de paroles injurieuses, et especialement contre la personne du pape, avant qu'il soit jugié tel comme l'en ly met sus. J'ay leu et estudié les libvres des conseaulx generaulx, esquelz conseaulx a moult de papes jugiés de pluseurs crimes et condempnés ; mais je n'ay point trouvé que l'en y trouvast telles injures, *ymò* cestes injures que l'en dist yci, que l'en a dit ès predicacions, ès libelles diffamatoires, qui redundent jusques en vous, sire ; et pour Dieu ! fuions les, et traitons nostre matere honnestement...

« Mais monsigneur le patriarche ne s'en est pas encore tenu atant, il a dit outre que nostre Saint Pere est heresiarque, comme prince des heretiques ; il a dit trop, ce me samble.

« Or se lieve le patriarche et commence ainsy :

« Sire, vous ordonnastes l'autre fois moy et autres pour moustrer et soutenir que la requeste de l'Université debvoit estre acomplie comme bonne et juste, et en la soustenant, et ouvrant la matière, je disoie ainssi que nos sains catoliques docteurs dient que contumace ou pape est heresie. Je allegoie *Johannem, glosatorem decreti, in C. si papa, XL, VI*. Disoie oultre que ceulx qui, en contempnant les estatus des sains canons, sont negligens de poursuir et labourer à l'union de l'Eglise, *et sic qui Ecclesiam dividunt, heretici sunt et peccant contra articulum unitatis*. Ce sont les dis des sains docteurs, ce ne sont pas oppinions que j' ay forgies de ma teste. Je disoie plus fort que ceulx qui dampnallement tenoient l' Eglise en scismes sont reputés heresiarques ; je ne l' ay point dit de moy ; sont les sains docteurs qui ainssy le tiennent.

« Cambray après parle ensy :

« Les dis des docteurs ont bien besoing aucune fois de bon entendement, il ne les faut pas prendre si nuement.

« Le patriarche :

« Monsigneur de Cambray, quant nous serons au conseil general, vous soustenrés vostre proposition et je soustenrai la moye, et là nous aurons bon juge, se Dieu plest.

« Cambray :

« J'ay recité ce qu'il a dit et il le confesse : il me suffist. Je dy ainssi : quant est des dis des docteurs, il dient moult de coses qui ont bien besoin de declaracion ; mais supposé qu' il dient ainssi comme il dit, il ne met point de mineur. Je me merveille moult comment l' en osse parler de si haus articles comme de dire que le pape soit heretique, heresiarque, especialement en son absence. »

## VIII

### PROTESTATION DE PIERRE D'AILLY AU MÊME SYNODE.

« Comme j'ay entendu, fut hier faicte congregacion en l'Université pour proceder encontre moy. Et fut deputé maistre Jehan Petit pour parler contre mon estat. Mes compagnons deputés pour ceste partie n'oseront plus parler. Ils ont deliberé de moy poursivir. Je vous supplie que vous leur deffendés qu'ils ne procedent encontre moy, sinon devant le roy. Et en cas qu'il voudroient aucunement proceder ailleurs, je fais protestacion de appeller.

« Or se lieve maistre Jehan Petit pour l'Université :

« Mon très chier seigneur, il eut hier faite congregacion en l'Université; il est bien vray que l'Université delibera que son honneur avoit esté touchée, et contre son honneur avoient esté dictes aucunes coses, et que elles ne se povoient passer que elle ne fust excusée, non pas excusée, mais justefiée. Et pour ce, sire, vostre seour et chambrière, ma mere l'Université, je l'appelle vostre seour, pour ce que vous estes filz du roy, et le appelle vostre chambrière en tant que elle est vostre subjecte, vous supplie que vous li donnés audience à se justefier en ceste presence. Et je croy que vous ne le denirés pas, car onques vostre pere ne l'escondit; et aussi elle ne demande pas voulentiers cose desrasonnable. Une autre raison y a pourquoy il ne la escondit pas, car il l'a amée tousjours et ayme singulièrement, et aussi ferés vous s'il plest à Dieu. Et elle aussi vous amera, et pour ce elle vous requiert. Il a dit voire, monsieur de Cambray; qu'il en soit congneu devant le roi, l'Université ne demande autre cose.

« Cambray respont :

« Si ainssi est, j'en sui content. »

## IX

ANECDOTE RACONTÉE PAR GUILLAUME FILLASTRE.

« Je ne di mie seulement qu'il (le pape) y pourvoie aussi bien comme il seroit pourveu par les elections, mais je dy mieux. En ces elections, il y a tant de hocques que une mousche y perdroit le pié. Item, il vacquera un evesquié, le roy mandera tantost qu'en eslise son serviteur; or le pape n'est mie si près. Item, il n'est mie si liés comme est le college. L'en dist aussi que par les expectations du pape, ce ne sont que occasion de machiner en la mort d'autruy. Je respons que encore a il pis ens elections. En une abbaïe, vous trouverés tousjours communement un archemoinne qui gouverne tout; il n'y a pie qui ose mot dire; il commandera qu'il soit esleu. Es moustiers des dames, des nonnains, Dieux scet quelles pactions elles font. J'en diray au propos un bon mot du temps de la sustraxion. En une abbaïe, y avoit un tel archemoine; il vouloit tousjours estre le maistre, il desiroit plus à estre abbé que moine. Il fist tant per fas et per nephas qu'il eust les vois de tous les religieux en cas que l'abbaïe vacqueroit. L'abbé avoit un sien neveu, jone religieux qui demoroit en sa chambre. Cest archemoine s'en vient à luy et li commença à dire: « Monsieur ne te fait mais si bonne chere comme il souloit, que y a il? Ne te aime pas tant comme il souloit? Je te enseigneray bien, se tu veulx, comme il te fera encore bonne chere. — Comment? demanda le nepveu qui fut moult ahaste de le savoir. — Il ne te faut avoir que certaine poudre et li mettre en son potaige, qu'il te aimera plus qu'il ne fist onque, mais que nul ne le sache! » Il ly ministra la poudre. L'abbé ne tarda guerres à morir; ainssi l'archemoine ne tint plus à riens il fust elleu abbé. Il print ce nepveu à demorer aveucq luy, affin qu'il n'en exist aucunes nouvelles et, pour monstrer aussi qu'il avoit affection à l'abbé son oncle, il fist trop bonne chière ad ce petit moyne pour un poy de temps. Tantost quant il se vit en sa dominacion, il ne fist plus guerres de conte du friant. Lors se pensa il ce petit nepveu : « Il ne me aime mie tant comme il souloit, je y pourveray. » Il avoit encore de la poudre, il ly en mist en son potaige. De par Dieu! il en menga, tantost le ventre li fist mal, et eut doleur; tantost se doubta du petit moyne et le traïst à part et ly demanda s'il avoit mez de la poudre. Il repondi que non et qu'il ly avoit toute mise au digner en son potaige. Il n'y eut point de remede, il morut. Qui les voudroit raconter, l'en en trouveroit assés de teilles. »

## X

FRAGMENT D'UN DISCOURS DE JEAN PETIT AU SYNODE DE 1406.

« La Faculté des arts est teille qu'il y a bien mille maistres. — Cest icy derrière me dist deux milles; au mains en y a il bien mille, de quoi il y en a bien deulx ou trois cens gradués en théologie, en medecine, en droiz civilz et canons : un théologien est de la Faculté des arts jusques ad ce qu'il ait le bonnet sur la teste; le bonnet ne li amainne point de science. L'en parle à moy cy par derrière, il a grant paour que je ne le oublie, il me dist et dit vrai qu'il en y a des moult crotés qui sont très suffisans et bons clercs. En povreté croist la science et plus tost que en richesse. Il en y a des bacheliers cursoires à qui je m'en vois quant j'ay aucune afaire, qui y voient par aventure plus cler que beaucop d'autres qui ont bien grant nom. Il en y a moult de bons clers qui ne sont point maistres. Guignecourt qui estoit reputé le meilleur clerc du monde, il demouroit au college de Charbonne, il ne fut onques que bachelier cursoire. »

L'évêque de Cambrai se lève :

« Messigneurs, je ne veul mie estriver avoecq ma mere l'Université. Et ne disoie sinon que l'en alast en cest matere paisiblement. Et ne tendoie mie à deprimer ma mere l'Université, ni les medecins ni les artiens. S'il sont contempt de moy, je suy contempt d'eulx. »

## XI

PRÉMISSES DU DISCOURS DE JEAN PETIT POUR LA JUSTIFICATION DU DUC
DE BOURGOGNE.

Le point fondamental, c'était le principe de toutes les révolutions : il est permis de tuer un tyran, il est permis de tuer pour le salut et le bien public.

« Il est licite à chacun sujet, sans quelque mandement, selon les lois morale, naturelle et divine, d'occire ou faire occire traitre deloyal et tyran ; et non pas tant seulement licite, mais honorable et meritoire, mêmement quand il est de si grand puissance que justice ne peut bonnement estre faite par le souverain. »

Il prouve cette vérité par douze raisons, en l'honneur des douze apôtres.

« Au cas d'alliances, serments et promesses et de confederations faites de chevalier à autre, en quelque manière que ce soit ou peut etre, s'il advient qu'icelles garder et tenir tourne au prejudice de son prince et de ses enfants et de la chose publique, n'est tenu nul de les garder, ains les tenir et garder en tel cas seroit fait contre les lois morale, naturelle et divine »

Et il argumente en latin, avec toute la rigueur scolastique :
« *Quandocumque aliquis facit quod est melius, quamvis juravit se id non facturum, non est perjurium, sed perjurio contrarium ; sed in casu nostro, melius est tyrannum occidere, quamvis juraverit se non occisurum, quam permittere eum vivere, ut probatum est superius ; ergo occidere tyrannum in præfato casu, quamvis juravit se non occisurum, non perjurium facit, sed perjurio contrarium.* »

### PREMIÈRE ET INDIRECTE PROTESTATION DE JEAN GERSON DANS LE SERMON DILIGITE JUSTITIAM.

Les hommes les plus distingués de l'Université protestèrent contre les doctrines de Jean Petit. Jean Gerson fit un sermon sur la justice, qui est un acte important à cette date.

« *Diligite justiciam, qui judicatis terram.*
« Amés justice et la gardés, signeurs qui la terre jugés.

« Justice se doit faire par amour bonne et bien reuglée, non mie par haine, non mie par ire, non mie par orgueil, non mie par ambicion, non mie par cruauté. Car justice par ainsi se convertiroit en injustice pour la manière et la fin de la faire. Pour ce dit la loi ancienne : *quod justum est, juste exsequeris ;* tu executeras justement ce qui est juste. Appert doncques que cette consequence ne vault riens : cest homme a bien desservi la mort par justice, celluy doncques qui l'ocit ne peche point et n'est point à punir. Car l'occiseur peut faillir en maintes manières, ou parce qu'il n'est point constitué juge, mais est privée personne; ou son office ne s'estent point à ceste personne pour ce qu'elle est d'autre pays ou d'autre juridiction. Appert en outre que au cas dessus dict l'occiseur fait contre la loy divine : « *Non occides,* tu n'occiras pas... » On ne treuve point aussi que un qui n'est point juge d'un autre le puisse occire, supposé qu'il soit digne de morir par justice, mais est deffendu, pour ce qu'autrement s'ensuivroit perturbacion en la police et confusion, et vauroit estre chascun juge sur chascun. »

Ce discours fut prononcé en mai 1407, devant le Parlement et à la suite de l'affaire du prévost Tignonville. Il n'est donc pas à l'adresse directe du duc de Bourgogne, qui étoit alors tout-puissant. Mais cette haute théorie de l'immuable justice avait sa signification et sa portée, qu'il était impossible de méconnaître; c'était déjà un acte de courage, qui sauvait l'honneur de l'Université.

Gerson ne tarda pas à élever une protestation formelle contre les doctrines de J. Petit, et il fit de la condamnation de ces doctrines funestes l'affaire de toute sa vie.

## XII

EXTRAIT DU DISCOURS DE JEAN DE GERSON : PAX HOMINIBUS BONÆ
VOLUNTATIS.

« Maintesfois et pour plusieurs causes est venue feallement par devers vostre royale majesté, ô roy très crestien, plus beau titre ne vous puis-je donner, et nostre souverain seigneur, roy sacerdotal, divinement consacré, est venue, dis-je, vostre très humble et très devote fille l'Université de Paris, mere des estudes et deffenseresse de la Foy, lumière de saincte Église. Mais oncques n'y vint pour plus haute, ne sçay se de si haulte et si generale matière comme à present; c'est de la paix universele de toute saincte Église, tant des Latins en soy, comme des Grés aveuc les Latins. »

Puis il débute par un de ces exordes figurés, dans le goût du temps :

« Si veuil reciter comment nagueres je m'estoie comme retrait en le secrette chambrette de ma pensée, en cloant les huis et les fenestrelles des sens corporelz, pour mielx considerer et aviser ce qui faisoit à dire, depuis que la fille du roy, ma mere très honorée, m'ot ordonné le fait de proposer ceste *is generale tant des Grés comme des Latins, devant vostre té royale, en la presence de nos seigneurs de vostre ble lignie et de vostre très saige conseil. Ne soit pas se je devins pansis et comme paoureux et fort atten quant d'autre part je sentoie ma petitesse, mon gnorance et ma feblesse, et en si brief temps comme de trois ou quatre jours, et entre plusieurs autres occupacions pour le fait des licences en present Jubilé. En pansant donques, me fut avis que Male voulenté, chose très hideuse, très laide et monstrueuse s'apparu. Dieu! quel horreur! Bien sembloit fille à l'Ennemi d'enfer, et si est-elle voirement; *vos ex patre Diabolo estis*. Bien avoit condicion d'une male vieille tenseresse et très noiseuse; et se figure par la beste monstrueuse que vit saint Jehan, en l'Apocalypse, yssir de la mer et avoir sept testes et dix cornes, qui sont les VII pechés mortels et la trangression des X commandemens.

« Et considerant ceste beste horrible et monstrueuse, j'oy qu'elle s'escria comme par moquerie, et puis se tourna en grant ire et indignacion : « Et comment, dit Male volenté, comment dia! ne par quelle outrecuidance veult maintenant ceste Université mettre en avant la pais des Grés et des Latins; elle se mesle bien des anes ferrer, et d'ordonner un tas de singes ou de fremis. C'est merveille comment elle peut durer ne vivre, qui ainsy se veult de tout meller et de tout parler. Mais au faire sera la maistrise. Saincte Marie! quele entreprise! ô Dieu! quel sens! On ne peut mie accorder les Latins ensamble, non mie la moitié, non mie la quarté partie, non mie certes deux petis royaumes comme de France et d'Angleterre. Que di-je de royaume ou de cité? on n'accorde pas de legier IIII. ou VI. personnes ensamble, comme dirent ceulx d'Athenes à un orateur qui les preschoit de paix : qu'il ne povoit pas accorder III. personnes en son hostel, soy, sa femme et sa chamberière. Et nous vaurons maintenant tout le monde aréer et accorder! Saincte Marie! quel entreprise! Encores ne l'as-tu mie! D'où vient mainte ce nouvel propos, ceste entreprise plus qu'autrefoiz? donné ce nouvel conseil et cest espoir ou confiance qui sus tous autres haient, comme on dit, et mespris ͏ͅ ͏ ͅ ous les Latins et les jugent herites et scismatiques et pis ͏ ores;

et se tourneroient avant aux Turcs que aux Latins? Mais aussy, ceste matière qui la poursuira? par quelz moiens? par queles mises? par quelz despens se practiquera?

« Ainsy s'efforcoit Male voulenté, et trop plus que je ne diz à reprouver, retarder et du tout empescher ceste très saincte et très digne besongne de pais universele. Et à la parfin menaça par grant ire et jura par ses puissances de tous vices et les pechés mortels, jura par son pere Sathan, jura par ses IIII. filles qui par les poëtes se nomment Eumenides, *furie infernales*, et par les philosophes sont nommées passions, que ceste pais elle empescheroit... Mais, se Dieu plaist, elle mentira, la desloyale traiteuse, car Bonne volenté, la belle vierge, la très noble et la plaisant fille de Dieu, derumpera tout son effort. »

Elle viendra se loger parmi les hommes et particulièrement dans l'Université de Paris.

« Car n'est pas de merveille, sire, se vostre fille l'Université, qui ha bonne voulenté, entreprent à parler de ceste pais universele : c'est celle qui à l'exemple de la forte et vertueuse femme, laquelle loe le Sage, *manum suam misit ad fortia;* elle entreprent grandes et fortes choses. S'elle n'eust oncques parlé de la pais de saincte Eglise qui estoit divisée par la dampnée voulenté des deux contendens du papat, les choses ne fucent pas où elles sont, et encores seront mielx de plus en plus, se Dieu plaist, pour obtenir ceste nunciacion angelique : *Pax hominibus bonæ voluntatis.* »

FIN

# TABLE DES MATIÈRES

Avertissement.
Introduction. . . . . . . . . . . . . . . . . . . . . . . 1

## PREMIÈRE PARTIE.

La légende et le roman. . . . . . . . . . . . . . . . . 11
Chapitre Ier. — Le livre du saint Graal et de la Table ronde. . . 14
    Prologue. . . . . . . . . . . . . . . . . . . . . . . 23
    Le Roman du saint Graal. . . . . . . . . . . . . . . 26
    Le Roman de Merlin. . . . . . . . . . . . . . . . . 41
    Le Roman de Lancelot du Lac. . . . . . . . . . . . 49
    Le Roman de Tristan et le Roman de Giron le Courtois. . . 66
Chap. II. — La légende d'Adam. . . . . . . . . . . . . 72
    La pénitence d'Adam. . . . . . . . . . . . . . . . . 74
    Naissance de Caïn. . . . . . . . . . . . . . . . . . 79
    Vision d'Adam. . . . . . . . . . . . . . . . . . . . 82
    Voyage de Seth au paradis terrestre. . . . . . . . . 84
    Mort et funérailles d'Adam. . . . . . . . . . . . . 88
    L'arbre du paradis terrestre et l'arbre de la croix. . . 90
Chap. III. — La légende de Charlemagne. . . . . . . . 97
    Charlemagne à Constantinople et à Jérusalem. . . . 100
Chap. IV. — La légende du pape saint Grégoire le Grand. . . 119

## DEUXIÈME PARTIE.

Le théâtre. . . . . . . . . . . . . . . . . . . . . . . 128
Chapitre I. — Office dramatique de la Résurrection. . . . 132
Chap. II. — Drame d'Adam ou de la Création. . . . . . 138
Chap. III. — Mystère de la Passion et du *Vieil Testament*. . . 157

## TROISIÈME PARTIE.

La prédication française................................... 167
Chapitre. I. — Les sermons de Maurice de Sully............ 169
Chap. II. — Le Grand schisme en France.................... 182

## QUATRIÈME PARTIE.

L'antiquité et le moyen age. — Littérature comparée........ 267
Chapitre. I. — La fable d'Orphée et Eurydice............... 269
Chap. II. — Écho et Narcisse............................... 278
Chap. III. — Pyrame et Thisbé.............................. 289
Chap. IV. — Ulysse et Polyphème............................ 299
Chap. V. — Les fables proprement dites..................... 312

## CINQUIÈME PARTIE.

La littérature moderne et le moyen age. — Aperçus critiques.... 521

## CONCLUSION........................... 561

## TEXTES ET DOCUMENTS.

I. — Joseph d'Arimathie dans sa prison. Apparition du Christ... 367
II. — Première entrevue de Lancelot du Lac et de la reine Genièvre............................................... 373
III. — Mort de Galaad...................................... 384
IV. — Croisade de Charlemagne.............................. 386
    Les reliques d'Aix-la-Chapelle au quinzième siècle... 394
V. — Li sermons de la IIIe Domence après Pasche. (Maurice de Sully.)........................................... 399
VI. — Sermon *Adorabunt* de Jean Gerson. *Péroraison*...... 403
VII. — Discours de Pierre d'Ailly. *Exorde*................ 411
VIII. — Protestation de Pierre d'Ailly..................... 413
IX. — Anecdote de Guillaume Fillastre...................... 415
X. — Fragment d'un discours de Jean Petit.................. 416
XI. — Prémisses du discours de Jean Petit pour la justification du duc de Bourgogne.................................. 417
    Première et indirecte protestation de Jean Gerson dans le sermon *Diligite justitiam*........................ 418
XII. — Extrait du discours de Jean Gerson: *Pax hominibus bonæ voluntatis*....................................... 420

---

PARIS. — IMP. SIMON RAÇON ET COMP., RUE D'ERFURTH, 1.

www.ingramcontent.com/pod-product-compliance
Lightning Source LLC
Chambersburg PA
CBHW050911230426
43666CB00010B/2111